2018年河南省教师教育课程改革研究项目（项目编号：2018-JSJYYB-082）

GAOXIAO QINGNIAN JIAOSHI DE SHENFEN JIANGOU YU ZHUANYE FAZHAN

高校青年教师的身份建构与专业发展

杜思民　著

河南大学出版社

·郑州·

图书在版编目（CIP）数据

高校青年教师的身份建构与专业发展 / 杜思民著． -- 郑州：河南大学出版社，2019.5
ISBN 978-7-5649-3678-5

Ⅰ．①高… Ⅱ．①杜… Ⅲ．①高等学校－青年教师－师资培养－研究－中国 Ⅳ．①G645.12

中国版本图书馆CIP数据核字（2019）第076538号

责任编辑　孙增科
责任校对　柳　涛
封面设计　翟淼淼

出版发行	河南大学出版社
	地址：郑州市郑东新区商务外环中华大厦2401号　邮编：450046
	电话：0371-86059715（高等教育与职业教育分公司）
	0371-86059701（营销部）
	网址：www.hupress.com
排　　版	河南大学出版社设计排版中心
印　　刷	北京虎彩文化传播有限公司
版　　次	2019年4月第1版
开　　本	787 mm×1092 mm　1/16
字　　数	272千字
印　　次	2019年4月第1次印刷
印　　张	12.75
定　　价	38.00 元

（本书如有印装质量问题，请与河南大学出版社联系调换）

前　言

　　经济的发展和社会的进步使我们每个人都在享受着物质生活带来的极大便利和满足，然而，当光怪陆离的生活安静下来，也许我们每个人都在思考："我是谁？""我的未来该怎么办？"前者是对作为个体的"自然人"的本源追问，而后者则是对作为"社会人"的职业发展的思考，教师作为社会的一分子，同样经历着对"自我"的叩问。反思会给我们带来什么呢？其一，积极地面对生活，因为"我"找到了存在的意义；其二，消极地随波逐流，因为"我"迷失了自己。

　　今天，我们谈"青年教师的专业发展"就是基于青年教师对以上两个问题的追问，无论是青年教师作为社会一分子的"青年"的身份，抑或是作为高校一分子的"教师"的身份，青年教师在社会发展中占据的主力军以及中流砥柱的身份是毋庸置疑的，因此，关注青年教师的成长是具有重要意义的。我们将青年教师群体锁定在高校场域，原因在于高等教育在一个国家经济发展、文化繁荣、思想活跃等方面已经发挥并将持续发挥重要作用。

　　高校青年教师是一个特殊的群体，原因在于其肩负的多重角色：知识的传承者、文化的创新者、德行的示范者、批判意识的践行者，等等。社会把包括青年教师在内的教师群体喻作"蜡烛""春蚕"，将其置于高高的道德殿堂，却忘记了教师尤其是青年教师是要吃饭、穿衣、住房和养老育幼的"人"的身份。于是，青年教师被迫在作为"教师"所享受的他者期待和作为"青年"所忍受的生存压力之间失掉"自我"，成为拥有"两张皮"的幸福的忍受者，青年教师的身份处于游离状态，专业发展面临困境。造成青年教师尴尬生活的原因是多方面的，但根据矛盾论的观点，源于青年教师自身的身份认同危机无疑是矛盾的主要方面。因此，我们聚焦高校青年教师的身份建构，并在此基础上论述了专业发展中的两个核心问题，即高校青年教师群体文化以及教学与科研的关系。为了更充分、细致地论述高校青年教师身份建构与专业发展这一主题，我们将全书分为六个章节，具体内容如下：第一章首先从社会学角度给出了教师的定义，接着分析了青年教师的具体指称，并在论述青年危机的基础上分析了高校青年教师在专业发展的重要性以及遇到的严峻挑战，即身份认同危机；第二章着眼高校青年教师专业发展的本体探索，在明确教师的"专业化"特质后，分析了教师专业化从"特质模式"到"权力模式"再到目前的理性自觉模式演变过程，继而从社会学阐释了教师专业发展的内涵、核心指向和阶段划分，在此基础上分析了高校多元文化对教师角色提出的转型诉求，最后通过综述教师专业发展文献提出人本主义视野下的高校青年教师专业发展突围方向，即基于"人"的高校青年教师专业发展；第三章着重论述了高校青年教师的身份认同与专业发展的关系，在对"认同""自我认同""专业认同""教师专业认同"依次进行本体探索后，重点论述了高校青年教师专业发展中的身份认同，包括身份认同的内涵、维度、动态特性。第四章聚焦高校青年教师专业发展中的身份游离，从高校青年教师的价值观念、德行以及教师身份三个层面分析其游离的状态，并继续从传统文化、人本因素、场域因素、教育实践因素四个角度对游离原因进行了深入解读。第五章着眼高校青年教师的身份建构，从人本主义角度重构了道德示范身份、教学者身份、文化创新者身份以及"自我"身份。第六章重点论述了人本主义视域下的高校青年教师专业发展核心问题，群体文化是高校青年教师走出"失我"、走向"自我"的不竭源泉，而在群体中觅得"自我"，这不失为高校青年教师群体文化新范式，同时，本章还着重分析了基于教育生态学理论的高校场域教研生态模式建构细节。

"桃李不言，下自成蹊"，这是对教师示范者身份的最高期许，然而，我们必须承认：唯有"桃李"的茁壮方可进入世人的眼眶。在文化多元的当下，我们在默许教师社会价值的同时，是时候关注教师作为"人"的生存现状了。社会的发展归根结底是人的发展，而高等教育的发展在一定程度上也决定于教师，尤其是作为主力军的青年教师的健康、持续成长。我们着眼高校青年教师身份建构与专业发展这一主题，原因即在于此。书中观点仅代表笔者在长期教学实践中累积的一些拙见，亲爱的读者，您若在读完获得一丝感悟，不管认可或者质疑，我们都恳请您不吝相告，我们将竭力完善。百家争鸣方可迎来学术的春天，假如我们的努力还可称为学术的话。

2019年2月
写于郑州

目　　录

第一章　绪　　论 001
　一、教师的定义 001
　二、青年教师的群体界定 003
　三、当代青年的生存困境 003
　四、新时代青年教师角色面临的挑战 006
　五、青年教师专业发展的紧迫性和重要性 009

第二章　高校青年教师专业发展的本体探索 011
　一、教师专业化的内涵与外延 011
　二、教师专业发展的内涵与外延 019
　三、高校多元文化背景下的青年教师专业发展 026
　四、高校青年教师专业发展的界定 030
　五、影响青年教师专业发展的因素 031
　六、矛盾论视域下的高校青年教师专业发展的研究转向 033
　七、高校青年教师专业发展的研究困境 034

第三章　高校青年教师的身份认同与专业发展的关系 039
　一、认同的本体论探索 039
　二、自我认同的理论解析 045
　三、专业认同本体论解析 048

四、教师专业认同本体探析 051
　　五、高校青年教师专业发展中的身份认同 057

第四章　高校青年教师专业发展中的身份游离 072
　　一、高校青年教师身份游离状态 073
　　二、高校青年教师身份游离的多元因素解读 080

第五章　人本主义基础上的高校青年教师身份建构 111
　　一、高校青年教师的道德示范身份建构 111
　　二、高校青年教师的教学者身份建构 120
　　三、高校青年教师的文化创新者角色 137
　　四、高校青年教师的"自我"身份 142

第六章　人本主义视域下的高校青年教师专业发展核心问题探究 150
　　一、群体中的"自我"——高校青年教师群体文化新范式 151
　　二、高校场域下教研生态模式建构 169

参考文献 182

第一章 绪 论

一、教师的定义

开篇，有必要先梳理一个概念，即教师是什么？对此，中西方论及者颇多，从韩愈的"师者，所以传道授业解惑也"到亚里士多德的"吾爱吾师，吾更爱真理"，从中我们不难窥见教师所起到的作用和对待教师的态度。然而，不管韩愈抑或亚里士多德，他们都处于教育的"师徒式"作坊时代，或者个别化教育时代，当时，接受教育的主体只限于特权阶层，而教育理论和教学实践还具有较大的任意性。然而，近代开始，随着教育的普及，教育体系愈来愈趋于制度化和科学化，教师的角色也发生了根本性的改变。教师角色具有时代的变异性，同时又存在本质的固化性，为了更好地界定教师这一角色，不妨将教育的历史划分为个别化教育时代和制度化教育体系时代两个阶段。

（一）个别化教育时代的教师

在传统的中国文化社会，官师不分由来已久，自秦朝便开始了"以吏为师"的传统，在实践层面上，古代中国社会并未基于教师足够的尊重和礼遇，教官的品阶逐渐下降，至宋朝被称为"冷官"，其地位不及知县。不仅如此，教师的经济收入随之减少，"强以糊口"即是古代教师的生存状况。而这一系列变化跟教师的任用资格不断放宽不无关系。"汉代的太学博士，常以儒学最优之士，必博阅经典，履行忠义，年四十以上"。到唐代，要求教师在学识上不仅通经，且能"讲解分明，问十得九"，在品行上，"德行纯洁，仪型可为师表"，而实际上，据《通典》记载，当时一般的教师则已"多以寒门鄙儒为主"。到明代以后，成为教师的人多数是科举考试的失利者，至清代，捐纳即可成为教师，其实则只为捐官，"可谓是，流品趋杂，师道荡然"。

然而，在观念层面，"师"一直被奉为很高的地位，所谓"天、地、君、亲、师"并立。"师"之所以能够获得君王乃至所有人的尊重，主要因为"师"承担着"传道"的功能，而"道"则是当权者用以维持统治的工具。从这个角度来说，对教师的重视并非基于教育自身目的的诉求，而是为了巩固统治的需要，其中最为核心的功能是为意识形态再生产服务。可见，在中央集权的国家中，尽管在观念层面教师被赋予崇高的地位，但在现实的层面，教师群体始终依附于官职体系，品卑俸薄，难以升迁。而且，由于不断放宽其任用资格，使一些不知教养之法的庸鄙之人加入。因而，在中国古代社会，不论是从国家统治的角度还是社会认知的角度，教师群体的社会地位和声望都不高。

西方社会也经历了大致相同的发展过程。在古希腊时代，上层阶级（自由民）在其奴仆中选择老成知礼、孱弱不胜劳役的人陪伴孩童上学。中世纪开始，教师主要由神职人员兼任，直至19世纪初，欧洲各国的小学教员也都不是由受专门训练的人充当，大多是教堂里的唱诗人、旅馆的掌柜、皮匠、泥水匠、木匠等。同样地，在观念层面上，教学却也被看作天职，甚至与神职同类，教师也被看作传统价值的传承人，是高尚道德的模范。教师群体在形成之初，由于其重要的社会功能，受到国家和社会层面的重视，赋予其较高的文化地位，然而，在实际生活层面，教师的资质、经济收入和政治地位却相对较低，两相对照，形成了较为吊诡的矛盾境地。

（二）制度化教育体系下的教师

从近代开始，由于基础教育的普及以及各级各类学校的发展，教师数量得以增加，而且由于授业本身的变革，教师才成为一种职业。由于学校已成为公共教育机构，也就需要形成一定的标准与规范，从而催生了教师职业准入标准与执业规范的形成。同时，为了提高教学效率，对教学本身的研究也开始系统化，这也为教育学科进入高等教育机构奠定了基础，并进一步为培养符合标准的新一代教师提供了条件，这些都为教师专业化的提出准备了条件。

1966年，联合国教科文组织和国际劳工组织发布的《关于教师地位的建议》第一次明确提出了教师专业化主张。

然而，从社会环境的因素来看，教师职业化的过程也正是各国普及教育的过程，隶属于学校这一公共机构当中的教师所提供的服务带有明显的公共性，而作为一项公共事业，当教育越来越多地被认为关系到公民的素质乃至国家的命运时，提升教师的资格和素质要求、加强教师问责也就成为题中之意。同时，教师在课程实施领域中逐渐丧失了自主权。相比于个别化时代的教育，近代工业社会背景下的制度教育，则要求教师在标准化、系统化、公共经验化的基础上工作，在此基础上，教师在理解和分享教学内容上的作用越来越少。同时，教师的工作必须体现国家意志，这也在一定程度上限制了教师的自主创造性。在我国，这一观念更为根深蒂固，教师对受教育者所发生的作用，在性质、方向、范围、水平等各个方面都集中地反映了一定社会的要求。教师的工作受社会各方力量的牵制，这一特点在发轫于20世纪80年代的全球教育改革中表现得淋漓尽致。长期以来，人们批判教育无法肩负起民族复兴的重任，指责教育观念的落后、教育体制的老套以及教育方法的固化守旧，而更不幸的是，人们对教师职业存在诸多不信任，然而，不可否认的是，教育又是国家体制改革和民族复兴的唯一希望，因此，以"专业性"为名，各利益相关者对教师提出了各种的要求。

二、青年教师的群体界定

青年教师隶属于青年群体，具有青年群体的共性特征。对于青年的年龄界定不同的研究领域未达成一致的上下限界定标准。关于青年年龄界定的下限标准主要是，13、14、15 岁，而我们所关注的青年则主要体现在青年年龄的上限。

从国际上看，对青年的年龄上限比较权威的界定包括：(1) 联合国教科文组织在1982年对于青年年龄上限的界定是34岁；(2) 世界卫生组织在1992年对于青年年龄上限的界定是44岁；(3) 联合国人口基金在1998年对于青年年龄上限的界定是24岁。国外有关青年教师的研究中，一般把工作年限在七年以内的教师作为青年教师，青年教师一般指没有获得终身教职的，第一次与高校形成聘任关系的教师。

目前，国内对青年年龄上限的界定主要有：一是国家统计局对于青年年龄上限的界定是35岁（全国千分之一人口调查）；二是全国各类关于杰出青年的评选条件中，对于青年年龄上限的界定一般为39周岁；三是全国青年联合会将40周岁作为入选委员的年龄上限；四是在国家重要的科研基金项目青年项目的申报中，要求青年项目申报者的年龄一般不能超过 40岁，国内的有关研究中一般都是以年龄为标准界定青年教师的。有的研究界定在35岁，有的研究界定在40岁。鉴于国内研究生教育辐射范围的不断扩大，国家对教师专业素质和学历水平要求的不断拔高，除却偏远地区，包括基础教育阶段和高等教育阶段的学校在招聘教师时，普遍要求具有有、硕士研究生乃至博士研究生学历，大学教师入职年龄集中在25—32岁之间，且根据青年教师的学术职业特点和教师的职业生涯周期规律，一名青年教师入职后，经历职业的适应和发展，达到职业成熟的年龄一般为35—40岁，因此，我们倾向于将青年教师的年龄上限界定为40周岁。综合并借鉴现有的研究成果，我们对青年教师的界定是：年龄在40岁以下，拥有学士及以上学位，在基础教育阶段或高等教育阶段的学校内，专门从事教学与科研工作的走专任教师路线的教师。

三、当代青年的生存困境

青年教师不仅是个实体的存在，更是一个意义的存在。青年教师深植于青年群体文化场域，"青年"一词从生理年龄和生活经历两方面界定了该群体的生存特征，而"教师"一词则从职业层面界定了该群体的生存意义，即专业技术人员。因此，对青年教师的讨论从来都离不开青年这一群体特征。

今天，我们生活在一个科学技术迅猛发展的时代。科学技术的发展极大地丰富和拓展了人的生活空间和领域，为改善人的生命质量创造了机遇和条件。可是技术理性带来的并不都是美好与幸福。人类在享受自身发明创造成果的同时，也承受着前所未有的重负。生态环境的破坏，资源的日益枯竭，恐怖主义的泛滥，贫困、疾病和犯罪，等等，这一切都直接或间接地削蚀着人的生命感，威胁着人类的存在；另一方面，人们都生活在追求成功的沉重压力之中，而成功并不一定使他们有幸福感，相反，面对传统文化所建构的意义世界的解体，面对瞬息万变及复杂多样的现代生活，不少青年人逐渐丧失了支撑其生命活动的价值资源和意义归宿，从而陷入了一种"存在性危机"中。

（一）主体的物化导致了青年人的碎片感和空虚感

商品经济时代是一个"以物的依赖性为基础的人的独立性"的时代，对物的过分依赖和追求易导致人自身的物化。针对工业社会物质性生命的片面发展，马克思曾进行了深刻的揭露："在现代，物的关系对个人的统治、偶然性对个性的压抑，已具有最尖锐最普遍的形式，这样就给现有的个人提出了十分明确的任务"（马克思、恩格斯，1960）。西方学者马尔库塞也认为，技术的解放力量带来了物的工具化，转而成为解放的桎梏，使人工具化，成为心灵空虚的单向度的人。与现代物质文明高度发展相伴生的是人的精神向度的不断丧失。人们求利、求欲、求更多更丰富的物质获取，"面包"几乎成了生命的全部，而主体丰富多彩的精神性生命需要如情感、道德、思想、信念等许多东西，不具有物一样的使用价值，不能成为商品，没有供求市场，因而受到挤压。"大众在生理感官上的沉迷轻而易举地取代了纯粹精神的运思。英雄神话已不再迷人，人们很轻松地从种种沉重'历史'与'传说'中走出来，生活于现实的平面之上"（邹诗鹏，2002）。人成了弗洛姆所说的"贪婪的消费者"，成了"物品的奴仆"。不少青年人在盲目追逐幸福的过程中，逐渐迷失了生命自身，把生存的条件等同于生命，把追求生活的享受混淆于享受生活，越来越计较物质的利害关系，停滞于稍纵即逝的快乐和满足，这样反而更加痛感生活的艰辛、生命的无常和人生的痛苦，产生一种灵与肉撕裂分离的碎片感，心灵的空虚感。

（二）价值目标的充盈和外化加大了青年人的疲惫感和宿命感

现代社会的本质就在于出现的领域越来越多，内容越来越繁杂，变化的进程越来越快，以人们有限的精力、有限的生存空间和时间，无法把握变化如此之大之多的社会生活，所以现代社会中许多人深感劳累不堪。"我们放眼观望四周，人人被社会和文化裹胁着忙这忙那。我们追求名利，我们追风潮逐浪头，追明星赶消费求时髦，没完没了，以为这就是我们的生活，这就是我们的世界，殊不知这是在茫茫人潮茫茫社会中迷失了自我。我们求来求去仿佛总是竹篮打水一场空——因为人之物质欲望是一个永无满足可能的变量，而以我们每个人之能力而言，我们所获总是一个有限的定量，以有限追求无限，岂不殆哉"（郑晓江，2000）。人人不仅要去寻找和获得越来越多的东西，要去适应越来越多的物质与精神的享受，而且还越来越看重外在的目标，看重他人的获取，"在我们的心灵深处，每个人需要爱的程度比其他任何事都来得多，只是我们都忘了，我们急于追求其他的目标，比如事业、金钱和财富，我们专注地追逐休闲、娱乐，而忘了生命中更重要的事"（余林梁，2003）。尤其是一些青年人"一味思忖着干什么才可成为富翁，干什么才可成名人，怎样才能不劳而成功"。"他们不是在那里做自己非做不可的愿做的事情，乃在那里看着自己的朋友或周围的人们，羡慕他人生活的舒适"（孟德格查，1999）。这种价值目标的充盈和外化常常造成青年人在短暂地获得喜悦后，又立刻陷入更多丧失的沮丧中，他们时常深感自身的有限性，感受到自我的渺小，感受到生活中有太多太多的无奈，造成身心的疲惫不堪，有时甚至觉得自己被他人被社会所抛弃，被生活所埋没，"人们在就业结构变化造成的失业面前，有一种受伤的感觉；或在似乎只有少数特权人物才能参与的世界变化面前有一种无能为力的感觉"（张云飞，2003）。

（三）教育的工具化、短期化滋生了青年人的失衡感和无助感

在工业技术时代，现代教育本身也被工业化和技术化。为了有效地培养大工业生产所需要的标准化知识人才，教育把受教育者投入教育的工业流程中，把人制造成标准化的教育商品，一切按事先计划的统一程序、目标和过程控制，"如果教育只是客观传授知识学问，训练培养专精技术人员，而失去了生命的关怀，意义的寻求以及人生视野的开拓，全人丰盛的享有，那么教育能提供的也许只能训练出一些'没有受到教育的专家'（uneducated expert），他们充其量只是一堆'快乐的，技术纯良的机器人'（Cheerful, skillful Robert）"。在工具价值论的导向下，教育培养的并非人，而是人力，是与机器职能相等价的工具。这样培养出来的学生即使获得了"何以为生"的技能，但却不知道"为何而生"；即使享受着越来越多的"快餐文化"，却吸收不到文化的营养，找不到人生的终极目标。面对越来越多、越来越激烈的竞争，他们已没有时间和能力去理解、体悟、欣赏生命，一旦遭到挫折和打击，轻则产生心理问题，重则走向自我毁灭。2000年4月，在北京举行的第二届中美精神病学学术会议上的一份资料显示，在中国，15至35岁人群死亡的第一位原因是自杀。

（四）人际关系的疏离增强了青年人的孤独感和虚幻感

社会现代的通信设施越来越多，也越来越便捷，从电话、电报到传真和电子邮件，从报纸、电台、杂志到"互联网"和"聊天室"，人与人之间的交流越来越快捷，人接受的信息越来越庞杂。但这些现代通信方式也渐渐地隐去了语言所蕴含的丰富的情感，也失去了面对面交流中无声语言的传递与交融。人们在享用短信、QQ交流的好处时，已不习惯于通信中的情感交流与沟通。许多人沉溺于虚拟的网络世界、动画世界、现代神话的世界中不能自拔，"现代网瘾"就像毒瘾一样让一些缺乏自制力的青少年甚至

成年人忘掉了真实的世界，不愿走进现实的生活，甚至丧失了实际生活的能力。人与人丰富的情感被网络割离得支离破碎，亲情的淡薄、友情的冷漠、爱情的变质已经成为现代社会人际关系十分突出的特征。

四、新时代青年教师角色面临的挑战

（一）生存挑战

近年来，全国各大城市平均工资排行榜中各阶层人员平均工资逐年提高，榜单发布的同时也响起了部分青年教师和社会人士的议论声："亲！你又被平均了吗？"由此可见，随着国家国民生产总值（GDP）的做大做强，民富指数进一步成为增强人民幸福感的重要基础，收入分配的公平正义成为表征民生质量的晴雨表。

党和政府对高校发展和人才十分重视，1994年我国制定了《教师法》，其第二十五条规定：教师的平均工资水平应当不低于或者高于国家公务员的平均工资水平，并逐步提高，建立正常晋级增薪制度，具体办法由国务院规定。这就是说，按《教师法》规定，大学教师应当享受同级公务员的工资待遇。

教育是政府公共财政的重要支出，然而，很长一段时间内，因为各种客观因素，我国教育投入占国民生产总值4%的努力没有及时地从梦想走进现实，大学教师特别是青年教师参照公务员待遇的法规要求未能从根本上得到落实。因为高等教育外延扩张，作为公共事业性质的部分高校呈现出了一定的功利性，学生家庭也因此加大了学费支出成本。随着教育投资概念的增强，大学生及其家长对受教育的回报增加了预期。随着教育事业的扩张发展，高校教师队伍规模张力释放，一部分满怀憧憬的高学历青年纷纷投入高校释放抱负。

当前，高校青年教师总体素质好，思想活跃，业务精进，融入学生；同时，与高等教育大众化相对应，高校青年队伍建设衍生出若干新问题。当前，高校青年教师的发展现状是，他们基本为博士或硕士毕业，大多处于而立至不惑之年，承担着繁重的教学任务以及科学研究或管理工作，同时还面临着结婚、购房、生子、赡养父母等各种生活负担，与体制内外的同龄人和隔代人相比存在巨大收入差距，这种发展现状和生活困惑让高校青年教师很难安心工作。

（二）教学挑战

大学虽然要重视学生人文素质的培养，但是对于大多数进入职场的学生来说，大学里的技能锻炼必不可少。尤其是近年来新媒体技术更新速度快，对教学提出了更高的要求。在目前高校的评价体制之下，实务教学常常得不到应有的重视。如果在与业界交流与教学上花费太多精力，会影响教师个人的科研，使其丧失晋升机会。而且这种轻视实务教学的思维方式一旦形成惯性，短期内很难扭转。因此一位有31年教龄的教师提出一个问题：用钱能不能砸出好教师？她观察到，目前高校在教育产业化的背景下，相信钱能解决一切问题，用理工科的思维方式来管理教学，但是却没有解决好职业精神培养的问题。因为缺乏合理的评价标准，往往将大量优秀的教师屏蔽在外。

目前，高校的人事聘任制度过分强调职称和学历，在一定程度上妨碍了实务教学的正常开展。以新闻传播专业为例，教学中比较缺乏的是网络技术和视觉传播方面的内容，然而现有的高校聘任制度在形式上过于严格（如要求具有博士学位等），无法留住这两方面的人才。这导致教师必须投入大量时间自修这些前沿技术，同时要和业界合作了解最新动态，难以兼顾理论研究，在目前的考核体制中难以生存。虽然有一部分学校已尝试将教师分成实务型与研究型两个独立的类别，实务型的教师不用进行过多的理论研究工作，但是操作中选择实务型的教师很少，造成实务教学后继乏人的状况。

学生群体的变化也在一定程度上给教师的课堂教学带来挑战。一方面，随着计算机和智能手机的普及，学生获取信息的渠道大幅度拓展，多维度的信息呈现方式、多彩的画面投射甚至大量新异的表达方式极大地刺激并强化了学生的求新求异心态，这在一定程度上弱化了学生参与课堂教学的热情，他们甚至对理论知识和基础实践知识的教学产生抵触情绪。另一方面，由于目前的大学生大部分来自物质生活和精神生活相对丰富的独生子女家庭，在优越环境下生活的大学生存在较多的畏难情绪，而且其抗压能力相对较低，因此，如果教师的教学内容过多，要求过高，教师反而会在学生对教师的教学评分中处于不利地位。于是，"明智"的教师便会迎合学生，而严格要求的教师反倒没有获得客观的评价。另外，目前生活节奏的加快以及物质生活的极大便利也在一定程度上激化了学生的实用主义甚至功利化倾向，学生变得越来越世俗和功利，学生觉得有用的才去学，而把他们认为无用的抛在一边。

（三）科研挑战

由于国家对高等院校科研领域的扶持，目前的各级项目经费明显增加，项目名目也不断增设，这给个人研究提供了契机。然而，研究项目的增多并非有益无害，不少教师感觉两难：如果不去争取，似乎会错过个人成长的机会，但是拿到项目后又产生压力和疑虑，原因主要来自项目管理过于刻板，比如，项目结项时间规定过于死板，有些课题尤其是重大研究项目课题很难在短期内结项，片面追求时效反而容易导致科研成果质量无法保证，并且学术纵向研究也受到很大的局限。

首先，近年来为了抵制学术腐败，高校的财务制度和管理骤然过分严格。这种一刀切的财务管理虽然在形式上杜绝了腐败，但更严重的后果是打击了青年学者的科研积极性：目前财务报销困难，限制了科研经费的正常使用，青年教师面对严峻的生活压力，还要自掏腰包筹钱搞科研。另外，对科研工作的层层考核存在一定的官僚性嫌疑，这反而增加了青年教师的研究负担。

其次，随着学科内部的不断细分，各个领域的研究越来越深入，这在一定程度上促进了独立学科的发展，但同时也让研究人员有高处不胜寒的孤独感，青年教师由于工作经验和生活经历的局限性，只能与少数人深度交流，无法得到更大范围的共鸣与讨论。问题的症结在于缺乏学术共同体的建立，青年教师往往各自为战，致使职业成长陷入迷茫。

最后，学术界出现的浮躁风气也是青年教师职业成长中面临的挑战。大量的研究缺乏创新性和前瞻性，属于跟风之作，什么议题流行就研究什么，致使学术界表面看似繁荣热闹，实则内部很难形成有效的学术对话与争论。

（四）职业挑战

青年教师处于职业适应期或者事业上升期，个人的成长恰好遇到社会的转型，于是青年教师身上便聚焦了很多社会矛盾。中国的传统文化重视年长的优势，尊老一直被视为中华民族的传统美德，因此，长久以来，青年教师在学校场域下的社会地位较低，在正式独立担当教学任务之前，通常要经过长期的听课以及助教等辅助工作，青年教师在成为成熟教师之前，经历了"师徒式"的"传帮带"过程。而论及科研，由于当时的学术研究活动往往聚焦思辨层面，需要较长时间的学术和经验积累，因此，著书往往成了年长资深学者们的专利。这种体制在一定程度上压制了青年的创新能力和意识，但毋庸置疑的是，该体制却在无形中为青年教师带来了厚积薄发的可能性。

目前，职称评审、人事关系等环节引发激烈竞争，而高校的排名也越来越聚焦科研成果，因此，教学成了高校建设和发展的附属品，经验相对欠缺、学术背景相对薄弱的青年教师往往成了教学的主力军，承担大量的基础教学任务，或者被临时拉去填补行政工作的人事不足，这样一来，学术研究的时间少之又少。随着国际交流的不断深入，国内高校国际化程度的日益提升，许多高校已经引入了欧美高校的评聘制度，开始实施"非升即走"的严厉政策。这就意味着青年教师如果在入职后几年内没有高质量的科研成果或者没有获得省部级以上项目，就会面临饭碗不保的危机。

抛开"传帮带"的传统体制以及教研室建设，所有的教学和科研压力都由新入职的青年教师独自承担，而学校或系部除了给予青年教师形式主义的培训课外，很少开展系统化、科学性的职业辅导和规划，致使青年教师不仅在科研方面弯路不断、陷阱重重，而且在心理方面缺乏踏实感和归属感，以致无所适从。

对于职业上升期的青年教师来说，行政工作可能是另外一个令人颇感无奈的鸡肋。"学而优则仕"的传统观念在中国盛行了上千年，而如今这种传统在高校依然可见踪迹，甚至在某种程度上，从事行政管理工作似乎成了对一个人能力的肯定和奖励，因为职位的便利可以为教师带来更为丰富的学术资源。但是，就学术研究而言，行政工作的多头绪和冗杂性就意味着教师必须舍弃从事学科研究和专业提升的宝贵时间。其学术生命的短暂让人痛心。

五、青年教师专业发展的紧迫性和重要性

谈及青年教师专业发展，其前提为坚持教师作为专业技术人员的角色。教师的第一要务为教学，但鉴于高等院校与科技发展的密切联系，高校教师在科研领域同样承担着重要角色。青年教师从新手教师变成熟练型教师或者教学能手的过程是教师成长的过程，也同样是教师专业发展的过程。科技的迅猛发展以及国家间综合国力的激烈竞争都对人才培养质量提出了更高的要求。国家的发展和民族复兴的关键靠人才，人才培养的关键在教育，而高等教育在人才培养的过程中起着很重要的作用。教师是高校发展的核心资源，是影响人才培养的重要因素，也是提高教育质量的基础和保障。因此，研究"教师专业发展"的问题对高校教育意义非凡。

教师作为学校教育的主要参与者和实施者，是决定学校教育质量和未来教育发展方向的关键因素。目前对教师个体的研究，主要围绕教师的外部因素展开，即从教育质量的提升、教育教学管理的高效以及学生全面发展的迫切性等方面对教师提出的更高要求出发，来研究教师的知识、能力、行为等如何更好地达到这些外部目的和要求，这些外部因素更多强调的是教师的工具性价值。而对教师自我、教师情意、教师期望、教师价值观等教师"内部"素质的研究则相对较少。根据整体论的思想，教师是一个拥有外部社会价值和内心元认知两方面的有机、独立个体，教师的各个方面是一个有机的整体。根据矛盾论的观点，任何事物都在矛盾中存在和发展，就教师而言，其外部社会价值属于矛盾的次要方面，而自我认同、自我肯定以及对自我价值观的肯定等元认知层面则属于矛盾的主要方面，它无疑对于教师个人的走向甚至教育事业的发展起到关键的制约作用。因此，忽视对教师本身的关注而仅从教师职业的外部要求来研究教师，就等于隔靴搔痒，是很难准确揭示教师的职业特征和提高教师专业素质的。

基于这一认识，国内外学术界近期出现了对教师职业认同如教师幸福感、教师心理健康、教师职业倦怠和教师职业承诺等方面的研究。前两者是对"作为人的教师"的心理的研究，即将教师视为一个独立的自然人，而后两者是对"作为教师的教师"的心理的研究，它更加关注教师作为一个教书育人和传承社会文明的特殊个体及其心理的发展历程。对"作为教师的教师"的心理的研究，实质上是对教师职业心理的研究，它又可以分为对教师消极职业心理的研究（如教师职业倦怠）和对教师积极职业心理的研究（如教师职业承诺）。对教师消极职业心理进行研究，旨在探究教师出现消极职业心理的根源，寻求降低或消除这些根源的措施，以提高教师职业心理素质水平。对教师积极职业心理的研究，则可以根据其正面功能或影响因素等去寻求有效措施与积极支持，旨在使教师的积极职业心理在现有的基础上达到更高的水平。不可否认的是，社会对于教师个体的关注，长期以来更倾向于教师的社会功能，即作为传承社会文明、

促进社会发展进步的一个精神向导，而往往忽略了教师作为"人"的生活需求和精神需要，然而，随着社会文明发展的继续深入，随着个性化发展诉求的日益凸显，随着文化传承在社会进步中所占比重的不断增加，教师的"人化"因素理应成为教师教育研究的重点，因此，应该加强对教师职业心理的研究，以促进教师专业发展，而认同即是心理学层面的一个重要理论，是指个人对自我和社会认可和接纳，从被动的消极认同走向积极的合理认同，意味着个人的成长，而具体到教师这一职业，由于其工作性质的特殊性和工作意义的重要性，身份认同对于其专业发展存在着重要意义。然而，目前高校青年教师遭遇了身份游离的危机，其专业发展因此受到影响。所以，本书聚焦身份认同与教师专业发展两个核心理论，将研究主体具体到青年高校教师群体，从人类学、社会学、心理学、教育学的视角对认同理论与教师专业发展理论做出深刻剖析，目的在于通过对认同理论以及其与教师专业发展的密切联系的层层剖析，寻找高校青年教师在专业发展中的合理身份，在此基础上聚焦专业发展的两个核心问题，即群体文化与教研关系。我们认为，通过构建基于"人"的理性群体文化以及基于教育生态理论的教研模式，高校青年教师专业发展将会获得不竭动力，中国的高等教育事业也将因此获得更多活力。

第二章　高校青年教师专业发展的本体探索

围绕青年教师专业发展进行的所有研究，其前提在于明晰青年教师专业发展的具体所指，亦即探讨青年教师专业发展"是什么"以及"走向何方"的问题。对于此类问题的探讨就回归了哲学的核心问题：本体论的问题。本体论（Ontology）是探究世界的本原或基质的哲学理论，该词由17世纪的德国经院学者郭克兰纽（Goclenius，1547-1628）首先使用。对本体论这个词的定义存在多种版本，大体上说，马克思主义以前的哲学所用的本体论有广义和狭义之别，马克思主义之后哲学融入了实践。从广义上说，它指一切实在的最终本性，这种本性需要通过认识论而得到认识，因而研究一切实在最终本性为本体论，研究如何认识则为认识论，这是以本体论与认识论相对称。从狭义上说，则在广义的本体论中又有宇宙的起源与结构的研究和宇宙本性的研究之分，前者为宇宙论，后者为本体论，这是以本体论与宇宙论相对称。马克思主义哲学不采取本体论与认识论相对立或本体论与宇宙论相对立的方法，而以辩证唯物主义说明哲学的整个问题。讨论教师专业发展的所指应基于马克思主义的辩证唯物史观，它不仅强调教师专业发展的理论指向，更注重教师专业发展的实践发展轨迹。

一、教师专业化的内涵与外延

（一）专业化的内涵与外延

1. "专业"的特征

一门职业要想成为一门专业，必须符合"专业"所具有的共同的特征。同时，了解专业的特征是衡量一种职业是否成为专业的基础，也是使"非专业"和"半专业"职业发展成为专业的基础。对于何为"专业"，国内外多位学者曾从不同角度界定：美国教育家利伯曼（Lieberman）在其著作《教育专业化》（Education as Profession）中就对教师专业标准作了初步探究和定义。利伯曼（Lieberman）认为专业具有8个方面的特征：①范围明确，垄断地从事与社会不可或缺的工作；②运用高度的理智技术；③需要长期的专业教育；④从事者无论个人、集体，均具有广泛的自律性；⑤在专业的自律范围内，负有作出判断、采取行为的责任；⑥非盈利，以服务为动机；⑦形成了综合性的自治组织；⑧拥有应用方式具体化了的伦理纲领。澳大利亚学者斯蒂芬·凯米斯（S.Kemmis）认为"专业"具有三个显著的特征：第一，其成员采用的方式与程序有系统的理论知识和研究支持；第二，其成员以顾客的利益为压倒一切的任务；第三，其成员不受专业外势力的控制和限定，有权做出自己的职业判断。美国社会学家、结构功能主义的代表人物塔尔科特·帕森斯（T. Parsons）认为"专业"包含两个基本特征：其一，一个专业好比一个行会，意味着一个自愿的协会，其成员受到行会的限定，表明自我规范和自律成员关系；其二，专业建立在科学的基础之上，此职业控制着一套专门的知识理论体系，它的获得除了要经过学徒式的训练之外，还要在高校里经过多年的研修，科学性为行会的存在提供了合理性，行会通过对从业权力的控制保证科学知识社会功能的权威性。日本学者石村善助在《现代的专业》中认为："专业"是指"通过特殊的教育或训练掌握了业经证实的知识（科学或高深的知识），具有一定的基础理论和特殊技能，从而按照来自非特定的大多数公民自发表达出来的每个委托者的具体要求，从事具体的服务工作，借以为全社会利益效力的职业。中国学者曾荣光认为"专业"的特征包括以下几个方面：①为社会提供不可或缺的服务；②享有专业服务的专业权；③接受长时间训练和入职辅导；④具有一套"圈内知识"；⑤有专业自主权；⑥组成对成员有制约力的专业团体；⑦确立一套专业守则；⑧获得社会当事人信任；⑨享有相当的社会地位和职业报酬；⑩不断接受在职培训和从事科研活动。

通过对以上有关"专业"的不同界定进行分析，我们可以将"专业"所拥有的共同特征做出以下梳理：①较为深入的专业知识和技术含量；②长期的系统化、规范化、专业化教育或训练；③拥有专业自主权以及高度的责任感；④拥有为群体所认可的社会地位和职业待遇；⑤存在有影响力的专业机构或社团组织；⑥拥有向上的群体文化和自我发展的诉求与动力。值得注意的是，专业区别于职业的显著特征在于：首先，专业须囊括非同寻常的深奥知识和复杂技能；其次，专业需要接受长时间的专业化训练，一般以是否接受过高等专门教育为标志，而职业主要是通过个人体验与个人的经验总结；再则，专业与职业相比，要更多地提供一种独特、明确、必要的社会服务与奉献，而普通职业的从业人员仅仅把工作当作一种谋生的手段；最后，职业更多地体现为工匠式的特点，一旦掌握，即可不断重复，无须创新，而专业的一个重要特点就在于需要不断地面对文化，需要不断进修，并做出创新。

从以上对于"专业"的界定以及与职业的对比不难看出，目前尽管教师作为专业技术人才群体已经过几十年的发展，然而，教师职业仅符合作为一门专业的某些特征，但实际上，教师职业的专业化程度还比较低，仍不具备作为一门成熟专业的所有的特征，并且在某些特征方面还存在一定的缺陷，往往被称为"半专业""危机的职业"等。也正是因为如此，埃齐奥德等人将教师、护士、社会工作者三类人员划归"半专业"人员，认为教师培训时间短，社会地位较低，团体专业权利已确立，特有的专业知识较少，缺乏专业自主权。并且教师的专业组织尚未形成，教师的自身专业权利无法得到应有的保障。同样，史汀内特、曾荣光、郑宇贤、韦伦斯基等人通过对教学工作的特征与专业标准的吻合程度的分析认为，教师职业与"已确立的专业"的专业化过程的要求还有一定的差距，是一种"准专业"或"边际专业"。由此可见，教师职业要成为教师专业，需要经历一个专业化的过程。

2. 专业化的内涵

某种职业如果从性质上具有了专业的某些性质，但它实际上并没有成为专业，该职业要成为的专业，它需要一个发展的过程，这个过程就是专业化。何为"专业化"呢？霍伊尔（E.Hoyle）认为："专业化是一种职业经过一段时间后成功地满足某一专业性职业标准的过程，它涉及两个（一般是同时进行并独立变化的）过程，即作为地位改善的专业化和作为专业发展、专业知识提高以及专业实践中技术改进的专业化。"（邓金，1989）该定义更多地强调了专业化的"过程"。我国学者王建磐认为：专业化包含两个层次，一是指某一种职业群体的专业性质和状态处于什么样的情况和水平；二是指一个普通的职业群体逐渐符合专业标准，成为专业并获得相应专业地位的过程。该界定的两个方面分别强调了专业化的静态特点和动态过程（王建磐，2001）。分析以上两种关于"专业化"的定义，不难得出以下判断：专业化是使一门"非专业""半专业"的职业从不具备或不完全具备专业特征到逐渐符合专业标准，达到完全具备专业特征的过程。

3. 专业化的发展特性

（1）马克思主义发展观的内涵

宇宙间的一切事物都处于绝对的运动之中，而发展则属于运动、变化的积极状态。发展是事物从出生开始的一个进步变化的过程，是事物的不断更，是指一种连续不断的变化过程。既有量的变化，又有质的变化。发展通常被划分为三个阶段，即初级阶段、渐变发展阶段、质变或部分质变阶段。

根据马克思主义的辩证唯物主义发展观，社会是处在不断变化和发展中的有机整体和复杂系统。马克思主义认为，社会是一个相互联系、相互作用的有机整体。马克思在定义"社会"时曾经指出："生产关系的总和即构成所谓社会关系，构成所谓的'社会'"；"生产的承担者对自然的关系以及他们互相之间的关系，他们借以进行生产的各种关系的总和，就是从社会经济结构方面来看的社会"。

马克思主义把人类社会的发展看作自然史的过程，从而创立了真正科学的发展观。马克思主义认为，社会发展是一种自然历史过程。在《资本论》中，马克思通过对资本主义社会产生、发展的过程进行考察，科学地论证了经济的社会形态的发展是一种自然史的过程。同时，他又深刻地指出："人类史同自然史的区别在于，人类史是我们自己创造的，而自然史不是我们自己创造的。"

马克思主义强调要正确处理社会系统与自然系统的关系，促进人与自然的和谐发展。在马克思主义看来，人与自然的价值关系是以实践为基础的，实践首先使自然界人化。自然界的人化就是人的本质力量的自然对象化过程,以一种物质的力量作用于自然界,改造自然界,这一过程就是人类通过实践创造对象世界,占有自然界的过程,其结果则产生了获得人的本质的自然界。这种获得了人的主观性、人的本质的自然界,就是所谓的"人化自然",从外延上来说,就是纳入人类社会活动、纳入人的文化或文明之中的自然界,这种自然当然包括人自身的自然,它充分表明了人的主观性的超越性本质。

马克思主义的辩证唯物主义发展观强调人的发展是社会发展的核心和最高目标。马克思、恩格斯深切地关注人的发展以及全人类的前途和命运,把人的全面、自由发展、全人类的解放作为自己毕生研究的主题和为之奋斗的最高目标,作为衡量社会发展的最高价值标准。他们从历史唯物主义原理出发,批判了资本主义私有制社会所造成的人的片面、畸形的发展,把对人的发展问题提到了重要地位,科学地论述了人的全面发展的必然性及其对于社会发展的重要意义。在马克思主义看来,社会发展的核心是人的发展,离开了人的发展就谈不上社会的发展,不可能有离开"人"的、与"人"相对立的、外在于"人"的社会。正如马克思所说的那样,"历史不过是追求着自己目的的人的活动而已"。

总之,马克思主义的发展观是一种关注人与社会和谐发展的科学发展观:其一,它从世界普遍联系和永恒发展的观点出发,把社会看作一个由各个要素或子系统组成的社会有机整体;其二,它一方面强调社会发展的客观规律性,另一方面又指出人的自觉活动在社会历史发展中的作用,把两个方面辩证地统一起来;其三,它强调要正确处理人和自然的关系,促进人和自然的协调发展;其四,它强调和重视人的发展,把社会的发展看作以人为中心的发展,把人的全面发展看作未来共产主义社会的理想目标。马克思主义的发展观为教师专业发展提供了理论基础和思想源泉。

(2) 专业化的发展性质

专业通常指"一群人在从事一种需要专门技术之职业,这种职业需要特殊的智力来培养和完成,其目的在于提供专门性的社会服务"。专业化则是指一个普通的职业群体在一定时期内,逐渐符合专业标准、成为专门职业并获得相应专业地位的过程。专业化必须依据一定的物质基础,该物质基础即为职业。职业的专业化是指"一个职业经过一定时间后成功地满足某一专业性职业标准并获得相应的专业地位的过程"(刘捷,2002)。

职业化是专业化的基础,而专业化更加强调了专业技能的深入,强调了方法论,强调独立思考,强调效能和结果导向,强调了自我核心价值实现。职业的专业化涉及两个(一般是同时进行并可独立变化的)过程,就是作为地位改善的专业化和作为专业发展、专业知识提高以及专业实践改进的专业化(顾小清,转引自刘捷,2004)。

（二）教师专业化的模式界定

从社会学的角度出发探讨专业化问题，会发现一个不容忽视的事实，即专业化拥有更多的社会效应，亦即那些被认为专业（established profession）的群体可以得到较多的经济资源、社会声望及政治权力，因而，在20世纪中叶，新兴的职业纷纷以专业化为目标，力求促使本职业成为一专业的社会流动过程即被称为专业化（professionalization）。在这一专业化的洪流中，教师专业化应运而生。教师专业化在20世纪后半叶成为众多国家和地区推行的一项重要教育政策，其势头至今不衰。同医学、法律等已被社会肯定的专业相比，教学或教师作为社会层序中地位不高的职业，其具有的特征并不十分明显，因此，在初期，教师专业化主要采取"特质模式"这一理论视角。研究者首先归纳诸如医学、法律等成熟专业所具有的特征，在此基础上，建立一套教师的"专业特质"，进而，照这份"特质清单"将教师专业同其他一般职业区别开来，并进行专业化程度的排序。具体来说，教师专业化"特质模式"主要强调两个方面的核心内容，即教师群体所应具备的专业知识和教师职业服务社会的理想信念。

1. 教师专业化的"特质模式"

与传统的社会支配群体不同，医疗、法律领域等新兴社会团体是以无法替代的专业知识与技术作为立足基础的。所谓专业知识是指一套整系统的、具有普遍性的、可传播的、拥有一定学术地位的理论体系。专业知识的独特之处在于，因其所具有的复杂性及特有的词汇、传达方式与操作程序，能够形成封闭的系统。一般人要想获得和理解这套知识必须经过严格的训练，不仅在时间上较其他职业培训更长，而且还需通过高等教育这一独立的学术组织和专门机构来完成。因此，专业知识也被看作群体内知识，它只在专业群体内部传承和分享。不仅如此，专业群体要使社会大众相信唯有形成群体内知识，才能确保专业人员的水平，从而为大众提供高质量的专业服务。因此，基于对知识的垄断，专业成员也就被赋予了专业自主权，其中包括审核执业者的资格与能力以及判断其专业水平与操守等。另一方面，由于普通人（也就是专业人士的服务对象）缺乏专业知识而无法监督专业人士的工作，因而要求专业人士在行使自主权的同时必须承诺以当事人的利益为依归，具备忘我的精神。同时，以客观而公正的态度为所有客户服务。而为了确保服务理想的践行，又须建立一个组织，并负责专业自主权的实施。可见，以特质模式来看，能否被社会认可为专业的关键在于其所掌握的理论、技能及其符号程序是否制度化为一套群体内知识，以此为核心，专业人士才有资质享受到自主执业的权力，并因此承诺无私而公正地发挥专业知识之长以回报社会，服务大众。

通过以上对医学、法律等专业化团体的分析，不难发现：从功能主义的理论视角出发，"特质模式"认为专业是表现出重要社会功能的职业。然而，当用以上"专业化的标尺"来衡量教育工作的时候却发现，教育充其量只能算是"半专业"或者"准专业"，不论从专业知识、专业自主权抑或是专业道德规范，都不堪与成熟的专业相媲美。在迈向专业化的过程中，教师的"特质模式"遭遇前所未有的困境，同时，随着研究的不断深入，社会对教师的专业化水平乃至教育的社会功能产生怀疑。因此，"特质模式"不得不面临转型的危机。

2. 教师专业化"权力模式"

20世纪50年代中后期形成，以率先反对当时占主导地位的结构功能主义而著称的冲突理论在西方社会学流派中异军突起。它强调社会生活中的冲突性并以此解释社会变迁。同样，冲突理论为当时已陷入困境的教师专业化带来曙光。20世纪70年代，教师专业化研究试图从控制权的角度来分析"何以成为专业"的关键，因而也被称作"权力模式"。权力模式认为专业化并不是一个客观中立的现象，而是各方权力争夺的社会过程。专业就是那些成功地宣称或者将自己装扮为符合所谓的专业特质的那些职业群体。

持"权力模式"观点的学者基本上视专业化为权力斗争的过程，其中主要包括三个层面的权力斗争：第一，掌握对市场的控制权，即专业对于自己所提供的一套服务及其知识和技术基础具有绝对的控制权，甚至在一定程度上形成了垄断；第二，在与服务对象的关系中的控制权，即专业人员对于服务的内容和性质、对于"什么才是最符合当事人利益"这一问题的界定具有自主决定权；第三，专业对与其协作的行业具有领导和支配地位，能够决定工作和资源的分配。这三个层面的斗争及其结果互相作用，使专业得以建立一个"权力闭合体"，对工作进行全面的控制，而在"特质模式"中起到核心作用的"专业知识"和"服务的理想"在这里只是专业争取权力的策略和自我粉饰的化妆品。专业因而具备了严格的准入机制，并进行社会封闭，通过专业培训、职业准入以及设定行业标准和专业操守，专业把自己同其他职业区分开来以保存自己在社会中的特权。

由此可知，在权力模式中，"区分"是专业化的关键所在，而"区分"的实现需要依赖于完全自治权的获得，而唯有争取到国家的支持，通过法律的形式严格限制准入的资格和途径，最终获得完全的自主。

权力模式产生于世界范围内经济的迅速发展以及由此带来的教育行业市场化程度的不断深化，该模式弱化了"特质模式"所具有的浓厚的理想化色彩，而转向教师专业化的实践层面，对教师专业化理论的发展具有一定的促进作用，但是，以权力模式的视角来检视教学过程和专业化问题，同样引发争议，即控制权所面临的理想和现实之间的差距。首先，教师不具有对服务市场的控制权。在大部分国家，教师资格的审定和获批都不是由教师组织自主决定，而是由国家或地区政府掌控。不仅如此，教师工作的本质被认为是将其所掌握的知识转化为服务对象所能理解的知识，也就是说教师的工作非但不是垄断知识反而在于分享。其次，教师对其服务对象（即学生）同样不具有控制权。在传统教学模式中，虽然教师在与学生的关系中常常被看作居于权威的地位，但在"什么才是对学生发展最好"这一实质问题上，教师却并无自主权。更何况在信息化教育时代，教师的权威地位不断被解构，教师与学生的关系逐步演化为合作与对话，引导学生发现并坚持适合其发展的特殊模式成为现代教学工作的核心。在现代教育制度里，对于"教什么"甚至"怎么教"等涉及教学工作的核心问题都由国家决定，教师在其中仅仅是传输者和执行者的角色。进而，国家通过教育行政，根据固定课程对教师工作加以考核，因而也使教师在与其协作团体的关系中处于被支配的地位。而教师群体之所以无法在权力的竞赛中胜出，其根本原因正在于自18世纪普及教育的推行，教育开始被认定为国家事务，而且，鉴于其在经济发展和意识形态社会化过程中不可或缺的作用，教育也被牢牢地掌控在国家权力之中。

3. 教师专业化的理性自觉模式

理性自觉是文化自信的本质表现。随着信息化时代的到来以及自我意识的不断崛起，教师的"职业人"角色被赋予了更丰富的文化色彩，教师已经成了社会文化甚至社会文明的传承者，因此，信息化时代的教师专业化正逐渐转向理性的文化自觉模式。文化是一个国家、一个民族的灵魂。文化兴国运兴，文化强民族强。没有高度的文化自信，就没有文化的繁荣兴盛，也就没有民族的伟大复兴。文化自信的形成有赖于三方面的要素：物质基础、精神底蕴、理性自觉。其中物质基础和精神底蕴构成文化自信的客观前提，为文化建设提供双重准备。理性自觉构成文化自信的主观前提，作为文化主体进行文化建设的能力和方法，理性自觉是文化自信的本质表现。

建立在文化自信基础上的理性自觉使教育践行者能够在矛盾丛生的社会环境中保持一种文化初心，坚守文化传承人的身份。回顾中国历史，清朝中晚期，社会发展动力不足，陷于停滞，文化主体呈现故步自封的心态，拒绝进行文化创新和接纳异质文化，对文化传统只有形式上的继承。五四时期是一个新旧转换的时期，当时虽有批判传统的风气，甚至很盛，但新文化运动没有对中国传统文化全盘否定，而是进行了反思和扬弃。蔡元培、胡适等一批教育界的开拓者发起的理想的新文化运动是中国的"文艺复兴"。新文化运动批评、扬弃了传统文化中的糟粕，他们又选择了清代朴学方法、白话文、古典小说、戏曲，他们研究先秦诸子，发掘墨子的思想价值。这些不仅表现了他们置身于传统之中，而且对中国人文传统有新的发扬和光大。从这两个时期我们可以看出，文化发展必须依附于社会的发展进步。一个社会在各个领域的强势发展和进步，自然会引发对其文化的正确评价。相反，一个社会落后腐朽，其文化价值即会隐而不显，甚至其蕴含的优秀文化理念也可能遭到负面评价。鸦片战争以来，中华民族在苦难中奋斗、在奋斗中崛起，不仅摆脱了亡国灭种的危机，而且正在由大国向强国迈进。浴火重生的经历、社会的不断发展进步，使今天的中华民族"最有理由自信"。

一个民族真正意义上的崛起须依赖教育，其中，作为教育践行者的教师又起着至关重要的作用，因此，从某种意义上来说，教育强则国家强，教师强则国兴旺，而教师强也就意味着其专业化的不断发展，这有赖于在传统文化精髓基础上衍生的文化自信，以及由此产生的文化自觉。文化自信作为社会意识和社会心理，固然是社会物质存在的结果，但同时也是一定文化孕育的结果。思想的力量不仅来自物质的力量，它更来自思想本身。仍以中国历史为例，中华优秀传统文化与马克思主义理论作为优秀的文化力量，支撑起几千年民族血脉的延续，帮助中国由苦难走向辉煌。此二者构成当代文化自信的精神底蕴。中华优秀传统文化作为世界唯一延续至今的古代文明，有着强大的兼容并包、自我更新的能力。与古希腊以来的西方文化传统相比，中国传统文化主张在合理解决人的各种关系和矛盾中获得人生幸福。儒家文化从人的仁爱情感出发，推己及人、以情类物，将天、地、人、物、我纳入人的道德体验当中，在道德修养中达成人已内外和谐一体的关系。道家文化强调人作为自然的存在，与自然万物价值齐一，在尊重自然价值的基础上实现人的独立和自由。这些独特的价值取向与思维方式对于工业文明产生的人的精神困境和各种尖锐矛盾，可提供诸多启发。以马克思主义理论为指导形成的革命文化和社会主义先进文化，成功地指导了中国革命、改革和建设，其中科学性表现为其对社会发展客观规律的揭示，价值性表现为"为最广大人民群众谋福"的立场。马克思主义理论所指导的中国实践，无疑赋予当代中国以更强大的道路自信、理论自信和制度自信，使我们拥有更深厚的文化自信，也为教师专业化开拓了更宽广的道路。

  基于文化自信的理性自觉模式激发了教师的文化转化和文化创新。在文化交流频繁以及信息传输喷涌的新时代，文化建设与发展理应坚持"不忘本来、吸收外来、面向未来"的方针，这也是教师专业化发展的方向。面对多元文化，文化主体应以理性自觉的精神传承发展优秀传统文化和马克思主义理论，吸收其他优秀外来文化，根据时代要求进行符合自身特色的文化建设，在文化建设中形成新的文化传统。"不忘本来"要警惕历史虚无主义。任何社会在转型过程中都会受到异质文化的影响，在对待异质文化的态度上，如何去伪存真，不忘历史，认清差异可能是最好的态度。历史是现实之根，当历史被毁成废墟，文化的枝叶自然无从生根。因此，我们要坚定马克思主义指导思想，充分认识优秀传统文化在今天的独特价值，使这些优秀文化基因成为当代文化建设的坚实基础。"吸收外来"要警惕文化保守主义。文化保守主义以拒绝外来文化为理念，认为传统文化乃为人类文化的终极归宿。这种保守主义的立场隐含再次错失文化互鉴的危险。文化从来都是动态的发展过程，其发展的两个契机之一便是外来异质文化的激发。历史上传统文化即是各民族文化长期融合形成，未来文化发展无疑更应表现为包容东西方一切优秀文化因素的大胆创新。"面向未来"要以问题意识引导文化建设。文化传承的目的非在延续文化传统，而在解决现实问题。在一个国家的发展过程中，古今矛盾、中西矛盾以时空压缩的方式集中呈现。人的价值观念，人的行为规范，人与自身、他人和环境的矛盾等现实问题的解决构成当代文化发展的另一契机。解决这些问题要对文化传统进行创造性转化和创新性发展，还要充分借鉴外来文化的相关智慧，从而形成富有自身特色和时代精神的文化理念。总的说来，随着文化范式的多元化，以及教师作为"以文化人"身份的逐步凸显，教师专业化愈来愈趋于理性自觉。

二、教师专业发展的内涵与外延

（一）教师专业发展的社会学诠释

唯有将研究主体置于社会发展的大框架之下，才能实现最为真实、客观的解读，因此，我们将从社会学角度对教师专业发展进行纵向分析，从历史和社会制度中探寻教师专业发展的所指。

虽然，从庙堂、广场上的古代教师发展到具有"职业人"特点的体制下的当代教师，教师所蕴含的内容已经过数千年的发展与充实，但是，教师专业发展这一概念从提及发展至今也不过几十年的光阴，和浩瀚的人类文明相比，教师专业发展的历史弹指一挥间，然而，其取得的成绩是巨大的，也是引人深思的。我们可以将教师专业发展大致分为两个历史阶段，分界点为20世纪80年代。

第一阶段为20世纪80年代以前，这一阶段强调教师专业化。20世纪60至70年代更多地关注教师职业性地位的提升，即把教师视为社会职业分层中的一个阶段，教师专业化的目标是争取教师群体专业地位及专业权利的上移。1966年联合国教科文组织和国际劳工组织《关于教师地位的建议》强调教师职业的专业性质，认为"教学应被视为专业"。它可以说是第一次由国际的教育学者和政府人士共同讨论和合作，给予了教师地位专业的确认。

第二阶段为20世纪80年代以来，教师专业化重心开始转为教师专业发展。1980年，《世界年报》以"教师专业发展"为主题发表了一系列文章，提出教师专业化的目标有两个，其一是把教师视为社会职业分层中的一个阶层，专业化的目标是争取教师专业地位与权力的群体社会地位的上移；其二是把教师视为提供教育教学服务的专业工作者，专业化的目标是发展教师的教育教学知识和技能，提高教师的教育教学水平。1986年，美国卡内基教育和经济论坛工作小组、霍姆斯协会分别发表了《以21世纪的教师装备起来的国家》和《明天的教师》两个报告，同时提出了以教师专业发展作为教育改革的方向，努力提升教学工作的专业化水平。此时的教师专业重点开始更多地关注教师的角色、任务与实践问题，把教师视为提供教育教学服务的专业工作者，专业发展的目标是发展教师的教育教学知识与技能，提高教育教学水平。具体来说是要教师在整个专业生活中，通过终身专业训练，习得教育教学技能，实施专业自主，体现专业道德，逐步提高教师素养。

（二）教师专业发展的核心指向

从国内外现有的研究来看，研究者对"教师专业发展"的界定是多种多样的。霍伊尔（Hoyle, E.）认为："教师专业发展是指在教学职业生涯的每一阶段教师掌握良好专业实践所必备的知识和技能的过程。"富兰和哈格里夫斯（Fullan, M.&Hargreaves, A.）指出，他们在使用教师专业发展这一词汇时，既指通过在职教师教育或教师培训而获得的特定方面的发展，也指教师在目标意识、教学技能和与同事合作能力等方面的全面的进步。格拉特霍恩（Glatthorn, A.）认为，教师发展即"教师由于经验增加和对其教学系统审视而获得的专业成长"。佩里（Perry, P）认为，"就其中性意义上来说，教师专业发展意味着教师个人在专业生活中的成长，包括信心的增强、技能的提高、对所任教学科知识的不断更新拓宽和深化以及对自己在课堂上为何这样做的原因意识的强化。就其最积极意义上来说，教师专业发展包含着更多的内容，它意味着教师已经成长为一个超出技能的范围而有艺术化的表现，成为一个把工作提升为专业的人，把专业知能转化为权威的人"。利特尔（Little, J.W.）明确指出：对教师专业发展的研究有两种截然不同的路径：其一是教师掌握教室复杂性的过程，这些研究主要关注特定的教学法或课程革新的实施，同时也探究教师是如何学会教学的，是如何获得知识和专业成熟的，以及如何长期保持对工作的投入等。其二是侧重研究影响教师动机和学习机会的组织和职业条件。我国台湾学者罗清水认为："教师专业发展乃是教师为提升专业水准与专业表现而经自我抉择所进行的各项活动与学习的历程，以其促进专业成长、改进。"叶澜教授归纳已有研究的成果，得出以下认识："教师专业发展"的认识主要有三类：第一类是指教师的专业成长过程。如霍伊尔、佩里、富兰和哈格里夫斯、利伯曼的理解等。第二类是指促进教师专业成长的过程（教师教育）。如利特尔的理解。第三类是认为以上两种含义兼而有之。威迪恩（Wideen, M.）指出：教师专业发展有以下五层含义：①协助教师改进教学技巧的训练；②学校改革整体活动，以促进个人最大成长，营造良好的气氛，提高学习效果；③是一种成人教育，增进教师对其工作和活动的了解，不只是停留在提高教学成果上；④是利用最新的教学成效的研究，以改进学校教育的一种手段；⑤专业发展本身就是一种目的，协助教师在受尊敬的、受支持的、积极的氛围中，促进个人的专业成长。

通过以上论述，不难发现，尽管学术界对于教师专业发展的界定各有侧重，但无一例外地强调了专业知能、专业情意、专业自我三个方面，而这三个因素也正是教师专业发展的核心指向。

1. 专业知能

专业知能是指教师的专业知识和专业能力，它是教师专业发展的基石。教师的教育教学工作离不开其专业知能的支撑，格里芬（Griffin.G.A）在《初任教师知识基础》中提到"知识推动学校"。随着知识经济的到来，知识量成几何数级在迅猛增长，人们对教师知识的要求也是越来越高。教师不仅要具备自身所教学科的学科知识，还要具备与自身所教学科相关的学科知识以及广博的人文基础知识。针对教师应具备的专业知识，学术界曾从不同角度界定。舒尔曼认为，教师专业知识应包括教材内容知识、学科教学法知识、课程知识、一般教学法知识、有关学习者的知识、情景知识和其他课程的知识等七大类内容。伯利纳认为，教师专业知识应细分为学科内容知识、学科教学法知识和一般教学法知识。格罗斯曼则将教师专业知识划分为学科内容知识、学习者和学习知识、一般教学法知识、课程知识、情景知识和自我的知识。博科和帕特南认为，教师专业知识应涵盖一般教学法知识、教材内容知识和学科教学法知识。考尔德黑德一改以往学者对于教师专业知识的分类，对教师专业知识进行了重新命名，共分为六类：学科知识、机智性知识、个人实践知识、个案知识、理论性知识以及隐喻与映象。虽然以上五位学者或学术团体对教师专业知识的命名各有不同，但均普遍强调教师必须具备满足教学活动的所有相关知识。

毋庸置疑，专业知识必须借助专业实践方能获得生命力。专业能力的施展必须依赖于专业能力，因此，必须具备相应的专业能力是教育教学成功的关键。国内学者曾对教师专业能力做出以下界定［见表1 几种有代表性的教师能力结构分类（叶澜，2001）］：

表1 几种有代表性的教师能力结构分类（叶澜，2001）

研究者	教师的能力结构
邵瑞珍	1. 思维条理性、逻辑性。2. 口头表达能力。3. 组织教学能力。
陈顺理	1. 对教学对象—学生的调节、控制和改善的能力。（了解学生们努力因材施教的能力，启发教训的能力，教会学生们能力，组织管理学生的能力）。2. 对教学影响的调节、控制和改造的能力。（对教学内容的加工处理的能力，对教学方法手段的选择运用能力，对教学组织形式合理运用的能力，言语表达能力，检查教学效果的能力）。3. 教师自我调节控制的能力（较强的自学能力，较强的自我修养能力，敏感的接受反馈信息的能力）。
曾庆捷	1. 信息的组织与转化能力。2. 信息的传播能力（语言表达能力和非语言表达能力）。3. 运用多种教学手段的能力。4. 自接受信息的能力。
新教师教学和科研发展项目	印第安纳大学伯明顿分校
孟育群	1. 认识能力（思维的逻辑性、创造性）。2. 设计能力。3. 传播能力（语言表达能力，非语言表达能力，利用现代教育技术的能力）。4. 组织能力。5. 交往能力。
罗树华	1. 基础能力（智慧能力、表达能力、审美能力）。2. 职业能力（教育能力、班级管理能力，教学能力。3. 做完善的能力。4. 自我能力（自学能力、扩展能力，处理人际关系的能力）。

随着社会的变化和发展，社会对教师专业能力的要求在不断提高。结合信息化时代教师角色的特点，我们认为教师的专业能力结构应做出适当扩充，将交往合作、课程组织与整合、学生管理与自我管理以及学术科研等四个维度融入新时代的教师专业能力范畴。

(1) 交往合作能力

传统教师工作经常处于"孤独"状态，它的一个重要特点就是"专业个人主义"（professional individualism），教师依靠自身能力和经验去解决课堂教学中的所有问题。基于教师自身课堂教学活动与其他教师的课堂活动互不相干，其课堂生活往往是"自给自足"的。现代社会是一个竞争的社会，更是一个单靠个人孤独努力奋斗无法获得成功的社会。强调合作是任何一个教师都必须意识到的问题。新课程强调教师与教师之间的合作，除此之外，教师还要与学校校长、课程专家、学生、学生家长、社区人员等合作，可以说没有合作就没有进步与发展。

(2) 课程的组织与整合能力

课程组织与整合包括课程开发与设计的能力、课程的组织与管理能力、课程评价能力等。教师参与课程改革与活动是教师主体真正参与课程的体现。我国教师长期处于课程开发的边缘，其课程意识和能力尚未完全地发挥与显现出来。课程能力需要教师长期的学习、探索、研究才能得到进一步的提升。

(3) 学生管理和自我管理的能力

长期以来，教师作为教育目标的代言人，承担着教育教学的重任。鉴于教师在知识方面的权威地位，学生对于教师言听计从。如今，随着社会的开放，市场经济的冲击，人们价值观念的多元化，学生的思想也深受多方面的影响。"个性化"使得学生管理成了教师工作的弱项。因此，教师的管理能力已经成为教师专业发展的一个主要能力因素。教师不仅要具备管理学生的能力，同时还应具备参与学校管理的意识和能力。

(4) 学术科研能力

"教师即研究者"是教师专业化发展的同义语。1966年，联合国教科文组织在巴黎召开了"教师地位与政府间特别会议"，会议文件提出，应当把教师工作看作一门专业，它需要教师的专门知识和特别才能，并需要经过长期持续的努力与研究才能得以维持。

南京师范杨启亮教授将教师素养的知能分为三个层次：①知识层次，即不教错误知识，正确、准确地教学，这是学科专业化的最低层次。②智慧层次，即使教师和学生感到宽松的高层次。教师提高了教学的效率，使学生做两三道题就能达到五道题的学习效果，引导学生学会智慧学习。③创造性层次，即教师必须首先具有创造力，用自己的创造性影响身边的孩子。创造性是21世纪对人才的基本要求，只有教师拥有创新教育能力，达到创造性层次才会保护和发展学生的创造能力，而对于教师群体而言，创造性的主要体现便是学术科研能力的进一步提升。

2. 专业情意

布卢姆的教育目标分类，将情感领域与认知领域、动作技能领域相提并论成为并列的三个领域之一。教师的专业情意包括教师的专业理想、专业伦理、专业性向和专业自我四个方面。

（1）专业理想

专业理想是使教师成为专业人员的精神支柱。教师的专业理想包括教师的教育观、课程观、教师观和学生观等宏观层面，也包括有关学习者和学习的信念，教学的信念等微观层面。拥有专业理想，教师便会为了专业目标不断奋斗，会对教学工作产生强烈的投入感和责任感，愿意终生献身于教育事业。他们致力于改善其自身的教学素养，致力于统筹教育素质以满足社会对教育专业的期望，努力提高专业才能及专业服务水准，努力维护专业的荣誉、团结、形象等。

（2）专业伦理

根据 Frankena(1963) 的定义，伦理（ethic）是一个社会的道德规范系统，赋予人们在动机或行为上的是非善恶判断之基准。专业伦理是一个职业成为专业的必要条件，有专业无伦理是盲目的，有伦理无专业是空洞的。教师的专业伦理是指教师为更好地履行教师职业，满足社会对于教育的需求，维护其专业地位和声誉而制定的自我约束的行为规范，即一套一致认可的伦理标准。教师被称为道德实践者。教师的专业伦理是教师在教育教学过程中必须遵循的行为规则。古德森指出："教学首先是一种道德和伦理的专业，新的专业精神需要重申以此作为指导原则"；"在新的教学道德规范中，专业化和专业精神将围绕对教学和学生学习的道德定义而达到统一"。教师的专业伦理包括教师的教育责任心，敬业精神和服务精神；公平公正地对待每一位学生；审慎行使自己的权利等。

（3）专业性向

专业性向是教师在从事教育教学工作中所散发出来的人格特征或个性倾向。教学的风格和特色与教师的个性发展的成熟度有着直接的关系。众所周知，教学的个性化是我国教学改革的一大趋势。创新教学的实施效果如何，不仅取决于教师对学生施加影响的结果，而且还决定于这个结果所显示出来的某些独特的风格。

3. 专业自我

库姆斯（Combe）在20世纪60年代出版的《教师的专业教育》一书中就提出：一个好的教师首先是一个人，是一个有独特的人格的人，是一个知道运用"自我"作为有效的工具进行教学的人。高"自我"的教师，倾向于以积极的方式看待自己，能够准确地、现实地领悟他们自己和所处的世界，对他人有深切的认同感，具有自我满足感、自我信赖感、自我价值感。凯尔克特曼（Kelchtermans）则进一步用"专业自我"（professfonal self）概念来说明教师的专业素质。他认为，自我是一个复杂、多维、动态的表现体系，是人和环境之间长期相互作用的结果，它不仅影响着人们感受具体情境的方式,也影响着人们日常行为的方式。专业自我包括自我意象、自我尊重、工作动机、工作满意感、任务知觉、未来前景。教师的专业自我包括教师的自我专业发展意识和教师自我专业实现两个部分。教师自我专业发展意识是教师自我专业发展的前提和基础,它可以使教师形成积极的专业发展的态度和动机,会促进教师不断反思、努力和前进,从而积极主动地寻求专业发展的途径。教师自我专业实现是教师专业发展的最高境界,是教师实现其自身人生价值的主要依托。值得注意的是,与专业自我密切联系的一个概念是专业认同,我们在下一章会详细论述专业认同与教师专业发展的相关理论。

(三)教师专业发展的阶段划分

根据调查,目前教师这一职业倾向于终身制,而教师在不同的职业生涯周期中,其专业发展表现出来的特点以及规律都不尽相同。为了对教师专业发展进行更为深入的研究,依据教师在不同的职业生涯周期中所具有的特点,国内外学者对教师专业发展进行了阶段性划分。现将有代表性的学术观点归纳如下(杨秀玉,1999):

教师关注阶段论。开创者是美国学者费朗斯·傅乐(Fuller,1969)。傅乐的教师关注理论重点在教师的职前培育时期,研究结果表明:教师成长为专业教师的不同阶段,关注的重点是不同的,依次为任教前关注、早期生存关注、教学情境关注和关注学生四个阶段。

教师发展时期论。代表人物是美国学者卡茨(Katz,1972)。他针对学前教师的专业发展目标,将教师发展分为求生存时期、巩固时期、更新时期和成熟时期四个时期(徐彦红,2017)。

1. 教师发展阶段论

20世纪70年代末至80年代初,美国学者伯顿(Burden)、纽曼(Newman)、皮特森(Peterson)、弗劳拉(Flora)等人有组织地开展了教师发展研究,提出了教师生涯循环发展理论。其中的代表性人物是伯顿,提出教师发展的阶段依次为求生存阶段、调整阶段和成熟阶段。

2. 教师生涯循环论

教师生涯循环论的代表人物是费斯勒(Fessler,1985),他将教师的职业生涯周期分为八个阶段,依次是职前教育阶段、引导阶段、能力建立阶段、热心和成长阶段、职业挫折阶段、稳定和停滞阶段、职业消退阶段、职业退出阶段。他在研究中结合了翔实的个案研究,提出教师在每个阶段具有的专业发展特征和需求,并提出要有针对性地制定教师发展激励措施。

3. 教师生涯发展模式

美国学者司德菲(Steffy,1989)建立了教师生涯发展模式,他将教师发展分为五个阶段,依次是预备生涯阶段、专家生涯阶段、退缩生涯阶段、更新生涯阶段和退出生涯阶段。

4. 教师职业周期主题模式

美国学者休伯曼（Huberman，1993）提出了教师职业周期主题模式，将教师发展分为七个时期，依次是入职期、稳定期、实验和歧变期、重新评估期、平静和关系疏远期、保守和抱怨期以及退休期。

我国学者对教师专业发展阶段展开研究开始于20世纪八九十年代。研究者们从不同的研究视角出发，形成了不同的教师专业发展阶段理论。有代表性的国内研究成果包括：

两阶段说。吴康宁教授（1998）将教师专业发展划分为预期专业社会化与继续专业社会化两个阶段。朱玉东（2003）以时间为界把教师专业发展划分为职前专业发展和职后专业发展两个阶段。

三阶段说。唐玉光（2002）以职前、入职、在职三个时间段为依据，将教师专业发展分为职前准备、入职辅导、在职提高阶段，并指出三个阶段是一体化的。

四阶段说。邵宝祥（1999）等从教师的教学能力出发，采用个案研究法和问卷调查，把教师专业发展过程划分为适应、成长、称职和成熟四个阶段。梁文鑫（2008）分析了信息化对教师发展的影响，将教师专业发展阶段分为生态突变期的学习、模仿与尝试使用阶段、生态进化期的困惑、怀疑阶段、生态融合期的确定应用阶段和生态平衡期的创新应用阶段。

五阶段说。叶澜、白益民（2001）等从教师自我专业发展意识角度出发，采用逻辑思辨的方法，将教师专业发展阶段划分为五个阶段，分别为非关注、虚拟关注、生存关注、任务关注以及自我更新关注。傅树京（2003）对富勒和伯顿发展阶段的教师关注进行了归纳和总结，并在此基础上提出了适应期、探索期、建立期、成熟期、平和期五个阶段，描述了不同专业发展阶段的教师发展能力和教师需要的差异。陈永明（2003）以教龄为参数将教师发展划分为适应和发现期、稳定期、适应期或重新评价期、平静期和保守期、退出教职期等五个连续的发展阶段。卢真金（2007）提出教师专业发展的五阶段说，即适应与过渡、分化与定型、突破与退守、成熟与维持、创造与智慧，并指出在教师专业发展的每一阶段，教师也会相应地成长为适应型、经验型、知识型、混合型、准学者型、学者型和智慧型七类教师。

六阶段说。李壮成（2013）提出将教师专业发展划分为六阶段，包括预备期、适应成长期、成熟期、高原期、创造期和退出期。

八阶段说。裴跃进（2008）将教师发展阶段确定为教学系统、自我系统和组织系统三个范畴，并对教师专业发展阶段从这三个范畴的方面，分为了准备期、初始期、适应期、胜任期、成熟期、创造期、稳定期和退隐期共八个阶段。

国内外学者基于不同的研究视角，对教师专业发展阶段进行了大量的研究，形成的教师专业发展阶段理论也各有不同。尽管如此，我们还是能够很清晰地找到已有研究的脉络，即学术界对于教师专业发展所进行的阶段划分大体上基于教师的生理年龄和职业年龄两个维度，前者强调教师作为"自然人"的成长过程，而后者则强调教师作为"以文化人"的职业成长过程。基于对已有研究成果的梳理，我们将研究重点聚焦于青年教师阶段，了解其职业认同和专业发展的相关理论，原因在于：一方面，从教师作为"自然人"这一角色来讲，青年阶段与生命过程中的任何其他阶段都拥有截然不同的成长体验，而这种体验对于后期教师作为"自然人"的生理成长和作为"以文化人"职业发展均会带来巨大的影响；另一方面，从教师作为"以文化人"这一角色来讲，青年阶段不仅将职前阶段和职后探索、发展乃至成熟阶段紧密联系起来，并且处于早期生存关注、能力建立与职业激情和成长关键期，更为重要的是，青年阶段是教师在专业发展过程中面临矛盾最多也最激烈的一个时期。因此，我们选取青年教师作为研究群体更具代表性。

三、高校多元文化背景下的青年教师专业发展

高校在一个社会的位置，相当于处于"智力金字塔"的顶层。高校是培养高端人才、向社会输出科研成果和学术思想的重要阵地，在一个国家的经济、政治、教育等众多领域中扮演着"标杆式"的重要引领作用。在很大程度上，高等教育所培养人才的数量，尤其是质量决定了社会的发展程度；而高校教师的素质是高等教育质量的根本。伴随着经济全球化、高等教育国际化时代的到来，传统的、现代的、民族的、大众的、高雅的、流行的、群体取向的、个体取向的等多元文化亦纷沓而至，高校多元文化通过教师文化对教师专业发展产生了极大影响。

（一）高校多元文化的特征解读

2001年，联合国教科文组织通过的《世界文化多样性宣言》指出："文化多样性是交流、革新和创作的源泉，对人类来讲就像生物多样性对维持生物平衡那样必不可少。从这个意义讲，文化多样性是人类的共同遗产，应当从当代人和子孙后代的利益考虑予以承认和肯定。"（胡显章，2007）被誉为"当代美国高等教育改革设计师"的克拉克·克尔（Klark Kerr）认为："现代高校是一种'多元的'机构——在若干种意义上的多元：它有若干个目标，不是一个；它有若干个权力中心，不是一个；它为若干种顾客服务，不是一种。它不崇拜一个上帝；它不是单一的、统一的社群；它没有明显固定的顾客。它标志着许多真、善、美的幻想以及许多通向这些幻想的道路；它标志着权力的冲突，标志着为多种市场服务和关心大众。"他比喻说，纽曼心目中的高校只是一个居住僧侣的"村庄"，弗莱克斯纳的高校是一个"城镇"，而当代的高校则是一个变化无穷的"城市"。

1. 高校多元文化倡导和谐共存

高校多元文化的存在,是高校的客观事实,是推动高校生生不息、得以发展的内在动力,是高校文化的魅力所在。"物之不齐,物之性也"。高校文化的发展既不是预定的,也不是均衡进行的,而是在多元的辩证互动中推进的。高校文化的发展史始终是一部多元文化并存、交流、创新的历史。北京高校校园内西南联大纪念碑上有这样一段话:"同无妨异,异不害同,五色交辉,相得益彰,八音合奏,中和且平,万物并育而不相害,道并行而不相悖。小德川流,大德敦化,是天地之所以为大。"这道出了文化多元是客观世界的本质以及文化多元推动文化发展的真谛。世界各国高校的文化虽然存在着历史长短之分、发展阶段不同之别,但是不存在高低优劣之区分,都有自身存在的内在价值,理应受到同样尊重。

2. 高校多元文化主张对话与沟通

高校多元文化的和谐共存,意味着高校多元文化之间的协调有序。达到协调有序,需要在高校多元文化之间建立起对话与沟通机制。高校多元文化主张以兼容并包的态度承认多种文化共存,并且在相互对话与沟通中不断发展。没有任何一种高校文化比其他高校文化更加优秀,更不能将自己的文化标准强加于其他不同的文化。高校多元文化之间不是一种天然对立的关系,相反,任何一种文化的进步都需要吸收其他文化的精髓,在相互对话与沟通中不断进步,获得持久发展的强大动力。正如耶鲁人所认为的:一所高校之所以能名扬四海,不是因为它只传授一种"正确的"思想及一种"正确的"价值观,而是因为它是交流思想的"自由市场"(张金辉,2007)。"只有人们自由地交流思想,并彼此怀有敬意地展开辩论,高校才能强大"(哈瑞·刘易斯,2007)。高校文化的多元化进程必定使高校能够共同受惠于多元的文明成果,达到高校文化永续进步的目的。

3. 高校多元文化实现互利合作共同发展

高校多元文化互利合作共同发展是高校文化发展的必然趋势。在高等教育日益国际化的今天,以国家为代表的国际不同文化的冲突凸显出来。冲突是客观存在,发展乃是目的。这就客观地要求不同文化之间基于相互尊重、相互宽容、相互理解等伦理原则,加强相互合作,相互学习,相互借鉴,各自吸取对方的有益思想成分,进而充实、发展自身的文化。当然,这一过程不是机械地移植与嫁接,否则会造成本文化的僵化与断裂。理性的做法是将对方文化中合理、有益的因素纳入自身的语境,予以调适、升华,使之有助于自身文化的共同发展与创新。

4. 高校多元文化保持自身主体文化

每一所高校都是在长期的社会发展和历史演进过程中,由于社会环境、历史条件、观念体系、理想信仰,以及心理构成、师生素质、制度建设等方面的差异性,形成了具有自己独特个性色彩和独特优势的高校文化,高校自身理应加以体认和珍爱,保持主体文化。我们认同高校文化多元化的客观存在,但是,高校多元文化带来的绝不是同质化，更不可能是西化或美国化，恰恰是多元化。保持高校主体文化，尊重不同文化，维护和发展高校多元文化，使各国高校能够从国情出发，继承和发扬其文化传统，选择适合自己的办学理念、高校制度、道德准则和思维方式、教学方式、生活方式等，这对于高校文化的和谐发展是必需的。

（二）高校多元文化对教师角色提出的转型诉求

高校多元文化的到来，对教师文化产生了巨大的影响。理性分析高校多元文化对教师文化提出的转型诉求，有利于不断丰富教师文化的内涵，全面提升教师文化。

1. 对教师精神特质的转型诉求：凸显批判精神

批判精神是高校教师的本真精神特质，是高校教师学术发展的动力和源泉，是提高高校教师教学技能的有效途径，是提升高校教师师德的内在动力。强化高校教师的批判精神，能够促进教师专业发展，提升教师教育素养，丰富教师文化的内涵。

高校多元文化承认多种文化并存，尊重文化差异性，更强调保持自身主体文化。多元文化背景下的教师文化同样强调教师的主体文化，这自然离不开教师批判精神的参与。批判教育学的重要代表吉鲁在1992年出版的《跨越边界：文化工作者与教育政治学》一书中强调：教师是一个文化工作者，其重要职责是激励自己和学生被教育成为积极的和批判的公民，即能够在一个民主社会当中发挥领导作用的政治主体。这种主体能够显示他们的批判意识、公民勇气、植根于对自由和民主强烈义务的忠诚。因此，文化工作者要参与意识形态和社会实践的再生产，不仅揭露学校教育的意识形态和伦理的指针，更要觉醒自己的位置，明确自己与他人的相互关系，作自我批判和社会批判。

批判精神是由高校教师的职业特征决定的。首先，高校教师是高深学问的拥有者和探究者，这是进行批判精神的基石。一方面，高校教师把握自己的学术研究领域在国内外最前沿的学术动态，具有比较开阔的思想视野，比较深厚的理论基础、专业知识，有比较透彻的解释专业基础问题的理性能力，有明辨专业问题差别的批判能力，有较精明的应用研究能力。另一方面，高深知识是高校教师独特的探究对象，高校教师离不开对高深知识的探究与追求。而批判是高深知识得以增长的动力与理论源泉，高深知识离不开批判。其次，高校教师拥有独立的人格。拥有独立的人格，才能做到思想自由，而思想自由是批判精神的前提。思想自由是人格独立的具体表现，是教师不可或缺的精神特征、独立人格，自由思想能为教师的人生构建起多方面的重要价值。

2. 对教师价值观念的转型诉求：进行多元价值选择

英国当代政治经济学家伊赛尔·伯林认为，人类个体有自主和"自我实现"的需求，世界上不存在一种单一的价值和原则，每一种价值都与人类不同的经历有关，并且具有不同的性质和要求，选择也是人的本质特点，自由是与无阻碍地选择的机会有关的。每个人都具有自主性，他能够自由选择他的目的和价值。"在现实社会中文化提供给人们的将不再是单纯的色彩、固定的理念,而是以丰富多彩为特征,是本土文化、外来文化和由多种文化融合而产生的混合文化共存的局面。世界上不同的地域、不同的国家、不同社会制度下的文化相互融合、吸收并共处于同一环境。"(于海,2005)高校多元文化带来各种不同的价值观念,为教师的多元价值选择提供了更多的机会,赋予教师更多的价值观念,丰富了教师的精神世界,拓宽了教师的学术视野和文化境界,有助于教师进行中西文化的比较、交流和借鉴,更有助于提升教师的专业发展。

高校多元文化也使教师面临多元价值观念的冲击、在多元文化背景下,教师必然面临着传统对现代、东方对西方等多种价值取向之间的矛盾。新旧价值观交替之际,教师的价值取向会伴随各自的条件、信念与选择的不同,呈现出多样化、多向化、多维化的情况,从而引发不同程度的价值困惑与冲突。特别是在高等教育面向市场背景下,一些高校功利化,什么都和钱挂钩,这是个要命的问题。这种功利价值观念很容易成为滋生学术腐败的土壤。

3. **对教师职责的转型诉求:由文化传递者转向文化研究者**

关于教师的职责,自古至今都在沿袭着"师者,所以传道、授业、解惑者也"——教师是文化的传递者。教师的全部责任在于文化的传递,承载、传递社会文化是其存在的依据。教师是通过传承社会文化而实现教育目的及其自身功能的。

多元文化作为一种文化观念和思维方式,倡导多种文化共存,尊重多种文化的差异,主张文化间的对话与沟通,关注文化的传递和学习,强调教师和学生对文化的反思与批判。因而,教师就不再是知识权威与真理的化身,也不再局限于文化传递的被动地位,而是充分发挥自身的主动性和创造性,成为一个具有自主和反思品格、具有批判意识和创新能力的文化研究者。

作为文化研究者的教师,必须是一个致力于文化学习、文化传承、文化批判和文化创新的教育工作者,精研教学理论及其在教学实践中的应用,了解理论与心理、文化因素发展的关联,尤其是在一个多元文化背景中,作为文化研究者的教师要更能敏感地响应所有学生,特别是来自不同文化背景学生的价值、观念、信念、希望、梦想或愿景。允许学生在学习过程中充分发挥"自我意识",提供一个以学生生活世界为起点的学习环境,让学生能自由地讨论各种议题,通过沟通对话,使教师和学生一道从事文化的觉知、思考与行动。而教师的文化研究实践意味着引导学生在尊重自己的同时,也学会尊重他人,去倾听身边不同个体的声音及其背后不同的历史与文化,从而实践多元文化的理想。

4. **对师生关系的转型诉求:构建师生学习共同体**

师生关系作为非智力因素,对人才培养质量的提升具有重要的潜在影响。传统意义上的师生关系,教师是接受社会的正式委托以对学生的身心施加特定影响为职责的人。教师在教学过程中必然担当教育者、组织者和领导者的角色,教师代表社会先进文化和高校文化的主导方向。学生是以学习为主要任务的人,担任着受教育者、被领导者的角色，处于受众的地位。

高校多元文化背景下，高校教师受儒家传统文化影响而形成的师生关系观念与高校生受新时代思想影响而形成的师生关系观念产生冲突。但是，不同文化观念的冲突并不只具有消极作用，同时也能产生凝聚社会群体的积极作用。高校多元文化具有包容性和融合性，教师文化与高校生文化在不可避免产生冲突的同时，也在不断地相互协调、相互适应、相互交融，在师生互动中实现彼此的文化整合（郭峰，2010）。教师应正确处理好各种关系，用发展的眼光把握各种文化的激荡，汲取各种文化中的精髓，形成有益的教育成分，增进师生交流，共同构建师生学习共同体。面对多元文化，高校教师应全方位冷静分析，对待传统文化切不可抱残守缺，应取其精华，去其糟粕，同时以理解、宽容的态度对待外来文化的有益成分，用积极对话或共同探讨的形式剔除外来文化的不良影响，以开放的心态和清醒的头脑迎接各种文化的碰撞。与此同时，在师生文化交流的过程中，教师应发挥主导地位，积极引导学生的文化取向，避免学生走入片面的误区或极端主义的泥潭。在进行交流的同时，师生双方相互开展反思性思维，在开展文化交流和知识探究的活动中吸取彼此有益成分，重构自身的世界观、人生观和价值观，在和谐的新型师生关系中共享学习的乐趣，实现教学相长。

通过以上论述可知，在高校多元文化背景下，高校教师的"职业人"角色受到极大挑战：更加凸显批判性思维与实践；更加鼓励多元价值选择；更加关注"文化研究者"的身份和作用；更加尊重和推崇合作学习，等等。那么，高校教师专业发展应该何去何从呢？作为高校教师群体主力军以及未来中国高等教育发展希望的青年教师专业发展又该走向何方？我们认为：没有青年教师的发展及其专业成长，教师的历史使命就无法完成。推进高等教育改革，必须把握高校青年教师的专业发展的特点和规律，探究影响高校青年教师专业发展的关键因素。本文将高校青年教师作为研究对象，正是因为高校青年教师这一研究主体相对于其他年龄段的教师具有更为鲜明的专业发展阶段性特点。

四、高校青年教师专业发展的界定

基于前文对于教师专业化以及教师专业发展的论述，我们可以对高校教师专业发展做出以下定义：高校教师专业发展指教师在教学、科研和社会服务等学术活动中能力的提升和个人自我价值的实现。促进高校教师专业发展，激发其工作的主动性和能动性，能够提高高校教师的人力资源效用，从而促进学校整体学术文化水平的发展，提升社会整体教育质量。

值得注意的是，高校青年教师在兼具高校教师群体文化特点的基础上，还具有更为独特和针对性的文化指向，因此，我们对于高校青年教师专业发展的本体讨论应着眼高校青年教师所处的具体环境以及其所面临的具体问题。

高校青年教师普遍具有较高的学历学位；处于熟悉适应教师岗位到成长为专家型教师的职业生涯初期；承担着大量的教学任务和科研任务；高校青年教师经过5至10年的成长，还将成为学校教学、科研和管理的主要力量。然而这支队伍的发展也面临着一系列问题：在职业成长上的主动意识有待进一步加强；缺乏良好的职业成长规划和设计；部分青年教师在高校中处于弱势地位，没有充分的话语权；所处的家庭养老、养育子女、购房等外在压力大；经济收入水平较低；高校对高校青年教师的重视和投入较多，但是对高校青年教师专业发展的实际促进作用欠缺；社会未在政策和经费投入等方面给予高校青年教师专业发展足够的重视，尚未营造出有利于高校青年教师专业发展的外部宏观环境，等等。高校青年教师处于人生成长阶段和职业发展的关键阶段，这些问题的存在必将影响作为重要人力资源的高校青年教师的发展，影响人才培养质量的提升，最终影响高等教育整体质量的提高，影响整个社会经济的发展。因此，未来的高校青年教师师资队伍的建设重点以及专业发展理应包括人事制度改革、薪酬制度改革、培训制度改革等制度方面的改革创新，同时也应该营造良好的环境，引导青年教师对教学和科研活动的投入以及努力创造适合青年教师发展的良好社会环境等管理方面的改革。

　　综上，我们对高校青年教师专业发展做出以下界定：高校青年教师专业发展是指高校青年教师与学校及社会环境双向建构的过程。它包括高校青年教师自身发展、知识发展、促进学生发展、学校发展和高等教育发展不断实现和谐统一的过程。而对于高校青年教师的专业发展的研究要避免用孤立和封闭的方法开展，强调的是高校青年教师的专业发展影响因素的整体、系统性研究。

五、影响青年教师专业发展的因素

　　教师专业发展是一个连续的、动态的、贯穿于教师职业生涯始终的过程。教师专业发展影响因素的研究是教师专业发展的结构、阶段研究，尤其是教师专业发展促进研究的重要前提和有效依据。

　　影响高校青年教师专业发展的因素是指对其专业发展产生促进或阻碍作用的关键因素。对于高校青年教师影响因素的研究要从高校青年教师本身的特点进行。高校青年教师是有机的生命体，有生物体的自然属性，其教育教学活动又处于社会环境中，从而也具有社会属性。那么其专业发展必然受到个体特征的影响，同时受到学校层面和社会环境的影响。高校青年教师的专业成长过程是内外影响因素共同作用的结果。影响教师专业发展的外在环境主要包括社会层面和学校层面的因素，具体包括政策法规、社会经济和文化发展、学校的人力资源管理制度、学校文化和组织建设等方面。内在特征主要包括教师的职业发展、职业理念、职业素养和个体状况及家庭因素等。高校青年教师专业发展受到内部和外部影响因素的共同作用。为了更为透彻地分析影响高校教师专业发展的若干因素，我们对国内外学术界的相关研究进行了如下梳理。

（一）国外高校教师专业发展的影响因素研究

国外对于教师专业发展影响因素的研究是结合教师专业发展的阶段研究开展的。教师处于不同的发展阶段，因其个体特征和所处的环境均会发生不同的变化，会具有不同的发展需求，各影响因素作用于处于不同发展阶段教师，会产生不同的效果。

国外关于教师发展影响因素研究的代表人物是费斯勒（Fessler）和格拉特霍恩（A. Glatthorn）（徐彦红，2017）。费斯勒将影响教师专业发展的因素归为个人环境因素和组织环境因素两大类。其中个人环境因素包括家庭因素、积极的关键事件、危机、个人性情、兴趣爱好和生命阶段；组织环境因素包括学校规章制度、管理风格、公共信任、社会期望、专业发展组织和教师协会（Ralph Fesssler & Judith C. Christensen 著，董丽敏，高耀明等译，转引自郝敏宁，2007）。格拉特霍恩将影响教师专业发展的因素归为个人因素、与教师工作生活相关的因素、促进教师发展的特殊性介入活动等三个方面。其中个人因素包括认知发展、生涯发展、动机发展；与教师工作生活相关的因素包括社会与社区、学校系统、学校、教学小组或院系、课堂；第三个方面是促进教师发展的特殊介入活动因素（杨秀梅，2001）。

（二）国内高校教师专业发展的影响因素研究

国内对于高校教师专业发展影响因素的研究也经历了零散研究到系统研究、表象研究到深入研究的过程，研究范围逐步扩展，研究内容不断深化。

赵昌木认为教师成长的影响因素包括外部因素和教师内在心理因素两方面。外部因素的影响是主要的，具体包括社会因素、家庭因素和无法预料的偶然事件等外部环境因素。具体的外部条件指国家教育政策、学校管理和氛围、教师文化等。同时，教师自身因素对教师成长影响也较大，具体包括教师的认知能力、师德状况、人际交往能力、自我评价以及职业发展动机等（赵昌木，2003）。王坤认为社会生态环境是影响教师专业发展的重要因素，共包括微观、中观和宏观三个系统。三个系统组成一个有机的复合系统，具有整体性、动态性和情境性的特点。其中微观系统主要指教师在即时情境下的个人环境因素，由知、情、意、行四个要素组成；中观系统主要指与教师相关的小规模群体，要素是学校，包括学校的规章制度、学校的专业组织、学校的管理风格、公共信任以及社会对学校的期望等；宏观系统主要指与教师发展间接关系的教育行政机构、教育制度、教育习俗和文化等（王坤，2014）。吴捷认为教师的专业成长是内在因素和外在因素共同作用的结果。外在因素包括社会环境、工作环境、职后培训以及教育教学活动中的特定事件等。外在因素源于社会进步和教育发展。内在因素源于教师的自我角色愿望、需要及实践和追求，包括职业精神和理想、自主意识和能力以及研究案例、善于借鉴等（吴捷，2004）。赵苗苗认为教师的专业成长受内、外部两方面环境的影响。内部环境主要是自身因素,包括教师专业心理、知识观、知识管理能力等;外部因素主要是教育经济制度及政策法规、上级领导的态度、教师间的合作关系等(赵苗苗,2008)。李宜江认为影响教师专业发展的因素多,且影响的作用复杂。将影响因素按照来源分为外在因素和内在因素。与教师个体相独立的、没有直接联系的因素是外在因素,包括社会因素、学校因素和家庭因素等。内在因素是指与教师个体直接联系的因素,包括教师的工作对象、专业知识、专业能力以及专业态度等(李宜江,2010)。刘洁认为,影响教师专业发展的因素来自于社会、学校、家庭和个人三个层面。其中社会因素包括教师的社会地位、教师职业的吸引力、教师职业资格制度以及教师评价与培训制度等;学校因素包括校长的引领、合作性的教师文化和民主管理制度的保障等;个人因素包括个人的家庭因素以及专业发展结构因素(2004)。

通过以上对国内外学术界在教师专业发展影响因素上的研究进行综述分析,我们发现,尽管学界对于教师专业发展影响因素的界定莫衷一是,然而,他们都强调了一个关键点,即教师专业发展是一个复杂的过程,教师专业发展受到来自于教师主体和工作环境以及社会环境的各方面因素的影响,其中,教师主体属于内部因素,而工作环境以及社会环境无疑属于外部因素。

六、矛盾论视域下的高校青年教师专业发展的研究转向

《矛盾论》是毛主席结合马克思、列宁主义以及中国国情完成的宝贵论著,它是我们分析事物发展问题时必须秉持的态度。我们借助矛盾论的观点旨在更深入地分析当下高校青年教师专业发展的内容究竟应该是什么,我们对于高校青年教师专业发展的研究是否应该做出调整甚至转向。根据矛盾论的观点:"矛盾存在于一切事物发展的过程中,矛盾贯串于每一事物发展过程的始终,这是矛盾的普遍性和绝对性",同时,"研究事物发展过程中的各个发展阶段上的矛盾的特殊性,不但必须在其联结上、在其总体上去看,而且必须从各个阶段中矛盾的各个方面去看"。由此可知,高校青年教师专业发展无疑处于矛盾当中,具有矛盾的普遍性,而当今多元文化使高校青年教师专业发展又具有了矛盾的特殊性,即高校青年教师专业发展应更加重视教师的批判意识培养、文化研究者身份的坚持和传承、合作学习意识的培养与增强等。"在复杂的事物的发展过程中,有许多的矛盾存在,其中必有一种是主要的矛盾,由于它的存在和发展规定或影响着其他矛盾的存在和发展"。并且"不管怎样,过程发展的各个阶段中,只有一种主要的矛盾起着领导的作用,是完全没有疑义的"。"抓住了主要矛盾,一切问题就迎刃而解了"。那么,高校青年教师专业发展中的主要矛盾是什么呢?

根据辩证唯物主义的观点,即事物的发展是内因和外因共同起作用的结果,内因是事物变化发展的根据,外因是事物变化发展的条件,外因通过内因起作用。我们认为,当前形势下,教师主体因素作为教师的内部因素,其相关维度的研究理应成为教

师专业发展研究的重中之重。

七、高校青年教师专业发展的研究困境

针对高校青年教师专业发展的研究关乎高等教育质量的提升，并且在新形势下，教师专业发展无疑应关注教师的主体因素探究，包括作为"自然人"的个体成长因素研究以及作为"文化人"的教师职业路径分析。然而，通过分析国内外高校青年教师专业发展的研究现状，我们发现高校青年教师专业发展陷入了困境。

（一）高校青年教师专业发展的研究现状

1. 国外高校青年教师专业发展研究

自20世纪60年代起，美国开始重视教师发展研究，也将教师发展作为解决高校存在问题的一种方法。关于青年教师专业发展的研究，主要集中在教学发展、专业发展、个人发展、专业发展项目和专业发展组织等方面。

（1）关于新教师的教学发展研究

教学是青年教师的一项重要工作职责。罗伯特·博伊斯（Robert Boice）在其著作《给高校新教员的建议》中为了更好地指导青年教师的教学，提出了教学法的八条规则（罗伯特·博伊斯著．许强，李思凡译，2007）。斯蒂芬.M·卡恩在其著作《从学生到学者：通往教授之路的指南》中提出了青年教师开展有效教学的建议，包括程序性的教学指南、教学四要素以及教学中需要注意的问题等（金津，喻惜译，2011）。

（2）关于新教师的专业发展研究

美国高校十分重视青年教师的专业发展，一直致力于提升教师的教学、研究和公共服务能力。美国促进高校青年教师专业发展的方法有专家咨询、多媒体教学技术培训与辅导、教师工作坊、奖励和资助等（吴玉剑，2014）。

（3）关于新教师的个人发展研究

在个人发展发面，美国高校也采取了一些行之有效的举措，如帮助青年教师理解相关制度和政策、支持和鼓励教师之间增加交流、实施教师辅导项目等。此外，学校还会给青年教师提供工作和生活平衡等方面的建议（郭丽君，吴庆华，2012）。

（4）关于新教师专业发展项目研究

从20世纪60年代末70年代初发展到20世纪90年代，美国高校教师发展项目由开始推行进入普及化和制度化阶段（Gaff.J.G，Simpson.R.D，1994）。针对新教师开展的主要培训项目有入职适应项目、导师制项目、新教学和科研发展项目、在线专业发展项目和综合性指导项目［项目主要情况见表2 美国新教师专业发展项目（徐彦红，2017）］。

表2 美国新教师专业发展项目（徐彦红，2017）

项目类型	代表学校/项目	主要内容
新教师适应项目	明尼苏达大学、密歇根州立大学、马里兰大学、俄克拉荷马大学、西南密苏里州立大学等	帮助新教师熟悉学校、举行欢迎仪式、聚餐、举行研讨会和咨询服务、建立"教师工作坊"等
导师制项目	加州州立大学长滩分校、天普大学等	成对指导合作对象
新教师教学和科研发展项目	印第安纳大学伯明顿分校	设立鼓励金和奖金
在线专业发展项目	WIDE World、TAPPED IN、eMSS 等	网络进修课程
综合类指导项目	"TEAM 计划"	专业成长计划

①入职适应项目。明尼苏达高校新教师入职教育项目主要包括帮助新教师熟悉学校环境、实行导师制、帮助新教师与其他教师建立联系、介绍学术文化等。密歇根州立高校的新教师聚会项目包括举行聚餐会、校园参观等活动，专门设立新教师职业生涯早期项目等。马里兰高校的新教师适应项目包括举行一天的适应活动，由学校领导介绍学校情况，召开相关方面的分组研讨会，各职能部门提供现场咨询服务（吴庆华，2013）。俄克拉荷马高校新教师适应项目包括组织自愿参与、持续半年的专业发展研讨会，每周举行午餐会和研讨会。西南密苏里州立高校开办为期一周的"促进教学工作坊"，以提升新任教师的教学水平和能力。俄克拉荷马州立高校的"教学卓越中心"专门举办专业发展集中型培训（刘睿，杨春梅，2014）。

②导师制项目。加州州立高校长滩分校开展新教师指导项目，指导老师和被指导的新教师建立起每月一次交流的机制，并且由项目主任周期性地与相关教师进行讨论，从而进一步研究这种辅导关系。天普高校提供资深教师指导服务，资深教授和被指导教师通过协商制定目标和计划，从而加深新教师对学校及教学的了解。

③新教师教学和科研发展项目。印第安纳高校设立杰出年轻教师奖项目，旨在鼓励新教师作为研究者的成长。杰出年轻教师奖每年支持五名教师进行深入科学研究活动。此外，学校还实施暑期教学培训奖学金以及院系教师发展资助金等其他奖励项目，激励年轻教师进行科学研究。

④在线专业发展项目。教师在线专业发展通常指那些基于网络的、交互式的专业发展经历，既包括正式机构开发的专业发展项目，如 WIDE World、TAPPED IN、eMSS，也包括各种非正式专业发展环境，以 eMSS（http://emss.nsta.org/）为例，该项目以其灵活的、方便的优势，使新教师和导师可以打破时间和空间的限制，通过登录网络参与广泛的讨论和研究活动（郑晓川，2011）。

⑤综合类指导项目。有代表性的是美国康涅狄格州开展的"TEAM 计划"，即"教师教育与指导计划"。该计划围绕创设课堂环境、教学计划、教学实施、学生学习评价

及专业责任等五个成长模块给新教师提供支持和帮助。评审委员会最终经过评估给成功完成五个模块的新教师颁发临时教师资格证（杨艳梅，2010）。

⑥关于新教师专业发展组织研究。国外很多国家都成立了针对新教师专业发展的组织。选取美国和英国为代表，其新教师专业发展组织见表新教师专业发展组织见表3 新教师专业发展组织（徐彦红，2017）。

表3 新教师专业发展组织（徐彦红，2017）

组织机构	美国	英国
高校内部	密歇根大学学习和教学中心、哈佛大学的"新教师学会"、德州农工大学的有效教学中心	教师发展中心
专业协会	全国教育协会（NEA）、美国教师联盟（AFT）、全美科学教师协会（NSTS）、全美数学教师委员会（NCTM）	高校教师与高等教育发展协会、教师教育大学委员会
外部基金会	私人基金会、联邦政府基金会	—
政府组织		英格兰高等教育拨款委员会、高等教育学会

在美国，组织机构主要分为三个层次：一是高校，二是全国范围内的专业协会，三是外部的基金会。美国高校的教师专业发展组织逐渐发挥越来越重要的作用。教师专业组织是解决教育难题的仲裁机构，是凝聚教育智慧的智囊团，是实现个体教师个性化发展的重要平台（朱宛霞，2009）。外部基金会是美国高校教师发展的重要支持机构，既提供经费方面的支持，还提出一些申请资助项目的审批要求、检查评估等，以此来影响高校教师发展的活动内容和方向（郭丽君，吴庆华，2012）。

在英国，高校教师发展体系机构包括由教育部牵头成立的政府组织机构、由民间自发设立的中介组织机构和各高校内部建立的校本组织机构。政府组织主要为高校教师发展制定相应的法律法规，起政策引领作用，提供经费支持以及监督和评价。中介组织机构多以协会的形式成立，主要促进高校教师展开工作的经验交流、理论研究以及实践等。校本组织是教师发展活动中最终端且最为重要的实施机构，即各个院校内的教学发展中心（李俐，2013）。

2. 国内高校青年教师专业发展研究

国内对高校青年教师专业发展的研究主要围绕着青年教师专业发展内涵研究、发展阶段研究、影响因素研究、促进青年教师发展的有效途径研究等方面进行。

（1）高校青年教师专业发展内涵研究

关于高校青年教师专业发展的内涵，代表性观点是林杰（2006）提出的：高校教师发展是帮助教师实现专业成长和个性发展，特别是帮助青年教师实现从新教师到成熟教师的转变，使青年教师成为其专业领域的熟练人员。

（2）高校青年教师专业发展阶段研究

对高校青年教师专业发展阶段的划分，大部分学者划分为三个阶段。蒋赞认为青年教师的成长要经历适应期、成长期、成熟期。王璇等（2013）认为青年教师发展经历适应生存期、能力建构期、稳定成长期。

（3）高校青年教师专业发展影响因素研究

在现有的研究中，学者们普遍将影响高校青年教师专业发展的因素归为外部和内部两方面因素。外部因素主要是指社会、学校等方面的原因，内部因素主要是指教师自身和家庭的原因。张静指出，外部环境欠缺、工作压力与教师自身能动性等因素是制约高校青年教师专业发展的主要因素（张静，2014）。

（4）高校青年教师专业发展的促进途径研究

促进高校青年教师专业发展，一方面教师要加强学习，不断提高教学和科研工作的水平。另一方面，国家和学校要建立适合教师专业发展的有效机制。蒋赞（2008）认为，在自身发展上，青年教师应通过行动学习、教学反思、团队研究和学术交流四个重要途径，实现自身专业发展。马志玲（2006）认为，在激励机制上，国家应制定促进教师专业发展的激励政策；学校应积极开展激励教师发展的专业性活动。欧本谷（2004）提出，在评价机制上，应建立周期性评价活动机制、评价主体要多元化、评价标准要个性化、评价过程要建立安全机制，专业发展要建立导向激励机制等。

此外，学者们还对高校青年教师的教学能力、专业培训、职业认同、专业伦理等多方面分别进行了研究。

（二）高校青年教师专业发展的突围

1. 人本主义理论中"人"的发展诉求

20世纪50至60年代，由美国心理学家A.H马斯洛（1908~1970）创立的人本主义理论在美国兴起，20世纪70至80年代，人本主义理论作为美国当代心理学主要流派之一在世界范围内迅速发展起来。人本学派强调人的尊严、价值、创造力和自我实现，把人的本性的自我实现归结为潜能的发挥，而潜能是一种类似本能的性质。A.H马斯洛认为人类行为的心理驱力不是本能，而是人的需要，他将其分为两大类七个层次，好像一座金字塔，由下而上依次是生理需要、安全需要、归属与爱的需要、尊重的需要、认识需要、审美需要、自我实现需要。人在满足高一层次的需要之前，至少必须先部分满足低一层次的需要。第一类需要属于缺失需要，可产生匮乏性动机，为人与动物所共有，一旦得到满足，紧张消除，兴奋降低，便失去动机。第二类需要属于生长需要，可产生成长性动机，为人类所特有，是一种超越了生存满足之后，发自内心的渴求发展和实现自身潜能的需要。满足了这种需要个体才能进入心理的自由状态，体现人的本质和价值，产生深刻的幸福感，马斯洛称之为"顶峰体验"。马斯洛认为人类共有真、善、美、正义、欢乐等内在本性，具有共同的价值观和道德标准，达到人的自我实现关键在于改善人的"自知"或自我意识，使人认识到自我的内在潜能或价值，人本主义心理学就是促进人的自我实现。人本主义理论的代表人物罗杰斯（1902-1987）认为：人类有一种天生的"自我实现"的动机，即一个人发展、扩充和成熟的趋力，它是一个人最大限度地实现自身各种潜能的趋向。人本主义的实质就是让人领悟自己的本性，不再倚重外来的价值观念，让人重新信赖、依靠机体估价过程来处理经验，消除外界环境通过内化而强加给他的价值观，让人可以自由表达自己的思想和感情，健康发展。人本主义强调爱、创造性、自我表现、自主性、责任心等心理品质和人格特征的培育，对现代教育产生了深刻的影响，同时，人本主义理论重视"人"作为独立的社会个体的重要性，以及其自我实现和自我发展的心理诉求，这一点为新时代高校青年教师专业发展提供了契机。

2. 基于"人"的高校青年教师专业发展

"人"是高校青年教师专业发展研究的主体，而根据整体论的思想，教师是整体的人，教师的各个方面是一个有机的整体，因此，忽视对教师本身的关注而仅从教师职业的外部要求来研究教师，是很难准确揭示教师的职业特征和提高教师专业素质的。根据人本主义理论，人天生具有自我实现和自我发展的心理诉求，具体到教师个体身上亦是如此，高校青年教师具备自我提升和发展的倾向，然而，生活的压力、制度的约束等一系列生活的羁绊却在一定程度上弱化了教师的专业发展，所以，如何强化高校青年教师的专业发展意向，并且为高校青年教师的专业发展实践提供助力呢？根据矛盾论观点，矛盾的主要方面才是促进事物发展的关键因素，而在目前的时代背景下，高校青年教师在专业发展过程中面临的主要矛盾即是其对于"教师"这一职业以及对于"教师发展"的认同感，"教师的成长即是自我的成长和教师认同的发展"（Palmer, 1998），而"发展并维持一种强烈的职业认同是评判教师的专业性和把他们与其他工作者区别开来的重要依据"（Sachs, 2001）。同时，"强烈的职业认同会阻碍教师离开工作的倾向，教师对其职业认同的积极自我感知能够克服他们对恶劣工作条件的不满"（Moore & Hofman, 1988）。我们还须认识到这一事实，即"成为一名教师并不仅仅涉及将教学技巧加到已经构建好的个体认同上，它意味着在个体的生命中包含进教师认同"（Sumara & Luce-Kapler, 1996）。"根据维果茨基理论的观点，教师教育项目的总体目标最好被认为是职业认同的发展"（van Huizen, van Oers & Wubbels, 2005）。"教师教育者在计划和实施最初教师训练和继续专业发展的时候，需要意识到教师认同的潜在影响"（Jones, 2004）。我们可以据此总结如下：高校青年教师是高校教师队伍的基础力量、后继力量。高校青年教师专业发展是教师个人的自觉需求，更是教师队伍建设的重要创新，基于认同理论从社会学、心理学和教育学层面分析高校青年教师在自我成长和专业成长过程中遭遇的认同危机，以及产生危机的根源，能够在本质上抓住高校青年教师专业发展中遇到的主要矛盾，从而在根本上促进高校青年教师的自我成长和专业成长。

第三章 高校青年教师的身份认同与专业发展的关系

一、认同的本体论探索

（一）多维视角下的认同理论解析

认同是一个复杂的概念，其最早由心理学家弗洛伊德提出，后来慢慢渗透到社会学、政治学、宗教学、哲学以及教育学等领域。在不同的研究视角下，认同被赋予了不同的含义，同时，即使视角相同，但在不同的语境下认同也会体现出其独特的一面，此时的这种独特性与具体的情景有着密切的联系，是为具体的研究服务的。《现代汉语词典》（第五版）认为认同有两层意思：一是认为跟自己有共同之处而感到亲切，例如民族认同感；二是承认、认可，例如这种研究方法已经得到了学术界的认同，这两种解释是目前相对较为普遍的理解。因此，在已有概念的基础上，认同概念的内涵和外延均发生着新的变化并呈现出不断地被扩大的趋势。下面我们分别从认同的词源意义、哲学视角、心理学视角和社会学视角来分析认同的含义，解析在不同视角及语境下认同所体现出的微妙所指。

1. 词源视角下认同理论解析

"认同"一词在英文中的对应词汇为"Identity"，源于拉丁文 idem（译为同前、同上的意思），该词有以下指称：

①身份；本身；本体。例如：The police are trying to discover the identity of the killer. 警方正在努力调查凶手的身份。②特征；特有的感觉（或信仰）。例如：a plan to strengthen the corporate of the company identity. 加强公司的企业形象的计划。③同一性；相同；一致。例如：an identity of interests. 利益一致、利益相同。

我们通常意义上所理解的认同主要属于第三层意思，只是在不同的语境下有所出入而已。

2. 哲学视角下的认同理论解析

哲学意义上的认同是从人本身的角度出发，关注最多的是对自己生存状况、生命价值及意义的理解和追寻，是对"我是谁？""我想要成为一个什么样的人？""我能够做些什么？""我该如何做？""我的价值在哪里？等等，一系列高度关涉自我的命题的追问与探索。与此相关的命题及表述散见于部分哲学思想及作品之中，其中古希腊学家苏格拉底的"认识你自己"便可视为是对认同问题最原始的思考，《哲人言行录》（卷一）中也有类似的表述，据第欧根尼·拉尔修的记载，有人问泰勒斯"何事最难为！"他应道："认识你自己。"另有尼采的《道德的系谱》中的表述："我们无可避免跟自己保持陌生，我们不明白自己，我们搞不清楚自己，我们的永恒判词是：'离每个人最远的，就是他自己。'——对于我们自己，我们不是'知者'……"。此类表述在某种程度上都与认同有着千丝万缕的联系。加拿大哲学家查尔斯·泰勒认为认同和自我是同义词，同时他也经常使用主体、自我性、人格等来表达相同的意思，因为他觉得这样可以对人的本性做更全面、更丰富的理解。同时他对"我是谁"问题的回答时也可以看出是对认同的思考，他认为"知道我是谁，就是知道我站在何处。我的认同是由提供框架或视界的承诺（commitment）和身份（identification）所规定的，在这种框架和视界内我能够尝试在不同的情况下决定什么是好的或有价值的，或者什么应当做，或者应赞同或反对什么。换句话说，这是我能够在其中采取一种立场的视界。"

由此可以看出，哲学语境中的认同与认识自我有着紧密的内在一致性，通过对自我的认识，来探寻人的生命意义和自我的价值，正如狄尔泰说过："人的存在方式是对意义的追寻"，而对意义的追寻的最终目的在于获得自我的肯定和自我的确认。因此，从这个意义上来说，哲学中的认同始终围绕自我的价值感和意义感等问题而不断变化，但最终都通过对自我的身份的认同而获得。

3. 心理学视角下的认同理论解析

心理学中的认同是与心理结构、心理机制以及人格的完整积极相关的一个概念，或认为认同是心理结构的完整性、统一性和连续性，或认为认同是个体与他人、群体或被模仿人物在情感上、心理上趋同的过程。

国内外心理学家从心理学视角对认同赋予了表述不同但内涵相近的意义，如美籍发展心理学家与心理分析学家埃里克森（Erikson）提出的著名的"认同危机"理论，埃里克森认为在人一生的发展过程中会遇到不同层次的认同危机，这种认同危机从幼儿期一直会持续到老年期，不同的阶段有不同的发展任务，因此面临的认同危机也有所不同，其中他认为最主要的是处于第五阶段的同一性对角色混乱，同一性或自我同一性即所谓的认同，处于该阶段的青少年会开始关注"我是谁？""我该何去何从？"等自我角色性问题，如果能够得到肯定性的答案，那么青少年就会克服本阶段的危机，反之则会处于角色混乱当中。由此可见，自我同一性对于青少年健康成长、不断地形成心理上的自我有着重要的积极意义。美国心理学家阿伦森（Aronson）认为"认同是一种对社会影响的反击，做出这种反应，是由于个人希望自己成为与施加影响者一样的人"。同时，美国《心理学百科全书》对认同是这样解释的："认同是精神分析理论中的一个核心概念，指的是主体同化、吸收其他人或事，以构建自身人格的过程。"我国学者沙莲香认为，认同是心理学中用来解释人格结合机制的概念，即人格与社会及文化之间怎样互动而维系人格的同一性和一贯性。认同是维系人格与社会及文化之间互动的内在力量，也是维系人格同一性和一贯性的内在力量，因此，这个概念又用来表示主体性、归属感。另有心理学大辞典认为，认同是"社会化过程中个体对他人的整个人格发生全面性、持久性的模仿学习"，它是"一种防御性机制，指由于某种动机而有选择地模仿别人某些特质的行为。如模仿她/他所崇拜或羡慕对象的某些行为"。还有研究认为，认同是"指个体潜意识地向某一对象模仿的过程，可使个体在心理上产生归属感"。由此不难看出，心理学视域下的认同侧重于个体的心理活动，个体为了获得心理上的安全感、归属感和意义感，会有意识地通过模仿、同化、顺应及重构等方式与外界达到心理上的一种趋同，这种趋同实际上是一种心理情感或体验。

4. 社会学视角下的认同理论解析

从社会学视角来研究认同，首先是把人置身于真实的社会情境之中，马克思对人的本质定义是"人是一切社会关系的总和"，既然社会学视域下人的本质是一种社会关系，那么人的存在便以社会关系的存在为前提，人的认同便是对人所处的社会关系中的自我的认同。

国外研究认为："认同是主体选择性与社会关系的互动过程，个体只有融入社会团体并与该团体的其他成员进行交往，才能实现个人的认同。"吉登斯（Giddens）则认为："一般说来，认同与人们对他们是谁以及什么对他们有意义的理解有关。这些理解的形成与先于其他意义来源的某些属性有关。认同的一些主要来源包括性别、性别倾向、国籍或民族以及社会阶级。"同时，吉登斯还从社会符号学的观点研究了"自我认同"的语言表现，通过"主我、宾我及你"三个视角分析了自我认同的不同层次及内在的逻辑关系，最终得出的结论是，"自我认同"并不是个体所拥有的全部特质及其组合，而是个人依据其个人经历所形成的，作为反思性理解的自我。当然，他还考察了自我认同与身体、耻辱感、尊严感、自豪感以及理想我之间的关系。这对于从社会学视角来研究认同有着举足轻重的意义。

我国社会学者王宁（2001）也对认同的社会学含义做了较为细致的阐述，具体见表4[认同的社会学含义（邱德峰，2015）]。

表4　认同的社会学含义（邱德峰，2015）

分析的维度	内容
认同的基本含义的两个方面	同一性：A和B的相同或同一 差异性：个人、群体的统一也就构成与他人、他们的差异

分析的维度	内容
认同的时空特性	时间上：个人或群体的认同具有时间上的连续与稳定性 空间上：个人认同是指个人的各个方面结合成某种连贯性的结构性模式；社会（群体）认同则是人们之间所具有的相似性
认同的动态性	认同的稳定性是相对的，但会随外部社会环境变化、人际相互关系的变化而变化
认同的多元与多维层面	生理层面、主管层面、社会层面、文化层面
认同的对立或连续体	个人认同—群体认同　主观认同—客观认同 内在认同—外在认同　实质认同—文化认同 正面认同—方面认同　继承性认同—获得性认同

由表可见，社会学中对认同的研究已经到了比较成熟的阶段，社会学当中给认同赋予了个体和社会（群体）的特征，一方面强调个体认同的形成与社会中的互动密不可分，认为认同是在与社会的互动和交往过程中形成和获得的，通过这种互动，个体获得了与社会群体的相似性，即所谓的"同一性"，另一方面在这种交往与互动中认识到了自我与社会的不同，即所谓的"差异性"，从而逐渐找准或定位自己在所处社会系统中的位置，也即对自我在所处社会系统中"身份"的确认，这种"身份"的确认体现出了自我与社会群体的差异性，而这种差异性或同一性的最重要体现就在于群体文化。对于认同在社会学中的定义，更为形象的理解是，无论是认"同"还是求"异"，实质上构成了"认同"这枚硬币的两面。

鉴于此，无论是从词源的角度来理解认同，还是分别从哲学、心理学及社会学的视角来理解认同，无不体现出认同概念的复杂性和多样性，同时正如前面所言，随着社会、历史、文化、制度等不断的变化，认同很有可能还会出现新的内涵，而且这一趋势正在不断地被扩大。但不论怎样变迁，有两点最为本质的特性是不会发生改变的，总结为两个方面：一是认为相同，二是认为相异，但最终的目的都是为了获得自我的内在与外在的同一性。相同可以体现为内在自我与外在自我的相同、主我与宾我的相同，也可体现在社会情境中个体与群体的相同，从而获得自我的统一和归属感，相异可以体现在内在自我与外在自我的不同，物质自我与精神自我的不同，也可体现在社会自我与个体自我的不同，从而获得个体"身份"和"角色"。

从主客体的角度看，认同可以被划分为两个层面："客体认同"和"主体认同"（又称"个体认同"、"自我认同"），其中，前者亦即接受、认可客体与自身差异的部分内涵，以达到"求同"，而后者则指个体综合先前自我、心理特征、社会期待、以往经验、现实环境和未来希望六个方面，统而合之成为一个整体的人格结构。毫无疑问，个体认同不仅与自身的特质有关，也受到社会环境的影响，是与社会互动过程中的自我建构。"华潭（Wah Tan）认为，自我的认同可以被看作通过在社会情境中的磋商或通过个体所内化的社会角色来建构或维持"（转引自邱德峰，2015）。

另外，从世界观角度分析，认同是微观与宏观之间的一种关系。我们通过属于更广阔范围和能明显反映更多风格和讨论的微观事物来界定"我们是谁？"。认同在宏观层面涉及民族、国家以及社会的宏大叙事，涉及文化、政治与经济等方面的主体性确认。在微观层面，认同则涉及每一个群体及其组织，涉及每一个人的主体性问题，它更多的是在自我的叙事与反思中，实现着自我的确认与发展。

尽管认同概念存在复杂性和多样性，我们无法穷尽已有关于认同的全部解释，但通过分析，我们至少可以概括出认同具有以下特点：

第一，认同的对象是主客体差异的内容或是个体自身，有客体认同和自我认同的区别，但是两者之间又是紧密相连的；

第二，认同是求同存异的过程；

第三，同一性和差异性的追求是社会认同发生的基础，社会互动是认同发生的关键，主体性建构是认同主要实现途径。

根据以上观点，我们尝试将认同定义为：认同是个体出于社会交往沟通的需要，在情感、态度、认知以及行动上表现出接受、认可另一个体或群体的行为规范以及价值观，并经过自我反思、选择而内化为自我人格的建构过程，是客体认同和自我认同的统一。

（二）认同的特征

认同是一个复杂且不断发展的问题，在认同的相关研究中，不同学者针对认同的特征进行了不同的界定与归纳。概括起来，在几个关键性成分中，认同呈现出以下几方面的一般特征：

1. 认同的同一性与差异性

认同的同一性就是具有一种与他者保持同样性的感觉（a feeling of being like others），是"变化中的同态或同一问题"（滕星，张俊豪，1977），它是指人的认同在不同的方面或条件下，保持同样的状态或事实，是"我"成为自己而不是他者的条件。用逻辑学的术语来说，是断言两个词项指称同样的一个事情。其功用在于让自我与他者保持同样性。同一性确保自己与他人之间的一致性，没有同一性，就很难确认自己真正的身份感和角色观，很难建立内在的归属感。

与同一性相对应，认同还具有差异性的特征，这种特征能够确保在自我和他者之间具有一种界限的感觉（a sense of boundaries between self and others），也就是说，这种成分可以确保认同之间内在的差异性。认同中的差异性主要作用在于保持认同之间的界限，其作用实际上是"同"中求"异"，使得人们在认可、接受和欣赏他者的身份、意义、价值、地位的同时，能够保持自己的独立性和个体性。有了这个边界和界限，个体认同与社会认同可以有别于其他个体与组织的认同；有了这个边界，个体的认同与社会认同之间也可以保持一种恰当的互动关系。

2. 认同的连续性与阶段性

认同的连续性是指一种自我体验和自我经验感，它造就了一种时间和空间意识，它体现为"一个人对在时空中存在的自我一致性和连续性的知觉，以及别人认识到一个人的一致性和连续性这一事实的知觉"（埃里克：H 埃里克森，1998）。认同的连续性就是时间和空间关系的动态一致性，个体认同之所以具有连续性，是因为个体所具有的记忆能力是一种可以跨越时间和空间的能力，它对确保认同的连续性起到了关键的作用，而人的这种记忆能力确保了对自我经历进行时空跨越的叙事反映与反思性的确认。

在认同的连续性中，认同也呈现出阶段性的特征，认同是一个动态变化的过程："新的认同的涌现，旧的认同的复活，现存的认同的变迁等"（Richards Jenkins，1996）。认同在动态的过程中呈现出"认同——认同危机——新的认同"的阶段性特征，而且不同的认同阶段经历着"依从——认可——内化"的过程，经历着"认同混淆、认同阻断、认同延缓和认同有成"（Robert.E.Slavin，2004）这四种认同状态。

3. 认同的整合性与碎片性

认同中的整合性是指现代人的认同中应当具有的一种整体感，是"我"与整体的动态的整合关系，其功能在于解决如何把他者融入这个自我之中。认同的整合性关涉我们要用核心认同去容纳和接受新的非核心的、边缘的认同，用既有的认同去接纳新的认同，或用新的认同来改造、改变和革新旧有的认同，只有这样，认同才能保持相对的稳定性和整体性。（王成兵，2004）但是，认同往往会呈现出"异质性的、流动性的和微妙的"状态。（R.G.Donn，1998）在后现代主义看来，认同就是一种破碎的、片段的认同，认同具有碎片性的特征。整合性与碎片性之间，既充满了对立与矛盾，也反映了认同复杂性的表象与特征。

4. 认同的内敛性与外散性

认同的内敛性即指认同是一种向内的自我深度感，是一种自我价值和自我意义的发现和肯定，是对"我是谁"的一种深度自我追问，它体现了人的主体性；而认同的外散性则指认同是人的自然属性、社会属性和精神属性的集中反映，人的自我感来自外界、他者，最终也必然回到外界、他者。

外散性决定了他者对自我的相互影响，决定了他者对自我的一种定位与确认。正是由于认同的内敛性和外散性特点，在不同维度上，我们就形成了自我认同与他者认同两种不同的认同形态。也就是说，自我认同、组织认同和社会认同是认同在三个维度上的不同认同状态，而在教师专业发展中起到关键作用的应该是教师的自我认同，它不仅体现了教师的"主体性"特质，同时又决定了青年教师的"角色"设置。

二、自我认同的理论解析

（一）自我认同的内涵

正如安东尼·吉登斯在《现代性与自我认同》中所言："自我认同并不是个体所拥有的特质，或一种特质的组合。它是个人依据其个人经历所形成的作为反思性理解的自我。"（安东尼·吉登斯，1998）自我认同对自我的反思性理解体现在三个层面（查尔斯·泰勒，2006）：首先，自我认同的内在性，抑或内部深度存在，即作为带有内部深度存在的我们自身的感觉，以及我们是"我们自己"的联结性概念，其核心是自我意义感、身份感和归属感，它比较注重历史的向度；其次，自我认同对自我的反思性理解脱离不了日常生活的影响，自我认同要关涉对日常生活的肯定，在片断性的日常生活中，自我通过叙事和反思，实现自我的确认；再次，自我认同关涉个体的内在道德根源，"我是谁"的终极关怀，也是对个体德行的一种确认。

由此，我们所谈论的自我认同就会涉及四个范畴（查尔斯·泰勒，2006）：首先，对自我的理解，对"我是谁"、"我们是谁"的主体性叩问，需要注意的是，这里的"自我"并不仅仅指"你"、"我"、"他／她"等独立、具体的个体，更包括"你们"、"我们"、"他们／她们"等一个群体，在注重合作与共同发展的当前时代，后者理应成为我们更应该关注的关键一点，在本书后续的论述中，自我认同的概念均包涵"个体"和"个体所在的群体"两个层面；其次，某种我们据此使我们的生活有意义的叙述，在叙述中实现自我的确认，因为自我不仅是先验的，也存在于日常生活世界；再次，对自我道德根源的追寻，对"善"的终极关怀；最后，自我认同的社会范畴，即对人的社会性，或者对社会性自我的一种体认与反思性确认。

自我认同作为认同的一种基本形态，它既是一种过程，也是一种结果，是对"我是谁"的一种确认。在对自我经历进行反思性理解的过程中，自我认同关涉自我意义感、身份感和归属感的获得，关涉到自我与他者的对话，关涉到社会性自我与日常的生活世界，关涉个体的主体性发展。

（二）自我认同的特征

1. 自我认同与人的主体性

人的主体性既是主体的本质体现，也是主体的价值追求，是人在实践中建构和发展的。（郝文武，2000）具有主体性的人，即是具有主动性、自主性和创造性的人。人的主动性、自主性和创造性，离不开人对自我的确认，或者说，人对"我是谁"的确认是人的主体性的内在要求，也是人的主体性的根本性问题。

对于我这个个体来说，确认"我是谁？"就是知道自我的关键性特征，知道"我站在何处",而我的认同则能够让我尝试在不同的情况下决定什么是好的或有价值的,或者什么应当做,或者我应赞同或反对什么。换句话说,这是我能够在其中采取一种立场的视界。(查尔斯·泰勒,2006)我的立场、我的视界,是由我的价值观、身份与角色等来规定和承诺的,因此,我的价值认同、身份认同与角色认同等,规约着社会性的自我,影响着自我的主动性、自主性和创造性。

"我"的主体性是"理想自我"与"现实自我"的交融与互动,亦是二者的对立与冲突。"理想的自我",就是"我想成为的自我",它塑造了使自我认同的叙事得以展开理想抱负的表达渠道(安东尼·吉登斯,1998),它是自我认同的核心部分,是对"我是谁"的终极追问,而"现实的我"是社会性因素与自我的互置,是自我认同的关键特征,它使认同回归到日常生活世界,它形塑着自我的成长轨道。自我认同的实现是主体性的内在轨迹,而主体性的彰显则是自我认同的起点与归宿。自我认同就是个人依据其个人经历所形成的作为反思性理解的自我,这个自我是理想与现实的交融与互动,是对"我是谁?"的终极追问与确认。

2. 自我认同与人的意义感、身份感与归属感

认同作为一种结果,就是意义感、身份感和归属感的获得,而自我认同就是要在自我成长与生活的经历中,找寻到自我的意义感、身份感与归属感。认同的内敛性特征体现了认同对自我价值和自我意义的发现与肯定,体现了对"我是谁?"的一种深度自我追问。认同的同一性不仅是自我身份的一种确认,也体现了归属感对于自我认同的重要性。自我认同的同一性确保自己与他人之间的一致性,没有同一性,就很难确认自己真正的身份感和角色观,很难建立内在的归属感。

在晚期现代性的背景下,个人的无意义感,即觉得生活没有提供任何有价值的东西的感受,成为根本性的心理问题。(安东尼·吉登斯,1998)个人意义感的获得直接影响着自我的确认以及自我的主动发展。个人的意义感是个体对自我价值及其实现方式的反思性投射,是个体对自我以及外在于自我的社会性因素的反思性投射。自我认同所指向的身份感与归属感,既受个人意义感的影响,也直接制约着个人的意义感。身份感是个体对自我身份所赋予的权力、义务以及责任等的一种体验与确认,身份感的获得是个体自我认同的反思性结果之一,它又对应着不同的角色观及角色认同。归属感是自我确认的一种群体性特征,它是同一性与差异性的对立统一,归属感既是群体价值、身份、角色等的一种界限,也是个体与群体(或组织)连接的关键性要素,它影响着个体与群体(或组织)的发展动力。

3. 自我认同与人的经历及反思性理解

认同是一种过程,更是一种经历。在认同的过程中,个体经历着自己的人生、职业和社会生活实践等,个体总是通过参与性经历的方式达到自我的某种确认。自我认同同样具有连续性的特征,个体的记忆能力确保了对自我经历进行跨越时空的叙事反映与反思性的确认。"自我认同并不仅仅是被给定的,即作为个体动作系统的连续性的

结果，而是在个体的反思活动中必须被惯例性地创造和维系的某种东西"。（安东尼·吉登斯，1998）

我们每个人不仅具有而且实践着一种个人经历，依据有关可能的生活方式的社会或心理信息流，这种个人经历被反思性地组织起来了。自我认同是个人依据其个人经历所形成的作为反思性理解的自我，换句话说，自我认同是一种反思性的成就，自我认同并非个体的先在特质，而是反思形成的个体对自我的反思，离不开对日常生活世界的关注，"我将如何生活"的问题必须在有关日常生活的琐事如吃穿行的决策中得到回答，并且必须在自我认同的暂时呈现中得到解释。（安东尼·吉登斯，1998）

尽管行为很重要，但个人的认同不是在行为之中发现的，也不是在他人的反应之中发现的，而是在保持特定的叙事进程之中被开拓出来的。如果一个人要在日常世界中与他人保持有规则的互动，那么其个人经历就不能全然是虚构的。它表现为持续地吸纳发生在外部世界中的事件，把它们纳入关涉自我的、正在进行着的"故事"之中。（安东尼·吉登斯，1998）因此，自我认同的实现，需要个体对日常生活"琐事"进行叙事与叙述，对个体的生活世界及自我经历进行反思性的理解。个体也需要通过叙事与反思，把对未来的设想与过去的经验联结起来，以便在自我认同的反思性叙述中反映自我的同一性与差异性，实现"理想的自我"与"现实的自我"的对话，实现自我与他者的对话。

总之，在现代性条件下的自我认同表明的不仅是个体依据自己的经历所反思性地理解到的自我，它还是在一个内在参照系统中由个体围绕理想自我，发挥自己的能动性，利用自己周围的资源去建构自我的过程。

4. 自我认同与现代生活的动力品质

安东尼·吉登斯认为现代社会生活的独特动力品质包括三个主要因素（安东尼·吉登斯，1998）：其中，第一个因素为时空分离（separation of time and space），为社会制度的抽离化。抽离化机制（disembedding merchanism）又有两种类型，分别称为"符号标志"（symbolic tokens）和"专家系统"（expert systems），把它们统称为"抽象系统"（abstract systems），而第三个因素即现代性的内在反思性。现代性的反思性必须与内在于所有人类活动的、对行动的反思监控区别开来。

尽管吉登斯所言的动力品质指向的是整个现代社会生活，但它同样适用于个体的社会生活及其自身的发展。时空分离的动力品质要求个体在自我的时空中确认"我是谁"，要求个体在自我的历史或经历中，找寻自我的内在深度感；抽象系统的本质在于"符号标志"和"专家系统"对于自我的体认与定位，它是社会性自我的他者表现；现代性的内在反思性，不仅是个体与社会发展的动力品质，也潜藏着个体发展的路径，反思性是自我认同的实现路径。个体如何确认"时空分离"中自我，如何实现与"抽象系统"的对话，都离不开反思性这一实现路径。

5. 自我认同与羞耻感、自豪感

羞耻感往往来源于对自身及其行为的一种不充分感受，它会影响个人的情绪体验，会导致某种焦虑与压力的产生。羞耻感应该在与自我同一性的关系中得到理解，当自我认同的同一性特征不明显，或个体不能与他者保持同样性的感觉时，自我的羞耻感就会产生焦虑和压力，进而影响到个体的生活及其发展。自我认同越是变得具有内在参照性，那么在成年人的人格中，羞耻感就越会起着根本的作用。

羞耻感是行动者动机系统的内在要素，羞耻感对应则是自豪感，即对自我认同的叙事完整性和价值充满信心。当一个人能成功地培育自豪感时，他能在心理上感到自我经历是合理而完整的。自豪感的维护具有深远的影响，它的作用并不局限于自我认同的保护或激励，因为在自我的连贯性、自我与他人的关系以及更为普遍的本体安全感之间存在着内在的关系。自豪感对于自我意义感、身份感和归属感的获得，也具有积极的影响。自豪感是个体对"现实自我"的积极确认，也是个体对"理想自我"积极响应。

6. 自我认同面临的危机

认同的危机是一种严重的无意义感和无方向感。自我认同危机是个体对自我的不确定性的一种疑虑和焦虑，是自我价值感的衰落、自我身份感的丧失与自我归属感的迷失。自我价值感的衰落与自我身份感的丧失，对人的自我评价、自我实现和自我发展都有非常致命的影响。而自我归属感的迷失不仅影响着个体主体性的发挥，也直接影响着组织认同与社会认同，影响着个体所在群体（或组织）的凝聚力、向心力及其发展的动力系统。

三、专业认同本体论解析

（一）职业和专业的区别

在了解什么是专业认同之前，我们有必要先简单区分一下一组较为近似的基本概念，即职业和专业，因为在现实生活以及在目前很多文献及研究当中，职业和专业经常被作为同一概念被使用，尽管职业和专业具有很大的相似性及存在一定的共通之处，但如果因此就将专业和职业画上等号，尤其是在学术场景当中，那么必定会造成很多误解，最终的结果是引起混乱。那么，何为职业？何为专业呢？

在英语当中较为常见的表述职业的词汇有："vocation"、"occupation"、"job"、"profession"、"career"、"work"等，而表示专业的词汇有："major"、"profession"、"specialty"等，仅由此便可以看出职业一词用法确实要比专业更加的广泛，例如："vocation"和"occupation"可以用来泛指各种职业，不过在英语语境中指稍显正式的具体职业，而"job"和"work"则更加的口语话，不管什么职业都可以用这两个词来指代，"career"主要是指贯穿人一生当中的职业，更加侧重于事业。在表示专业的词汇当中，"major"常用来指主要的、重要的、主修的职业，因为其本身的形容词性就有这样的意思，如指具体的学科专业；"specialty"有专业、特长、特性的意思，由此也可见其主要指专门性而非大众化泛指的职业，"profession"通常指某种特殊的职业，这种特殊性体现在需要具有专门的知识和技能，是在严格的不断的练习和实践当中形成的，可以认为是职业的专业化。

《现代汉语词典（第五版）》对职业和专业是这样解释的：

职业：①指个人在社会中所从事的作为主要生活来源的工作；②属性词，专业的。

专业：①指高等学校的一个系里或中等专业学校里，根据科学分工或生产部门的分工把学业分成的门类；②产业部门中根据产品的不同过程而分成的各业务部分；③专门从事某种工作或职业的。

显然，我们今天所说的职业和专业已经超越了上述范畴，就专业而言通常就有如下义项：专门从事某种学业或职业；专门的学问；高等学校或中等学校所分的学业门类；产业部门的各业务部分；指对一种物质了解的非常透彻的程度等含义。我国学者张明选也曾对专业和职业做了归纳式的区分，结合张明选的论述，专业和职业的主要特征比较如表5。

表5 专业和职业的主要特征比较

类别＼维度	专业	职业
工作前提	工作实践以掌握系统的专业知识和专门技能为前提	工作以实际经验和一般技能为前提
工作性质与类型	工作过程需要心智和判断力	工作过程以重复操作为特征
工作资格的获取	专业工作者需要接受高等教育，从业资格不易获得	从业人员通过学徒培训即可，从业资格相对容易获得
工作权限	专业工作者需要自主权	专业工作者需要服从指挥
工作目的	服务社会	谋生的手段
从业者对于工作的态度	当作一种事业和一种生活	仅当作谋生的手段
从业者的社会声望	拥有较高的社会声望	社会声望较低

以上是判断专业和职业所体现出来的简要特征，必要时候可做以区分，但却不能作为辨别专业和职业的唯一标准，因为专业和职业在区别各自不同的时候，体现出来更多的是共性，有着紧密的内在联系性，例如医生、律师和专业技术人员既可作为一门需要掌握一定专业知识，经过严格的训练形成一套专门的操作技能的专业，又可以作为通俗意义上的职业，因此，对二者的区分要结合具体的语境而不能仅停留在字面

意思。而针对对于高校青年教师的论述，我们则倾向于将其"教师"归为一门专业。

（二）教师的"专业"特质

由于教师一词既可以指代专业又可以指代职业，所以才会造成相同语境下二者等同的尴尬境地。纵观教育的发展历程，我们不难发现，教师作为一种职业无可争议，然而教师作为一种专业却经历了一番发展变化，20世纪60年代，教师是否是一门专业的问题便在世界范围内展开了讨论，1966年联合国教科文组织在《关于教师地位的建议》中提出应该把教学工作视为一种专门职业，认为："它是一种要求教师具有经过严格和持续不断的训练才能获得，并要维持专业知识及专门技能的公共业务。"1986年美国卡耐基教育和经济论坛也提出教师是一种专门的职业，并强调教师的专业的行为与专业标准。1971年日本在《关于今后学校教育的综合扩充与调整的基本措施》中指出："教师职业本来就需要极高的专业性"，强调应当确认、加强教师的专业化。我国也于1993的《教师法》中明确规定了"教师是履行教育教学职责的专业人员"，并于1999年的《中华人民共和国职业分类大典》中将教师列入"专业技术人员"之列，自此，在我国教师的专业地位逐渐得到了法律的认可和保障。此外各国学者还纷纷的研制教师的专业标准，如何进步促进教师专业化等等，可以说教师作为一种专业已经得到了普遍的认可并趋于成熟。值得强调的是，在信息化以及区域特色文化蓬勃突起的时代，教师的"职业人"角色已经逐渐向"以文化人之人"转变，教师除了在职业道德和制度的限定下完成教授知识的工作外，更需具有文化情怀，在大学多元文化的冲击下，大学青年教师正在经历角色的转向：①教师精神特质的转型：凸显批判精神；②教师价值观念的转型：进行多元价值选择；③教师职责的转型：由文化传递者转向文化研究者；④师生关系的转型：构建师生学习共同体。因此，毫无疑问，随着时代的发展以及文明的进步，教师的"专业"角色将会被进一步强化。

（三）专业认同

专业认同是指个体或群体对专业本身及涉及专业中的自我的感知、体验与思考，关注更多的是专业中的自我认同。专业认同的确立过程实际上是认同主体完成对以下问题进行的建构的过程，即"专业中的自我是什么样子的？""专业中的自我处于什么样的一种地位和状态？""专业中的自我是否完整，是否是真实的自我，是否是我所期望要达到的状态？"等等，因为，专业与职业相比更多的是自我的涉入，正如前面所言，专业需要专门的心智和判断力，需要更多自主权，需要不断地学习、需要服务与社会等等，这些需要自我去不断地思考、投入、体验和判断，通过个体与专业环境之间的不断互动来获得自我。

对于"专业认同"，国内外多个学者曾给予定义。台湾学者梁毕玲认为：专业认同是指"个体在社会关系的结构中，透过参与互动的过程内化了与专业相关的理念要求，因而形成专业的自我意向，具有的专业人格，对专业生涯产生执着感的过程"。学者李彦花认为，"专业认同主要是指专业人员在从事专业工作的过程中逐步形成的对自身工作的感知、理解和情感态度，这些直接影响从业者的思想、行为，左右其对自身及工作价值的肯定程度"。国外学者沙驰（Sachs）将专业认同界定为"一种由从事某一职业的群体所共同分享的属性和价值，其目的在于形成自己的特色，凸现不同团体之间的差异；它呈现出个人整合不同地位与角色的历程，以及各种各样的经验，以形塑自我的清晰影像"。分析以上三个定义，我们发现，学者们对于"专业认同"的理解各有侧重：第一种观点强调个体与专业标准之间的逻辑联系，认为专业化的过程就是个体将专业标准内化的过程；第二种观点则侧重认同的过程是个体专业情感态度形成的过程；第三种观点认为专业认同将群体的属性和价值结合自身实际内化为自我意识的过程。虽然三种观点的侧重点不同，但都强调了专业认同是一个过程性行为。根据以上三种观点，虽然我们不足以了解专业认同的全貌，但是也可以把握其一点内涵，即专业认同是个体在专业生活中感知到专业社会价值的基础上，把握自我专业价值，感知是前提，发现价值是结果。

四、教师专业认同本体探析

通过对文献资料的整理分析发现，国外学者关于"教师专业认同"的研究常使用"Teacher Professional Identity"或"Teachers' Professional Identification"来表述，国内学者通常将其翻译为"教师专业认同"、"教师专业身份认同"、"教师职业认同"及"教师自我认同"等，但是无论使用的是哪种概念，这些表述方式所涉及的意义相似，研究主题都是围绕"教师在其专业生活中形成的对自身专业的理解、感知、认可"（史晓波，2008；晋燕云，2011），然而，我们认为，从促进教师专业发展的角度思考，使用"教师专业认同"更为合适，因而在文献的梳理上统归为"教师专业认同"。我们对于教师专业认同的梳理是基于教师专业发展的基础之上的，同时也是以促进教师专业发展为导向的。

（一）教师专业认同的定义探析

教师专业认同是随着教师专业地位得到确认而催生出的概念，如果说教师专业认同最初只是一个概念，那么，发展至今，教师专业认同已演变成为一个独立的研究领域。认同和专业含义的复杂性和多样性就导致了教师专业认同内涵的丰富多样。关于教师专业认同的定义，国内、外学者都有一定的阐述。科尔斯特曼斯（Kelchtermans）（2000）从个体自我角度出发，认为教师是一种高度关涉自我的专业，教师的专业自我（professional self）和专业认同（professional identity）是教师个人对自己身为教师的感知，是对教师特定工作情景的知觉，专业认同会影响教师对教育教学活动赋予意义并采取行动,对教师发展具有十分重要的作用。古德森和科尔(Goodson & Cole)(2004)认为,"教师专业认同是建立在教师个体和教学专业的基础之上的,受到课堂及学校内外部的诸多因素和条件的影响"。福克曼和安德森(Volkmann & Anderson)将教师专业认同定义为教师专业自我形象和教师感知的"应然角色"之间的复杂的动力平衡。国内学者鲍传友(2010)认为:"教师专业认同,就是教师个体对自己作为教师的概念,简单地说,就是教师对自己所从事的教师专业意义的整体看法"。李彦花(2009)将教师专业认同定义为:教师个人或群体在教育教学专业实践过程中逐步形成的对自己身为教师的理解与看法,是教师对诸如"我是谁?"、"我该怎么做?"、"我为什么要这么做?"等问题的自我叩问,并将这些认知、思考渗透内化到日常教育教学理念、专业实践行为中的过程。分析以上三种观点,我们发现:每个定义都有其合理之处,但是结合前文认同以及专业认同的概念来看,三个定义也存在一定的片面性,主要表现在:过于强调教师专业认同与自我的关系,忽略了教师个体专业认同与其他教师个体以及教师群体专业认同的联系,忽略了群体专业价值对教师个体专业价值的影响。

综合以上论述,我们认为,首先,教师专业认同的主体是教师,即专业中的教师。"教师"一词既可以指一个人,又可以指一个群体,还可以指一种职业或专业,此处我们指的是从事教师职业或专业的人。因为在生活中,教师不是以单个人而存在的,而是从属于教师群体的,因而教师专业认同不单单指教师个体的自我专业认同,也包含教师群体的专业认同。其次,认同的对象是教师专业及教师自我,即教师对所从事的专业、对身处教师专业当中的自我的感知与体验,对自我生命意义和价值的追问与思考,是教师向内的作用力,因此,教师个体、专业理念、专业角色、专业情感、专业内容以及专业方式以及课堂和学校的内外部环境等要素共同影响教师专业认同的形成与发展。再则,教师专业认同是通过个体自我在与社会的互动中反思和学习而获得,最终的结果是达成了教师内在自我与外在自我的统一。鉴于此,我们认为教师专业认同是教师在教育教学过程中逐步形成的对教师自我及专业本身的感知、体验、理解和思考,在互动与反思的基础上达成的内在自我与外在自我趋于统一的过程和状态。

(二) 教师专业认同的特征

教师专业认同是教师主体在与社会互动中,在不断反思和学习的基础上对自我及专业本身的感知、体验、理解和思考,并最终走向内在自我与外在自我趋同的过程和状态。因此教师专业认同有着其自身的一些特征,这些特征是由教师专业本身的特殊性所决定的,因此,在已有研究的基础上,我们认为教师专业认同的特征主要体现在以下几点。

1. 自主性

教师专业认同的自主性体现了人本主义关照下的教师存在,自主性是人的素质的基本内容，它是行为主体按自己的意愿行事的动机、能力或特性，它的内容包括自由表达意志，独立做出决定以及自行推进行动的进程等，因此，是教师实现专业自我认同的前提。长期以来由于受工具理性的影响，人们对教师的研究与关注更多的是对一些外在标准的评判，再加上受外在权威、制度及功利主义价值导向的影响，教师作为人的主体性被忽视。博里克（G.D Borich）认为，教师认同的形成是结合了内部和外部两种力量进行的，既受到教师所处的社会情境的影响，也是个体自主反思和建构的产物。因此，作为主体的人的教师，不仅要参与社会情境的互动，接触外界的观念和信息，更要通过自我的积极反思来反观自身的教学实践和行为，并通过与自我展开对话决定是否将外界的规范、要求与期望同化、顺应或重组于自身的观念当中，从而与外界趋于一致。

2. 建构性

如果说自主性决定教师是否愿意"自我塑造"，那么，建构性决定教师如何进行"自我塑造"。建构是主体对客体信息进行组合和构思，在观念中建构客体。教师在实际的教育教学当中会面临各种各样外界信息和刺激，而其中绝大多数都是对教师外在的限定与规约，有的甚至与教师当前的状态相抵触、相矛盾，如对教师提出的各种专业标准（其中包括知识的、技能的、实践的及品质的），对教师赋予的不同社会角色，这些都是从外界的角度而提出的，相对于教师而言属于客体的范畴，这些外在的规约并不能通过灌输式的传授而被教师所获得，即使部分可以通过这种形式来获得，但是获得的过程也不是一蹴而就的，而是一个慢慢累积的过程，一点一滴的主动的建构的过程。因此，其机制可以理解为教师主体首先要对客体信息进行选择性的取舍，决定哪些信息是可以被自己接受，哪些信息被排斥在外，对于与自身息息相关的、是个体生存和发展所需要的信息和刺激即所谓的规定性的、外在的标准及角色内化到自身观念及实践当中来，通过对不断建构的新意义的协商和获得，教师自我的新观念与教师自我已有观念形成了恰当的衔接，避免了自我冲突的出现，即实现了自我认同。

3. 情境性

教师是一个情境性很强的职业，教师对自己、对专业的感受和体验与具体的情景有着密切的联系，如处于巨大压力之下的教师与处于轻松愉快情景下的教师必然会存在截然不同的感受，刚任职的新手教师与工作多年的成熟型教师在对工作的看法，对自己的教师职业生涯规划，对教师职业的个人体验等也会存在显著的差异。此外，由于教师工作的特殊性，教师必然会处在一个情境性很强，而且是不断变化的场所，这种变化体现在课堂教学和课外实践活动当中。课堂教学中教师要面临参差不齐、品质各异的学生，由于学生的这种特性就决定了教师要做一个多面手，即需要扮演不同的角色，采用不同的教学方法，应对和处理不同的问题，教学上要做到因材施教、沟通上要做到适当适度、管理上要做到宽严相济、自由民主。课外实践活动中教师既作为知识的传授者，又作为实践的引导者，将知识与技能、情感与价值观融于实践活动当中。因此，时间不同，场所不同，教师所面临的任务及承担的角色也会发生改变，这种复杂的不断变化的情景就需要教师在各种角色之间的不断转变和切换，然而，在这个转换过程当中很有可能出现角色混乱，并会引起教师对自我、对教师专业的困惑和焦虑。因此，为了更好地调整自己的状态，能够较为轻松的适应教学对自己提出的多方面的要求，教师需要不断地提升对自己和专业的认同，尤其是在变动不居的课堂教学情境当中，教师更需要采用智慧的、多元的提升策略，减少由于由情境变化所造成的认同危机。

4. 动态性

正如吉登斯所言："认同是由人类自己创造的一个动态的、没有终点的过程。"(2000) 教师专业认同也是一个不断发展变化的过程，这一点基本已经得到了研究者的共识。所谓的动态即变化，说明教师专业认同并不是一个固定的状态，它是受多种因素所影响和制约的，由于受不同的因素影响，认同可能由低水平认同走向高水平认同，也有可能由高水平走向低水平，或有可能在某一阶段处于稳定的认同状态，总之，不同时期有着不同水平的认同。国外有相关研究表明，在职业生涯初期，教师的专业认同程度相对较低，随着服务年限的增长，教师对职业认同的感知趋向积极（D. Beijaard, 1995）。这是因为，作为一个独立、具有能动性的个体，随着外界或者自身诸多因素的不断变化，教师对自我或是教师专业会产生不同程度的新的认识、感知和体验，这些认识和体验中有的是积极的，有的是消极的，对于积极的认识和感知，个体自我会通过一定的途径设法保持，消极的体验会被个体所遗弃，但是随着内外因素的不断变化，以前作为积极的感知和体验可能在新环境下失去了积极的一面，这样又陷入了不断的往复和循环当中，教师就是在这样的一个不断的发展变化的动态的过程当中建构认同，因此动态性又是教师专业认同一个较为典型的特征。

5. 社会性

教师在建构专业认同的过程当中不能不考虑社会作用对其自身的影响，因为教师在作为独立个体自我的同时还扮演着社会人的角色，具有社会性的一面，正如马克思所言，人是一切社会关系的总和。如果脱离了这层社会关系，那么人必定不能称之为完整的人。教师的主要社会关系包括教师与学生的关系、与同事的关系、与校领导的关系、与学生家长的关系、与家庭成员的关系，等等，每一种特定类型的社会关系都对教师的专业认同产生重要的影响，如果教师的家庭关系不和谐，必定会对教师的教育教学产生一定的影响，如果教师与学生之间的关系不和谐或是处于对立状态，那么，良好的教学效果势必得不到保障，如果与同事关系不融洽，势必会给工作造一定的阻碍。除此之外，社会还对教师赋予了各种角色，教师如果要获得自我认同，就不能对所谓的社会规范、价值标准和社会角色置若罔闻，教师必须通过恰当方式接受或者内化社会对教师提出的期望和要求，这样教师才能在所处的社会群体中找到自己位置、获得群体意义上的归属感。

(三) 教师专业认同的维度

我们这里谈及的"维度"这一概念与"结构"一词相似，是指构成整体的各部分的搭配和安排，维度包含了构成整体的各个要素，维度为研究整体提供了重要的物质基础。教师专业认同的维度是教师专业认同研究的重要方面，是研究者在探讨教师专业认同不可避免的问题。研究者基于研究需要，对于教师专业认同的维度有着不同的划分。

科尔斯特曼斯（Kelchtermans）被认为是最早关注到教师专业认同维度的学者，他依据研究将教师专业认同的维度分为五个层面："自我形象、自尊、工作动机、工作知觉、未来展望"（2000）。其中，自我形象是教师对我是怎样的教师的描述；自尊是教师对我是否是一名好老师的评价；工作动机是教师从事这项工作或是不想从事这项工作的缘由；工作知觉是教师对我要成为一名称职的教师的原因感知；未来展望是教师对将来发展方向的把握。科尔斯特曼斯对于教师专业认同给出的结构界定是一个较为宽泛的概念，然而，这五个专业认同维却成了后来学者研究的依据。

贝贾德（Beijaard）等人从教学工作的角度将教师专业认同的结构分为三个维度：学科专家、教学专家、教育专家（2000）。这三个维度是逐层递进的，其中，学科专家有三个层次的含义：（1）教师掌握充分的学科知识；（2）能够自我诊断和评估学科问题；（3）教学中能够根据教学实践适时调整路线，并发展有效的策略以能用高质量水平解释问题并诊断学生的理解和误解。教学专家是指教师角色从知识传递者向学习促进者转变，关注学习者知识建构以及利用的过程，引发、引导以及影响学生的思考活动。教育专家是指教师重视教师专业的伦理道德层面，"省思自己的沟通方式，并时时关心学生内心的想法和所遭遇到的问题"（李彦花，2009）。同科尔斯特曼斯对于教师专业认同结构的界定相比，贝贾德（Beijaard）等人的三维度显得更有针对性，它可以理解为在教学工作中教师如何看待自己的角色，与科尔斯特曼斯的自我形象对应。

国内学者李彦花（2009）在总结前人的研究成果的基础上提出教师专业认同的六个层面，第一，教师专业自我认同，指教师个体在自我从事教学工作的过程中获得、保持以及发展自己身份的"自我感知"、接纳或肯定的心理倾向；第二，教师专业角色认同，是指教师在社会生活中从事教育教学专业化活动时被赋予的一系列的义务、责任和行为规范；第三，教师专业知能认同，是指教师对自身专业知识、专业技能的感知、理解、思考或评价；第四，教师专业态度和动机，它包含态度和动机两个方面，教师的专业态度指教师对于教育教学工作的投入、归属、确定与情感承诺，教师专业动机则是教师选择从事教学工作的内外部原因或动力；第五，教师专业行为倾向，是指教师基于自身理解对教育教学专业情境中某一行动合理性或适宜性程度的调整倾向；第六，教师专业环境认同，是指教师对学校场域中的物质环境以及制度环境的感知。

研究者韦志芳采用实证调研的研究方法，通过整理、分析访谈调查的结果，概括出高校教师专业认同的五个理论维度，即"专业知能、专业情感、专业行为、专业发展和专业品质"（2010）。同时，韦志芳（2010）还梳理了国内外学者针对教师专业认同的结构所做出的阐述，归纳出表6（国内外学者对专业认同的结构研究）。

王艳岭在结合前人研究和农村中小学教师的特点的基础上，提出教师专业认同结构的五个维度："教师的态度与动机、教师的自我专业认知、教师的行为倾向、教师专业环境、教师社会地位"（2012）。

表6 国内外学者对专业认同的结构研究

作者	年限	专业认同维度
Kelchtermans	1993	自我形象、自尊、工作动机、工作知觉、未来展望。
万育维	1996	专业意识形态的认同（含工作哲学理念、价值观、伦理观）；专业理念架构的认同（含专业知识体系、功能、目的、方法）；专业行为的认同，即将工作伦理付诸行动的表现；专业投入的认同和专业角色的认同
Newman	2000	工作知觉、自我评价、未来展望
黄侃如	2004	工作情感、工作认知、具体行动
安芹	2006	内部认同、外部认同、两者之间的关系
Broot	2006	专业角色、专业决定、教育训练
梁毕玲	2006	专业智能、专业态度与成长、专业伦理、专业组织
陈详丽等	2007	职业自我概念、职业获益感、职业动力感
王顶明	2007	认知、情感、持续
黄丽静	2008	意识形态、工作投入、情感承诺
黄涛	2008	专业价值感、专业学习观、专业投入行为、目标与计划
Travers	2000	与他人的关系、与学科教学的关系、与专业的关系（包括对所从事专业的热忱与对教师工作复杂性的认知

因为认同理论自提出就横跨了心理学、社会学、教育学等多个领域，因此，对于专业认同维度的研究不仅限于教师专业，心理咨询师和社会工作者的专业认同研究也涉及对认同结构的探讨，同样值得我们借鉴。赵慧先在关于心理咨询师专业认同的研究中，将专业认同的结构细分为六个方面："专业意志、专业情感、专业期待、专业意义、专业能力和专业认识"（2010）。周欢将专业认同的结构梳理为"专业伦理、专业意志、专业认知、专业环境与专业期待"五个方面（2012）。

通过分析、梳理已有的研究成果可知，国内外学者对于教师专业认同的研究日渐深入，对教师专业认同结构的划分也越来越细化、具体，从"作为一名教师，我是否具备专业的知识和技能以及良好的师德去引导学生进步并促进自我的发展？"等与职业密切相关的问题的自我叩问，发展到"作为一名教师，我是否受到了足够的尊重？

我所处的社会环境是否能为我的专业发展和自我提升提供帮助和支持？"等与人本主义理念密切相关的"人"的问题的自我叩问。我们也发现，学术界对于教师专业认同的研究内容正逐步转向人本主义，即在关注教师作为一个"职业人"的同时，逐渐转向对教师作为"人"这一个体的研究，将教师视为一个"自然人"和一个"以文化人之人"的文化创新群体。因此，通过以上对于教师专业认同的结构的论述，并结合高校青年教师的生存状态，我们倾向于将高校青年教师的专业认同细分为以下内容，即：教师专业理念认同、教师专业角色认同、教师专业情感认同、教师专业技能认同以及教师专业场域认同，五个部分相互联系、和谐统一构成教师专业认同。其中，专业理念是教师专业认同的理性支点，是教师将先进的教育教学理念转化为教师教学行为的关节点。专业理念认同程度的高低决定了教师教育活动的角色、内容和方式，并直接影响教育教学活动的效果。教师专业角色认同对作为教师的人在专业生活中需要遵循的义务、责任和行为规范以及角色价值观和伦理观的认可，是教师之所以为教师的角色规定，是区别于其他专业的质的规定性。教师专业情感认同是作为人的教师，"对所从事的工作的投入、归属、确定以及情感承诺"（李彦花，2009），是教师与专业连接的关键点，是决定教师在工作付诸多少努力的重要因素。教师专业技能认同包括内容认同和方式认同两个层面。教师专业内容认同是教师对从事的学科必备的专业知识与技能的认可以及对自我专业知识、专业技能的感知、理解、思考，是专业理念认同和专业情感认同得以发展的基础。教师专业方式认同是教师工作实践表现，也是检验专业理念认同、专业情感认同、专业内容认同、专业角色认同四种认同程度高低的主要路径，也是教师专业认同从内隐到外显的过程，是教师专业认同维度中的重要方面。教师专业场域认同是"作为教师的人"和"作为人的教师"等复杂角色存在的大环境，它是教师建构专业理念认同、专业角色认同以及专业情感认同的前提，同时也是教师获取并实践专业技能，从而最终获得技能认同的主战场。

五、高校青年教师专业发展中的身份认同

我们在系统、深入地分析了认同理论、自我认同理论、专业认同理论以及教师专业认同理论之后，将论述的重点转向教师专业发展，即将教师专业认同理论应用于高校教师专业发展理论与实践的讨论中，聚焦高校青年教师专业发展中的身份认同。值得注意的是，这里的"身份认同"与"专业认同"的指向一致，均着眼于"作为人的教师的个体和群体"的感知和"作为教师的人的个体和群体"的感知。

（一）高校教师专业发展中身份认同的内涵

教师专业发展中的身份认同是一种内在性认同，是教师依据个人专业经历所形成的作为反思性理解的自我，主要集体中于教师主体性的研究，强调对教师自身的专业

价值、身份与角色等的反思性理解，强调对教师专业经历与专业经验进行深度叙述与反思性理解。教师专业发展中的身份认同是教师个体一种内在化的过程，也是教师自我辨识的过程，其目的在于确立教师自己的"身份"，找到自己的"归属"，从而达到对"我是谁"的确认。教师专业发展中的身份认同也是一种结果，它同样指向于教师个体意义感、身份感与归属感的获得，指向于教师对其专业价值、专业身份与角色的一种确认。作为一种过程与结果的身份认同，直接影响着教师的自我意义感、身份感、归属感等情意领域，也直接影响着教师反思性的发展路径。

首先，教师专业发展中的身份认同是一个主体性的问题，它是教师主体性发展的内在轨迹，是教师对"我是谁"的终极追问与确认，是教师对其内部深度存在的一种自我意识，它比较关注历史的向度，其核心是形成教师的自我意义感、身份感和归属感等。因此，我们需要重视教师专业发展中价值、身份与角色等层面的自我认同，进而在谋求合理认同的过程中促进教师自我的生成，促进教师个体的持续性专业发展。其次，教师专业发展中的身份认同是一种反思性的成就，它并非教师个体的先在特质，而是通过对其专业经历进行反思而生成的。教师对自我的反思性理解脱离不了日常专业生活的影响，教师专业发展中的自我认同要关涉到对日常专业生活世界的肯定，在片断性的专业实践中，教师通过叙事与反思，实现自我的确认。身份认同所注重的叙事与反思等特性，蕴含了教师专业发展的实现路径。再则，教师专业发展中的自我认同不仅具有内在的反思性，也体现了外在社会性因素的影响，体现了教师个体专业发展的动力品质。教师专业发展中的自我认同与认同危机，都关涉到了教师的羞耻感、自豪感、焦虑、倦怠与压力等，这些因素都影响和制约着教师的教学热情与专业发展的动力。最后，教师专业发展中的身份认同关涉到了教师个体的内在道德根源，"我是谁"的终极关怀，也是对教师德行的一种确认，它体现了教师专业发展的终极目标。总之，教师专业发展中的自我认同表明的不仅是个体依据自己的专业经历所反思性地理解到的自我，它还是在一个内在参照系中由教师个体围绕理想自我，发挥自己的能动性，利用自己周围的资源去建构自我的过程。

（二）高校教师专业发展中的身份认同维度分析

高校教师专业发展中的身份认同就是教师对其专业发展内涵的一种合理辨识与主动建构，而教师的专业发展内涵则需要强调对其专业理念、专业角色、专业情感、专业内容和专业方式的合理辨识与主动建构。教师个体和群体对于专业价值的认可、正向价值观和伦理观的坚持、工作中的投入和归属感的获得、专业知识与技能的获得与提升以及生活与教学实践的积极方式等，都深切地影响着教师的主体性问题、动力问题、目标问题以及实现路径问题。

1. 高校教师专业理念认同

认同问题归根到底是一个理念问题，而个体对于理念的认知源于其对于事物本身的价值的评估与坚持,因此,价值与理念密切相关,教师对于专业理念的认同是以其对于价值的认可为坚实基础的。

认同问题的提出源自于作为社会主体的个人对于自身生存状况及生命意义的深层次追问。对于教师的专业价值而言,它最为普遍的一种分法是分为社会价值和主体价值两个基本方面。教师的社会价值是指对于社会、对于服务对象等的外在价值,包括:政治价值、经济价值、文化价值等;教师的主体价值是指对于教师自身的意义与内在价值,包括:实用价值、精神价值和生命价值等。社会和学校更多地重视教师的社会价值,会在不同程度上忽视教师的主体价值。根据萨帕的职业价值分类,可将教师的价值分为:第一,教师内在专业价值,是指与教师专业本身有关的一些因素,如"教书育人"的创造性、独立性等;第二,教师外在专业价值,是指与教师专业本身性质无关的一些因素,如工作环境、同事关系、领导关系及职业变动性等;第三,教师专业的外在报酬,包括教师职业的安全性、声誉、经济报酬和职业所带来生活方式等。教师专业的内在价值直接指向于教师理想的工作状态,而外在专业价值则指向与一般意义上的教师工作状态。根据施恩(E. H. Schein)(1995)的职业价值分类,可将教师专业分为:教师外专业价值和内专业价值。教师的外专业价值较易为人认识,主要体现在教师的地位与专业吸引力,旁观者对于教师的理解可能更多地停留于外专业的层面。相对而言,教师内专业蕴含的价值则难于认识和体验,往往表现在专业情感的积极体验和专业意志的有效提升。

以社会与学校为代表的他者更多地会侧重于教师的社会价值、外在价值,它是一种社会本位的价值取向。教师专业发展中的自我认同则不仅关注教师的社会价值、外在价值,诸如经报酬、职业声望与安全、工作环境、领导与同事关系等,也关注教师内在的生命价值与发展价值,诸如理想工作状态的追求,内在的创造性与独立性等。应该说,"我们认为教师作为个人和职业者,他们的生活和工作是受到教室内外和学校内外的因素和条件的深刻影响的"(Goodson&Cole,1993)。外部他者与教师应共同关注教师价值的全部内涵,这样的交互与协商才会迸发出巨大的发展动力。但国内外不少研究发现,公众对于教师职业普遍缺乏正确的认识,"学生、家长、管理者和社会都没有把教师当作专业人员来给予他们必要的尊重";"教师失败时常遭到责骂,取得成功时却得不到任何的奖励"(Farber,1991)。在现实的外部空间中,社会、政府、公众、学校等缺乏对教师价值的全面体认,这不仅影响着教师专业价值的实现,也影响着整个教师队伍的生存状态。

教师首先是一个活生生的工作者,而后是被赋予诸多身份规约与角色期待的专业人员。以社会与学校为代表的他者不仅要关注到教师社会价值层面的东西,更要关涉到教师主体生命价值的实现,只有在良好的外部空间中,教师这个职业或专业才会更加吸引力,教师的专业发展才能获得更大的动力支持。对于教师专业发展中的身份认同而言,我们在不满或抱怨主体生命价值未被充分认同的同时,也要清醒地知道,真正的专业自我并不在于教师的外在社会价值，而是潜藏在教师的教学生活之中，潜藏在教师的专业实践之中，在教学中能够感受到快乐的教师才能更好找寻与确认"我是谁"，才能更好地实现自身的专业发展。只有树立正确的价值观，我们才能对高校教师的专业发展形成积极的理念认同。

2. 高校教师专业角色认同

教师角色主要指教师所具有的与其社会地位、社会身份相联系的被期望的行为。教师角色不仅反映出教师的社会地位及身份，而且体现出教师的个体心理、行为与群体心理、行为及规范之间的相互关系。长期以来，教师专业发展的诉求是为了学校和社会的改善，社会赋予教育何种功能，教师自然要成为某种规制的角色。以社会化的角度而言，成为一个教师，即是成为他者期望中的角色，具有他者所认定的知识与技能。因此，教师的专业角色大多是由外在的他者所赋予的，教师的专业实践就是在努力地塑造着他者眼中所认定的"教师"。这样的角色期待有利于社会与学校等外在的他者对教师的一种限定与控制，进而有利于其控制和影响学校的教育实践与教育结果。但是，当我们一味地用外在的角色期待来要求一个教师时，这些角色期待往往会掩盖教师真实的自我，而使得教师的专业实践与专业发展受到较大的限制与约束，这样的结果往往就会造成教师诸多的角色冲突，使教师陷入左右为难的困惑之中。

教师的角色期待与角色行为是否会造成诸多的角色冲突，关键是看教师能否形成或确认"自我"，因为，如果一个人不能成功地明确"自己是什么人"、"自己生活的目的"以及"如何对待他人"这几个基本问题，就会导致"角色混乱"以及各种人生挫败（舒志定，2006）。此外，教师的角色期待与角色行为也要受制于社会需要和社会环境等外部因素。在复杂的社会活动中，由于个人往往需要同时扮演若干个角色，这些角色对个人均有不同的要求，当这些角色与个人的期望、要求发生矛盾难以达成一致时，就会发生角色冲突。因此，在教师的专业实践与专业发展过程中，角色冲突以及由此产生的认同危机是不可避免的。没有任何其他社会成员在群体中兼有的不同角色像教师在学校群体中兼有的角色形成鲜明对照，而且，也没有任何其他社会成员在群体中的角色转换像教师在社会中的角色的转换这样频繁。与之相伴的是教师在学校群体、家庭群体以及社会群体中角色行为之间的频繁碰撞和冲突，即：在学校场域，高校教师是文明的传承者、文化的创新者、礼仪道德的践行者；在家庭场域，高校教师是一个家庭物质生活和精神生活的创造者、幸福生活的领路人；在社会场域，高校教师是社会发展的推动者，同时也是诸多社会矛盾的承受者，教师在不同场域中表现出多重人格倾向，而这种复杂的人格特质又带来了主体基本面貌之间的频繁比较与冲突，即："作为教师的人"与"作为人的教师"之间的矛盾。教师的角色冲突，以及由此而产生的认同危机，对教师的工作满意度、职业倦怠及身心健康等均有较大影响，这些都会直接地影响着教师的专业实践与专业发展。

3. 高校教师专业情感认同

情感是一个心理层面的概念，但情感的发生并不是个体内部心理的简单外射的结果。按照奥特莱（K. Oatley）（2000）的定义，情感发生在个体与社会环境的互动过程中，是个体对周边环境事件与它的目的和利益做出相关评价后的产物。因此，我们可以认为教师的情感天然地具有关系的性质。这种关系将社会、政治、文化和历史与教师的具体处境联系起来。这样，教师的情感就代表了他们对外在世界所决定的个人处境及其变化的评价。无论是外在的环境还是个人的特质（包括教师的职位、年龄、性别等）都将对这种情感评价（我们将之理解为一种专业认同的关系）产生影响。马克思认为，人与世界的关系的确立是一个实践的过程。在这个过程中，人与世界相互理解，相互适应，然后建立起一种相对稳定的认同关系。基于此我们可以推测，作为教师专业发展中的一个重要变量，专业情感认同是高校教师在专业发展的实践中与周围环境相互影响、相互适应与提升的过程中逐步建立起来的，高校教师专业发展的过程是作为教师的"人"改造主管世界继而改造客观世界的实践过程，必须考虑到情感实践的作用。对教师情感状态的考察能清晰地反映认同过程中的各种控制、抵抗、主动理解和相互对话的关系。

情感的控制包括了情感的抑制和情感的表达两个方面，它体现了教师专业认同的一种具体状态。后结构主义的方法为我们考察情感的抑制和表达的规则提供了有效的解释框架。后结构主义者的主要概念是话语和权力，而关于此两者的讨论应溯源到福柯的权力话语理论。福柯对话语所下的定义是"数目有限的一组陈述"（1993）。作为一种表述系统，话语不仅仅是一种表征符号，更是形成话语谈论对象的复杂实践，是构成知识和人类生活的一种方式，因此，福柯把人和世界的关系总结为一种话语关系。他还认为，话语产生知识，知识通过话语完成其创造、储备和获取的过程。此外，知识和话语都具有历史性，总是植根于某个特定的社会制度中并受其制约，在不同时期，它们具有很大的差异性。

权力在福柯这里是一种力量关系，遍布社会实践的各个角落，当然在教师群体文化中亦存在这种权利的博弈。这是一种多重的力量关系，有其运作的领域。这些力量之间既可以相互支持，形成链条或系统，又可以处于相互分离的分裂和矛盾中（辛斌，2006）。在福柯看来，权力始终是一个有待解释的概念，分析话语的目标就是探索权力是如何运作的。

福柯把话语看作是权力关系的网络。权力总是通过话语来运作，一切事物都可以归结为权力和话语，在任何社会里，话语一旦产生，即刻受到若干程序的控制、筛选、组织和分配，这些程序的作用在于防范它的权力和危险，把握不可预料的事件（谢里登著，尚志英、许林译，1997）。

福柯认为，知识和权力密不可分，这种权力强制你如何说话，否则，你不仅被视为错误，甚至被视为骗子。真理无疑也是权力的一种形式（米歇尔·福柯著，杜小真编选，1998）。福柯否认绝对真理的存在，认为真理也是权力关系的产物，所有求取知识和真理的行动都是权力游戏中的行为。作为不同力量之间的抗衡和博弈，权力对知识话语具有生产性和建构性，它贯穿于事物，产生事物，引发乐趣，生成知识，引起话语（米歇尔·福柯著，严锋译，1997）。知识和权力紧密相连，知识的产生和散播不能脱离权力的运作，权力的运作也离不开知识话语，因为知识话语在形成和散播的过程中反过来也影响着社会文化中的各种力量和相互关系（姚文放，2014）。

在福柯的权力话语理论基础上，赞布拉（M. Zembylas）（2004）对情感认同的规则提出了两个假设，即，其一，情感既不是私有的（由内在结构决定）也不是普遍的（由外在结构决定），而是通过话语被社会性地建构的。其二，我们对情感的表达和抑制是受到权力关系的制约的，比如，道德规范和外在的社会价值（包括效率观、功利观和中立观等观念）的相互冲突和协商。那么，教师的情感是如何受到权力关系的制约的呢？

当环境恰当地考虑了教师的各种状况并提出了有利于教师实际发展的措施的时候，教师为他们"有了动力"而欢呼；当教师对自己的专业感到满意，其专业认同度较高的时候，他们会宣称自己已经"充满了力量"；当环境给教师们带来了沉重的负担时，教师们会"倍感压力"；当教师对前景悲观失望，在群体中得不到理解时，他们的感受是"心力交瘁"。从"力"指向改造主体间以及人与世界关系的作用来说，上面提及的"有了动力"、"充满了力量"、"倍感压力"、"心力交瘁"等词汇都代表了一种教师对生活场域中的权力关系的情感反应，直接反映了环境对于情感认同度的影响。反过来，各种情感认同关系在教师的具体处境中所呈现的各种情绪又能让我们明了它们对于环境的影响。"动力感"带来的情绪表现为兴奋、自信、自尊和满足，对它们的体验能促进教师主动地关心和适应专业发展，并充分调动他们的潜力甚至挑战自我，从而产生巨大的创造性。相反，"无力感"会带来焦虑、烦躁、自尊受到伤害和挫折感等负面情绪。这样的情绪导致教师对自己专业的消极的情感认同，对自己的专业发展缺乏关心。

然后，我们来看看话语规则是如何制约教师情感的抑制和表达的。上面对权力关系影响情感认同的分析其实已经表明了我们的情感只有通过话语才能为他人所理解。这时，话语是作为情感表达的媒介而存在的。有时，话语甚至会成为情感表达的决定性因素之一。这里需要明确的一点是，话语规则并不是一种成文规则，在现实层面，我们很难找到一条明确宣称直接针对情感的认同而存在的话语规则。但这并不意味着它们是不存在的。尽管没有外在的情感法则可寻。但通过对教师们关于合适或不合适的情感的谈话进行话语分析，我们往往可以找到很多话语对情感控制的线索。

赞布拉（M. Zembylas）曾经考察过一个新任教师的情感控制（2005），发现她明显地受到某种情感表达规则的影响。在这位教师所处的学校里，表现出强烈的情感常被称为是新任教师不够专业的表现。为了获得专业发展群体对自己的专业发展水平的认同，新任教师在学校中常常选择抑制自己的情感表达以表现自己的成熟，但无法判断这种抑制是否必要。而随着教龄的增加和她与其他教师人际关系的改善，别的教师对她的专业评价在谈论中逐渐减少。这位教师逐渐获得了更多的情感表达的空间。她开始主动地寻求与其他教师的理解和对话。这时，专业认同不再是单方面的认可关系，而是更多地从相互依赖和磋商中产生，情感的抑制与表达也更多建立在理性选择的基础之上。

这项研究告知我们，决定情感认同的规则主要有两个层次：权力和话语的体系，以及教师对这种关系的理解和解释。后者的存在决定了教师的情感状态绝不是由外在的不可违抗的力量等方面所决定的，在情感认同的形成过程中，教师对自身的积极调试以最终形成合理认同才是问题的关键。我们可以看到，在权力和话语的控制体系之外，教师以及其他相关人员之间的相互对话和理解是他们寻求对情感控制关系做出积极的解释、改善他们之间情感认同关系的必要手段。专业认同只有建立在理解的基础上才是稳固的。在信息化与文化多元的社会背景下，高校青年教师面临着发展、评估、职称、教学等多方面的压力，这种压力为教师的专业发展带来了巨大的不确定性。有些压力是社会变革和教育发展的必然要求，而有一部分压力却是由于教师不能把握其专业发展的未来而产生的。能否将压力转化为动力并消除不必要的压力，很大程度上取决于教师能否在学校和社会场域中获得积极的情感认同。

4. 高校教师专业知能认同

一种职业在迈向专业化的过程中，首先要具备一定的专业标准。围绕着职业专业化的标准问题，众多研究者针对具体领域进行了大量的研究。"教师专业知能"一词来自国内学者李彦花（2009）在《中学教师专业认同研究》译文中的表述，高校教师专业知能指向高校教师完成教学活动所应具备的专业知识和专业技能。我们对于高校教师专业知能认同的讨论，其前提是回归高校教师"教书育人"的初衷，强调教师在教学实践中获得的身份认同。

依《牛津百科英语词典》（1996）对"专业知能（expertise）"所下的定义，专业知能乃是专家的技能、知识或判断（judgement）。《兰登书屋英语词典》（1987）对专业知能的解释为专家的技能或知识；实际知识（know-how）（转引自高熏芳、陈美娟，2002）。可见，专业知能即为达到专家境地，所必须精通之特定领域的知能与实际知识。美国学者侯尔（Houle）指出任何一种行业专业化的过程中都不开"精熟的理论知识"和"解决问题的能力"两大特色。在这里，"精熟的理论知识"固然包括学科本身理论体系的发展，但同时也指出了专业人员也要具备从事本专业工作所应该掌握的理论知识。所谓的专业能力是指专业工作者从事某一专业工作所应该具备的基本能力，也指专业工作者运用专业知识、经验及技能按规定的职责和任务的要求，完成专业活动的综合能力。专业的知识和能力，是专业人员从事本专业工作的基础也是专业人员继续专业化的基础。

教师专业知能指教师在教学领域中所必须具备的知识、技能与实际知识。台湾学者对教师专业知能的研究能有助于我们加强对专业知能的了解，嘉义大学国民教育研究所的许雅惠老师在《国小教师专业知能发展之研究》一文中曾对几位学者关于教师专业知能的定义进行了整理。其中，舒尔曼（Shulman）认为教师专业知能是指教师为了将教学内容与主题传达给学生，必须懂得使用有效的表征方式，也必须了解学生的先备知识与迷思概念，并能有策略地重整学生的概念，因此，教师必须具备学科内容知识（content knowledge）、一般教育知识（general pedagogieal knowledge）、课程知识（curriculum knowledge）、学科教学知识（pedagogical content knowledge）、有关学生及其特征的知识（knowledge of learners and their characteristics）、教育环境脉络的知识（knowledge of educational-contexts）、教育目标与价值及其哲学与历史背景的知识等七项知识（许雅惠，2004）。舒尔曼据此认为教师应养成的知识应包含：学科内容的知识、一般教学的知识、课程知识、学科教学知识、对学习者身心特征认识的知识、教育情境因素的知识、教育目的与价值的知识。饶见维则将教师专业发展划分为教师通用知能、学科知能、教育专门知能、教育专业精神。

根据上述对教师专业知能的论述，我们认为专业知能是一项专门职业对从业人员知识和能力的专门要求，是一项职业走向专业化的标准之一；是专业工作人员为了能够顺利地开展本专业工作所应该具备的专业的知识和能力，它是专业人员从事专业工作的基础，也是专业人员获得进一步发展的基础。因此，我们将教师对自身专业知识、专业技能的感知、理解、思考或评价定义为教师的专业知能认同。这既是教师自我反思自我认识的表现，又是教师自我评价自我定位的依据，是教师专业发展的起点，是教师对自己的专业能力、教学方法的运用等的看法和思考，教师自身专业知能的认同度越高，则其教育教学自信度也会越高，相应地教学效能感也会呈现较高的趋势，而这也有助于教师的教学实践和专业成长呈现出积极的健康的发展态势（高熏芳、陈美娟，2002）。

5. 高校教师专业场域认同

社会学体系中的场域理论由皮埃尔·布迪厄（Pierre Bourdieu,1930-2002）提出，随即成为社会学理论中的重要内容。所谓"场域"，皮埃尔·布迪厄认为是一种关系的网络。他曾说："一个场域可以被定义为在各种位置之间存在的客观关系的一个网络（net-work）或一个构型（configuration）"（1998）。场域内存在力量和竞争，而决定竞争的逻辑就是资本的逻辑。场域与资本是密切相关的，一种资本不与场域联系在一起就难以存在和发挥功能。场域是通过资本运作而存在。布迪厄认为场域中的某种"特定资本赋予了某种支配场域的权利"，"场域也是一个争夺的空间，这些争夺旨在维持或变更场域中力量的构型"（皮埃尔·布迪厄，1998），当然也形塑在场的行动者使其表现出不同的形式和类别。资本是场域活动竞争的目标和手段，布迪厄将资本分为三种类型，即经济资本、社会资本和文化资本。他指出："资本表现为三种根本的类型，这就是经济资本、文化资本和社会资本，其中，文化资本又可称其信息资本，它本身的存在形式又有三种，即身体化的、客观化的和制度化的（皮埃尔·布迪厄，1998）。社会资本是"指某个个人或群体凭借拥有一个比较稳定、又在一定程度上制度化的相互交往、彼此熟识的关系网，从而积累起来的资源的总和，不管这种资源是实际存在还是虚有其表的"（张俊超，2008）。经济资本是指可以立即并且直接转换成金钱的资本；文化资本亦称信息资本，其本身又能以身体化的、客观化的和制度化的三种形式存在；社会资本是指某个人或是群体凭借拥有一个比较稳定、又有一定程度上制度化的相互交往、彼此熟悉的关系网，从而积累起来的资源的总和，这三类资本可以制度化并彼此互相转换。经济资本是以财产权的形式被制度化的，文化资本是以教育资格的形式被制度化的，社会资本是以社会义务组成的、以某种高贵头衔的形式被制度化。

高校是教师的工作场所，也是教师专业成长的环境，那么，高校作为一个相对独立、闭合的系统，同样可以被看作一个教育场域，其内部也是网络系统。它是由各种关系连接成一个特定的相对密闭的、有自身运作逻辑的系统，这种关系囊括了多种环境，既包括教室、实验室、图书资料室、教研室等有形的物质环境，也包括校风、班风、教研氛围、师生关系、同事关系、领导与教师关系等无形的人文环境，另外还包括工资制度、资格制度、教研制度、聘任制度、考评制度等制度环境。在这个系统中，处于不同位置的人员之间存在着某种隐性的或显性的利益冲突及权力争夺的情况，其竞争的手段和目标在本质上讲也是资本。同时，教师面临的工作环境又是社会大环境的一个组成部分，这种场域与其他的工作场域一样需要资金的支持、社会的关注，并且在某种程度上与其他场域产生竞争，因此，除却学校场域外，教师的生活环境本身也是教师较为宏观层面的专业环境，并形成一个较为宏观的场域，这种场域通过群体文化的形式表现出来，它会对教师教学各方面工作产生一定的影响，并且也涉及教师的资本利益，而这种利益形式通常以精神的形式呈现出来，比如社会对教师的认可和尊重。良好的专业环境可以增强教师对教育教学的积极感知和理解，进而产生相应的情感承诺和行为投入，也即教师对专业环境的积极认同，有助于教师开展有效的教育教学实践，获得自身的专业成长；而恶劣的工作环境自然会降低其主动性和积极性，降低教师对自身专业的认同度，从而导致教师职业倦怠或工作消极。

（三）教师专业发展中身份认同的四样态分析

根据辩证唯物主义的观点，运动是物质的存在形式和固有属性。它包括宇宙间的一切变化和过程。辩证唯物主义认为，世界是物质的，物质是永恒运动着的。物质和运动是不可分的，世界上没有不运动的物质，也没有离开物质的运动。虽然真正静止的状态是不存在的，但相对的静态能够让我们更好地认识事物。为了更好地阐释教师自我认同的内在趋势，不妨将教师专业发展中的自我认同视为一个静止的概念，将教师专业发展中的自我认同视为一个平面，并分别以自我认同的合理性与教师的主观态度为垂直的两条轴线，把平面划分为四个均衡的区间，即积极的合理认同、消极的合理认同、消极的不合理认同和积极的不合理认同，而这四个区间即是我们接下来要讨论的教师专业发展中身份认同的四个样态。

需要指出的是，也许会有人质疑此四分法的合理性，但我们在这里做出的划分只是为了对教师专业发展中的身份认同理论进行更加深入、细致的分析，并且基于教师专业发展中自我认同的合理性特征，以及教师在自我认同的构建中存在的主观态度，四种样态的划分是可行的。

首先，虽然"合理认同"和"不合理认同"的观念在当代认同问题研究中较少提及，但这个观念的确可以帮助我们从理论上更好地理解和把握当代认同危机问题，特别是就实践和社会生活层面而言，当代合理认同观念应当在生活世界中具有可操作性，并可以在实际生活中得到有效的培养。合理性是合规律性与合目的性的统一，教师专业发展中自我认同的合理性也是合规律性与合目的性的统一（孙二军，2009）。教师自我认同的合规律性反映了认同的客观性与确定性的特征，它是科学主义与行为主义视野下教师认同的内在反映，教师自我认同的合目的性则体现了教师的主体性因素，反映了教师自我认同的主观性与不确定性，它是后现代视野下教师自我认同的转向。教师专业发展中的合理认同需要恢复和保持认同中的关键成分，需要重视"自我"与"他者"之间的相互塑造，需要强调教师专业理性与非理性属性的妥善结合。

教师专业发展中的合理认同需要恢复或保持教师自我认同的关键性成分与核心特征，即同一性与差异性、连续性与阶段性、整合性与碎片性、内敛性与外散性。教师专业发展中的合理认同需要正常发挥上述这些关键性成分的正向功能，而且它们之间也是内在联系、相互作用和相互支撑的。此外，教师的专业理性导向了教师的知识、能力、专业规划与设计、专业理想等，教师的非理性导向了教师的专业情意与职业道德，导向了教师的意义追寻等。理性和非理性的相互塑造，使得教师专业发展中的自我认同成为一个完整的、有机的整体，使得教师自我的合理认同成为可能。理性与非理性的相互塑造，整合了教师自我的整体性与破碎性、确定性与不确定性、稳定性与无序性、权威性与宽容性等。

另外，人的主观态度有积极与消极两种，"积极"代表一个人充满活力、信心，目标鲜明、心情愉悦。当我们对某种活动与行为、某件事情发生兴趣或认识到它的重要性时，就乐于主动参与，表现出积极的态度。而"消极"则几乎与消沉、苦闷、悲观、沮丧的含义相近，它能够使人心情沮丧、意志消沉，处于消极状态的人有意识地回避、抵抗外在活动与事物。积极与消极是一个人的态度问题，也是影响一个人行为能力的关键性因素。从认同的方式看，教师专业发展中的自我认同也可以分为积极认同与消极认同两种，前者是指教师自觉自愿、目标鲜明、积极主动地对自身的专业价值、身份、角色以及其他专业发展的问题进行反思性地理解；后者则是消极悲观、情绪低落，并带有一定回避抵触情绪地接受外部的诸多规约。

教师自我的积极认同与消极认同，反映了教师对待自我及其专业发展的一种态度与行为方式。积极认同更多地体现了一种反思、追问的人生态度，积极认同的教师往往具有较为明确的发展规划，对"现实的我"尽管有诸多的困惑与不满，但却能够通过自我的叙述与反思，实现"理想的我"与"现实的我"之间的融通。积极认同的教师对待外部空间的规约与不合理认同时，往往能够在不满与失望的同时，关注自我的境遇，并试图通过主观的努力，实现自我与他者的沟通与协商。而消极认同的教师则相反，他们不满"现实的我"所遭遇的困境，排斥甚至抵制"理想的我"，对待外部空间的规约与不合理认同时，往往消极悲观、情绪低落地接受，而不加以反思与自我关照。消极认同的教师往往很难表现出对教学行为的热情与专注，他们往往把教师的外部价值与内在价值等同起来，往往把外部空间的境遇同自我的专业规划对立起来，往往把自我与他者处在一个对立的境地，而无法在专业实践与专业生活中体验到教师的意义感、身份感与归属感等，因此也就为自身的专业发展设置了诸多的阻力。

教师的积极认同与消极认同，往往与教师认同的合理性密切相关，积极认同未必一定会促进教师的专业发展，它可能是一种积极的不合理认同，消极认同也未必一定会阻碍教师的专业发展，它可能是一种消极的合理认同。因此，我们在探讨教师专业发展中自我认同积极与消极状态的时候，不能简单地归结为积极认同就等于合理认同，就等于专业发展。一般而言，积极认同的教师往往更能够在叙述与反思中，实现自我的合理认同，而消极认同的教师往往可能在困惑与抱怨中，实现着自我的认同。教师自我认同的积极与消极状态是可以培养与调动的，这也就为我们的教师教育与教师管理提出了新的诉求，积极合理的认同是教师专业发展中自我认同的理想状态，它能够最大化、最有效地促进教师的专业实践与专业发展。

教师自我认同的四种样态真切地影响着教师的专业实践与专业发展。

首先，教师专业发展中自我的积极合理认同是教师理想的工作状态，也是教师专业发展的理想状态，它是教师在其专业实践和专业发展中建构与生成的反思性自我。教师自我的积极、合理认同要求教师用积极的心态，合理地沟通协商自我与他者的关系，在生活世界中通过叙述与反思找寻与确认自我。教师专业发展中自我的积极、合理认同是教师专业发展中应努力达到的一种趋向与态势，也是教师教育与教师管理中应努力到达到的一种理想状态。对教师个体，积极合理的自我认同需要教师具备如下素质：第一，一定的叙述能力、反思能力、规划能力与适应能力；第二，理性地审视自身的专业实践与专业经历的能力；第三，在生活中找寻到自身的意义与价值的能力；第四，在专业实践中更好地诊释专业自我的内涵与诉求的额力。

其次，教师发展中自我的消极、合理认同，是教师专业发展的一种现实样态，它体现了教师在外部规约的压力下开展的叙述与反思，表明教师尚未把专业发展的内外动力系统有机整合处于消极、合理认同状态中的教师能够较为合理地定位自我的现实处境，能够较为合理地规划未来的专业生涯，能够较为合理地调控自身的教学行为，但确不能积极地与他者进行沟通协商,往往回避、排斥甚至抵制外部的诸多规约。处于此种状态的教师能够有效地完成当前的教学行为,但却不能将教师自我的过去、现在与未来有机整合在一起,不能够实现"理想的我"与"现实的我"之间的融通。

再则,教师专业发展中自我的消极、不合理认同反映了一部分教师在外部规约下的迷失和困惑,这类教师并未真正理解教师的专业内涵与要求,因此,其专业发展会出现停滞的状态。处于此种状态的教师,首先不能较为合理地确认自我,并与他者进行对话与沟通,不能在日常专业生活世界中找寻到教师的意义感、身份感、归属感,往往在工作压力中表现出较为强烈的职业倦怠;同时,这类教师缺乏一种积极的态度与情绪,往往对自身的专业实践与专业发展不进行规划与设计,不去主动地加以改变,得过且过,使得自身的专业发展停滞。

最后,教师专业发展中自我的积极、不合理认同是教师专业发展的最糟糕状态,这类教师所形成的认同,不仅不会形成自主发展的动力,反而会制造专业发展的诸多阻力和障碍,不仅会影响自身的专业发展,而且会影响到教师群体的专业发展。此类教师在专业实践中不仅迷失了自我,而且形成了一种错误的或者说极为不合理的自我定位,将自我与他者完全隔离与对立。此类教师专业发展中的自我认同是一种极端的、片面的认同,不仅会阻碍和影响自身的专业实践,甚至会导致极少部分教师的道德沦丧。在教师教育与教师管理的过程中,我们应重视这样一种认同状态的危害,并通过一系列措施,帮助这些教师化解自身专业发展中的诸多认同危机,帮助这些教师在其专业发展中实现自我的合理认同。

(四)"自我更新"取向下高校青年教师专业发展中的身份认同

毫无疑问,运动才是事物的常态。以上我们从静态的层面来分析教师专业发展中的自我认同现象,最终更好地阐释了教师自我认同的内在趋势。接下来我们开始讨论教师在专业发展的不同阶段表现出的身份认同倾向,并最终将研究重点锁定高校青年教师专业发展中的身份认同。

教师专业发展具有"自我更新"的取向(孙二军,2009),而这种"自我更新"与人本主义理论强调的自我实现与自我发展倾向不谋而合。所谓"自我更新"取向的教师专业发展,是指教师具有较强的自我专业发展意识和动力,自觉承担专业发展的主要责任,激励自我更新,通过自我反思、自我专业结构剖析、自我专业发展设计与计划的拟订、自我专业发展计划实施和自我专业发展方向调控等实现自我专业发展和自我更新的目的(白益民,2002)。"自我更新"取向教师专业发展强调教师的主体性发展,关注教师的自我专业发展意识,重视教师自我的反思、规划与调控,这些理念与教师专业发展中的自我认同不谋而合。教师专业发展中的自我认同是教师在其专业实践中,依据其专业经历所形成的反思性理解的自我,是教师对专业发展内涵的主动辨识与建构生成,它强调教师专业价值、身份与角色等的主动辨识与建构生成,它内在地关注教师的反思性自我，关注教师对其专业经历的反思与规划。因此，我们可以借鉴"自我更新"教师专业发展理论的阶段划分以及职业锚的相关理论，分别探讨自我认同在教师专业发展中在教师专业发展的不同阶段所具有的特性，从而在动态的过程中把握教师专业发展中的自我认同，分析教师专业发展不同阶段自我认同的诸多影响，以便更好地促进教师的专业发展。

"自我更新"取向的教师专业发展论，主要从自我专业发展意识所关注的重点与所达到的水平两方面展开研究。"自我更新"取向教师专业发展阶段理论，相对于以往的相关研究，能够提高教师对自我专业发展的反思意识与反思能力，能够帮助更好地规划自己的专业发展，使自身的专业发展走向持续的、主动的发展态势之中。"自我更新"取向教师专业发展阶段理论，把教师专业发展阶段划分为五个阶段，具体包括：第一，"非关注"阶段，是指进入正式教师教育之前的阶段，可从一个人进入接受正式教师教育一直追溯到他的孩提时代；第二，"虚拟关注"阶段，该阶段的专业发展主体多数拥有的是学生的身份（以师范院校的学生居多），至多只是"准教师"；第三，"生存关注"阶段主要是指入职初期阶段，它是教师专业发展的一个关键时期，突出特点是"骤变与适应"；第四，"任务关注"阶段是教师专业结构诸方面稳定、持续发展的时期；第五，"自我更新关注"阶段，教师的自我专业发展意识是一种自觉的意识，而且单纯地指向专业结构的改进和提高（孙二军，2009）。

根据以上五个阶段的划分，以及我们在第一章和第二章中有关青年教师年龄的界定及其生存状态的描述，我们接下来将聚焦"生存关注"阶段、"任务关注"阶段以及"自我更新关注"阶段的论述，原因在于这三个阶段基本涵盖了高校教师的整个青年阶段的发展，从关注"生存"转向关注"生活"，从关注"他者"的评价都关注主体内心的愉悦，从完全的"职业人"角色转向"以文化人之人"的文化创新者角色。

1. "生存关注"阶段教师的自我认同

"生存关注"阶段指入职初期阶段，是教师专业发展的一个关键时期。这一阶段的突出特点是"骤变与适应"。这种环境的骤变从反面激起了初任教师强烈的自我专业发展的忧患意识，迫使他们特别关注专业活动中的"生存"技能，即专业发展结构中的最低要求，处于此阶段的教师还无法关注"自我更新"能力的实现和发展。此阶段属于非常态的教师发展时期，教师的自我专业发展意识虽然较强，但由于是在外在压力下以"被迫"的形式激起的，所以指向的内容主要是"生存"技能，如果教师对此没有较清晰的认识，这里的自我专业发展意识反而对教师以后的专业发展产生不利影响（叶澜等，2001）。

"生存关注"阶段是"准教师"到教师的重要转变期，一部分教师进入了能力建构期，他们对自身的专业发展充满了热情与活力，逐渐找寻到了属于自我的教学风格；另一部分教师则遭遇到专业发展的挫折，对专业的持续发展缺乏热情，不成功的教学经历与不合理的归因，使得他们故步自封，逐渐在教学实践中迷失了自我。处于"生存关注"阶段的教师,需要能够正确地对待诸多的身份规约与角色期待,需要能够有效地进行压力管理,克服基于不确定性而产生的焦虑。在"生存关注"阶段,教师需要能够合理地辨识专业发展的内涵,有效地反思自身经历的成功或失败经验,在反思中提高自身的专业能力,逐步使自身的专业水平基本符合教师的专业标准,使自己成为一名合格的教师。在"生存关注"阶段,教师需要正视专业实践与专业发展中存在的问题,需要合理地化解专业发展中的诸多危机,正确面对基于不确定性而产生的焦虑,注意克服基于过分焦虑而导致的工作压力以及职业倦怠。

2. "任务关注"阶段教师的自我认同

"任务关注"阶段是教师专业结构诸方面稳定、持续发展的时期。随着教学基本"生存"知识、技能的掌握,教师的自信心也日渐增强,由关注自我的生存转到更多地关注教学上来;由关注"我能行吗?"转到关注"我怎样能行?"上来。但这一转向在很大程度上受到职业阶梯、他人评价等某些外在因素的制约,这也反映着自我专业发展意识的强度还较弱,发展尚不成熟。教师对专业发展的重视,多是因为学科专业的要求,是为了更好地完成教学任务,以获得职业阶梯的升迁和更高的外在评价。

在"任务关注"阶段,教师更多的是处于一种被动发展的状态之中,但主动意识越来越强,教师在自己的专业实践中开始反思自身的专业价值、身份与角色等。这一时期是教师积累专业经验、增强专业能力的关键期,也是教师自我反思理解的关键期,在这个阶段教师往往会产生专业发展上的分化。教师依循个人的需要、动机和价值观,在专业实践中逐步确立自己的专业追求与抱负,并且逐步确立了不同的专业定位与发展规划。在"任务关注"阶段,教师开始认识并意识到自己具有什么样的能力,"理想的自我"是什么,"现实的自我"怎么样,自己的专业发展处在何处、朝向何处等等。教师的自我观与专业规划决定了教师的教学生活与工作效能,以及各自的教学风格与教学特长,并产生了专业发展的分化。在一时期的教师需要特别重视对自身教学专业经历与经验的反思性理解,重视在"空间情境"、"故事情境"与"问题情境"中不断地叙述自我、反思自我(孙二军,2009),强调与他人的对话与交流,重视教师专业发展的语言转向,在反思性的发展路径上,不同提升自身的能力与素养,以便更好地辨识与建构教师专业发展的内涵,不断提升专业发展的主动意识。但是,在此阶段,需要注意教师在完成"任务"之后可能会形成的认同危机,需要重视引导教师如何从被动发展导向"自我更新"的专业发展,诸如需要解决好高校教师在职称评定后,专业发展动力不强,专业发展目标不明的现象。

3. "自我更新关注"阶段教师的自我认同

在"自我更新关注"阶段,教师的专业发展动力不再受到外部评价或职业升迁的牵制,直接以专业发展为指向。教师已经可以自觉地依照教师专业发展的一般路线和自身的发展现状,有意识地自我规划。谋求最大程度的自我发展成为教师的日常专业生活的一部分,成为一种专业生活方式。这一时期教师的自我专业发展意识是一种自觉的意识,而且单纯地指向专业结构的改进和提高(叶澜等,2001)。

在"自我更新关注"阶段,教师通过对自身专业经历与专业经验的反思,找到了自我认同的教学模式与教学风格等。在专业实践中教师往往能够合理地确认自我,能够产生积极的专业意义感、身份感等。因而,这是教师专业发展的黄金期,也是教师自我认同的成熟期。在"自我更新关注"阶段,教师需要具备一定的叙述能力、反思能力、规划能力与适应能力,并能够理性地审视自身的专业实践与专业经历,且能动地在日常的专业生活中找寻到自我的意义与价值。在"自我更新关注"阶段,教师仍然需要不断反思性地调整着自身的专业定位与专业规划,使其能够反映"真实的自我",并且能够持续地增强自身发展的动力。在"自我更新关注"阶段,教师可以通过对其专业历程与专业经验的叙述与反思,在专业发展的语言转向、专业故事和专业问题中实现对教师专业内涵的合理辨识与主动建构,从而更大化地激发其专业发展的动力与热情,更好地促进其持续的专业发展。

"自我更新关注"阶段是高校教师在专业发展过程中所追求的最优化阶段,处于此阶段的教师已经形成了积极、合理的自我认同,实现了"理想的我"和"现实的我"之间和谐、有效的对话。同时,"自我更新关注"阶段也是高校青年教师专业发展的一种理想状态。然而,教师的专业发展并非朝圣式地符应客观标准,而是旅行式的体验过程,经由与自身的对话与调试、与所处社会关系中的人互动与磋商、与所处场域的适应与建构,而最终构建出自己作为教师的专业内涵。合理认同视域下的教师专业发展,需要实现"自我"与"他者"的对话与协商。"他者"需要合理认同教师的专业价值、身份、角色等,教师"自我"需要反思理解"他者"的因素,并在自身的专业实践中实现自我的价值与发展。由此我们知道,教师专业发展向理想状态的推进需要借助教师建立积极、合理的身份认同,然而,我们却发现,目前,我国高校青年教师在专业发展中却困难重重,其中最关键的一个影响因素即是青年教师普遍存在的认同危机。

第四章　高校青年教师专业发展中的身份游离

马克思主义认为人的本质从其现实性上说是各种社会关系的总和。人是一种包含理性在内的感性活动的存在，即实践的存在。身份是人的实践活动中获得的一种关系定位，指人的出身和社会地位。身份就是"我们如何确定我们是谁的问题"（陶东风，2006），个体生活在社会结构语境之中，身份则"根据某人在社会中的多种定位来描述个体"，牵涉"我（们）从何处来"、"我（们）是谁"、"我（们）怎样被表征"、"我（们）身在何处"、"我（们）会成为谁"、"我（们）怎样表征自己"、"我（们）会去何处"等安身立命的问题（Peter J.Burke & Stets, Jane, 2009）。社会学认为身份是社会成员在社会中的位置，其核心内容包括特定的权利、义务、责任、忠诚对象、认同和行事规则，还包括该权利、责任和忠诚存在的合法化理由。由于"从身份到契约"的历史演进，身份并不是消失，而是身份的内涵和身份的关系发生了转换。身份既有特征和同一性的意思，同时又暗含了行为个体在与他者的关系中所处的地位及其身份认同中所包含的角色期望。

身份与认同密切相关，"有时很难把他们截然分开"（周宪，2008），因此学界大致把它们视为基本相同的概念。但二者还是各有侧重，把 identity 译为"'身份'以彰显差异，'认同'以突出同一，'身份／认同'以强调整体概念"（蒋欣欣，2007）。一般来说，二者词性不同，"身份"是名词，是"依据某种尺度和参照系来确定的某些共同特征与标致"；"认同"则为动词，通常指"一种寻求文化'认同'的行为"（阎嘉，2006）。身份有个体身份、集体或群体身份之分（塞缪尔·亨廷顿，2006），个人身份（personal identity）"关注个人的同一性与连续性"，集体身份（collective identity）"涉及想象与建构社会群体与群体归属的特殊方式"（Tony. Bennett et al, 2005）。个人身份的建构源于主体对自身存在的认可和接受，同样，集体身份的建构源自于对群体文化的认同。从这一角度出发，我们可以做出推断：合理的身份定位来自于合理的自我认同和群体认同或社会认同。那么，身份游离显然是对合理认同的偏离。"游离"一词本意为"化学元素不和其他物质化合而单独存在，或元素由化合物中分离出来"，喻指"离开集体、联盟或依附的事物"。我们用"身份游离"一词定位高校青年教师当前的身份状态，原因在于，其一，高校青年教师作为文化传承者，继承了传统文化的精华，但同时也受到整个传统文化的熏陶，这其中就包含一些消极因素，然而，作为文化的创新者，高校青年教师也在试图为传统文化注入活力和新的生命，因此，高校青年教师游走于传统与创新的边缘，这种体验式的游走过程在一定程度上使高校青年教师偏离了群体的正文化。其二，当前，高校青年教师在作为"人"以及作为"教师"角色的发展过程中，面临着迷失的危机，这本身也是对于正面群体文化的疏离，也是一种身份的游离。

一、高校青年教师身份游离状态

（一）高校青年教师价值观念的游离

身份危机问题的核心必然内聚到价值认同的危机问题，对认同危机的思考和解决必须与价值认同的建构联系起来看（王成兵，2004）。教师专业发展中的自我认同是教师自主建构的深层价值观，它是教师教学行为的深层指令，它作为一种认知图式，支配着教师的理解、判断和行为选择。当教师在专业发展中遭遇到价值认同危机，教师往往会对自身的教学行为与专业发展产生诸多的冲突与困惑，这既是一个深层次的意义符号问题，也是一个真切地影响日常生活的行为选择问题。

对于教师价值的分类，最为普遍的一种分法是将教师价值分为社会价值和主体价值两个基本方面（阮成武，2005）。教师社会价值是指对于社会、学生等的外在价值，包括政治价值、经济价值、文化价值等，它体现了教师对社会需要的满足，它是教师所承担的社会责任、义务、使命及实际的社会贡献，它强调的是教师怎样表现自己的价值，如何使自己的一生有益于他人和社会；教师的主体价值是指教学专业对于教师自身的意义和内在价值，包括实用价值、精神价值和生命价值等，它体现了教师通过特殊劳动满足自身的各种需要，强调教师如何在自身的教学行为与专业实践中维持其尊严、需要和自我价值的实现等，以及在自己的领域内独立进行创造，获得一种内在尊严与欢乐的生命价值。在传统教师专业发展理论中，学者对教师的定位过分重视教师的社会价值，而忽视了教师的主体价值，"对教师存在意义片面性的认知将导致教育研究和教育政策在制订出现偏差"（孙芳明，2003）。

从社会与学校组织的整体利益角度考虑，势必会重视教师的社会价值：强调教师要满足学校发展与社会进步的需要；从教师个体利益角度考虑，重视教师的主体价值，强调自身各种需要的满足也是无可厚非的。然而在日常学校生活世界与教师的教学专业实践中，我们对教师价值取向的定位往往是以社会需要为本位的，强调教师社会价值的无限提升，而对其教学专业的自我价值缺乏尊重和体认。对教师主体价值尤其是基本的实用价值和内在的生命价值的轻忽与扼抑，势必造成教师专业实践的尴尬和形象窘态：至尊的道德地位与卑微的经济报偿相悖，学为圣贤的人格追求与清贫寂寞的物质待遇反差，甘为人梯的默默奉献与生命价值的消磨牺牲矛盾，社会的高期待、高评价与低选择、低定位背离（阮成武，2002）。因此，在教师专业发展的过程中，社会、学校等外部他者需要合理地定位教师的价值，需要在重视教师社会价值的同时，真切地重视教师的主体价值。对教师主体价值的轻忽，尤其是对教师实用价值诸如经济报酬、社会福利等的轻忽，虽然不是影响教师专业发展中自我认同危机的根本因素，但它却是引起教师自我认同危机的导火线与催化剂。

事实上，工作已不再是人们单纯谋生的手段，工作的意义在于追求自己内在的价值。通过工作，人们不断学习，自我否定，自我创造，探求生命的真正意义。当教师的主体价值基本得到认同时，教师会更加看重对其生命价值的追寻，更加注重其社会价值的意义。教师在教学专业实践中实现教师生命的内在价值，实现真正意义上的主体价值就是对学校和社会最好的贡献。在教学内外，教师能够合理认同自身的社会价值，合理认同学生、学校和社会等主体的需要与价值定位，就能最大化地实现的教师价值；社会、学校、公众和学生等主体能够全面认同教师的主体价值，较好地满足教师的合理需要，就越能发挥教师的主体性。教师价值及其价值观的建构与生成，起始于教师的价值认同危机与冲突，而最终要靠教师专业发展中合理的价值认同。

（二）高校青年教师的德行游离

人的道德发展总是在一个整体性的综合性的统一的道德框架下进行的，完整的合理的道德框架给个体提供了面对生活世界的从容能力，个体在已有的道德框架之上对道德观念、标准和取向进行确认、取舍和建构，这个过程也是个体的认同过程，因此从这个意义上说，认同是一种道德框架，"提供着在其中的人们知道其站在何处的视界，也提供着事物对人们所具有的意义，规定着人们在其中生活和选择性质差别的空间"（查尔斯·泰勒，2001）。当人们不知所措，不知道用什么来决定什么是好的，什么是有价值的、值得确认和赞同的，生活的意义、价值和信念正在丧失，即发生了所谓的认同危机，人就处在了道德框架的分裂和塌陷之中。因笃行道德而获得人生的自由和智慧，把握生活世界的主人意识，循着规范而带来职业尊严和欢乐，青年教师并没有德行的满足与认同，相反教师却在道德的夹击中背负着生存的重担。作为生活于现代世界中的教师，经历着普遍性的认同危机，昭示了教师道德框架的分裂。

学校场域是教师道德发展的空间，也是教师道德表现的舞台，学校场域勾勒出教师道德状况的多重境遇和多元化发展，勾画出教师道德发展的多种生存状态和多面的形象体。学校场域也是意义场，教师不管是以存在的方式在场，还是以意义的方式在场，或是以澄明之境的方式在场，都是具有特定的社会身份的人，是教育场域的参与者，是道德的讲述者、诊释者和体现者。教师道德在精神和现实两个层面上展开，教师是差异的个体，教师道德发展中所遭遇到的问题有些是共性的，有些是特殊性的，正如必然和偶然的关系，有些看似偶然的教师失德现象其中也含有必然的因素，这也就是为什么教师道德在整体上还是比较好的情况下，少部分教师和个别教师会出现道德堕落。事实上的证明和逻辑上的推理都说明这样一个道理：国家的命运系于教育，教育的质量系于教师，教师的素质系于教师道德，教师道德是作为一名教师质的规定性，教师的德行对教师素质具有优先性，"教师之道，学为本，德为先"，教师道德发展成为不可回避必须言说的议题。我国传统文化的伦理本位，现代社会的自性危机，教师道德世界里的公共话语对私人话语的遮蔽，让教师的精神世界和生活世界都陷入危机之中。

1. 教师身份感的丧失

认同不仅需要自我意识的觉醒，而且需要差异性的环境，自我意识与现代性的意向性相对应，是个人的内在深度感，差异性的环境与现代性的外延性相对应是人的力量以理性和创造力表现出来，形成了一个千变万化的世界。据此认同有两个方面的向度：一个是内在性认同，是认同主体依据个人经历所形成的，其认同对象是对人的主体性问题的把握，是对人自身意义的反思；一个是外在性认同，是对生活范围内特定的价值、文化和信念的共同的趋于一致性的态度，其认同对象是人的行为的普遍的和客观的社会意义。认同指向人的终极性问题，"这种终极性主要体现在：首先认同是所有人必须遭遇到的问题，只要人类存在着，认同问题就不会消失，认同问题也不可能一次性一劳永逸地得到解决；其次认同本质上是对自我根源的不断追寻，对自我身份的不断追问，是对人类自然家园和精神家园的双重探究，是对生命意义的终极关怀；最后认同对于人类的思维和行为具有根源性，人们在生存与发展过程中所遇到的种种问题和困惑，以及由此而衍生的种种思维方式和行为模式，归根到底都是从认同问题中派生出来的，都是以某种认同预设为前提的"（崔新建，2004）。从这个哲学意义上说，认同意味着人的一种意义感或身份感，所谓的认同危机就是人的自我身份感的丧失，即"自我价值感和自我意义感的丧失"。身份具有同一、本体的意思，标示某一事物自身独有的品质。教师身份是一种职业身份，是指向教师本体认同的同一性和这种同一性得以标示的符号。认同危机打破了这种同一性，在一个多元的充满各种可能的社会空间里，教师的自我意识被淹没在各种需求的欲望之中，多样化的差异和流动性的造成了教师所处位置的不明确性，原本具有同一性的身份开始变得模糊和不确定，认同危机从人自身的内部将人的整体身份感分裂了，"认识你自己"的身份认同成为当下教师首要关注并要加以解决的问题。

2. 教师道德生活的分裂

在当代中国，文化、价值世界的分裂也反映在教师身上，传统的师德是否能继续维持其生存和发展的独立性，教师是否正在失去教师之所以为教师的"师性"，这样的问题正以认同危机的形式困扰着教师。处在这种多变开放的社会文化体系中，让教师保持超然的纯洁性是不现实的，绝对化的本真化的教师道德标准也是不存在的；相反，教师正以多重自我和复合身份出现在社会生活和职场生活中。不幸的是，教师的私人生活与职场生活的立场是完全割裂的，教师只为工作而工作，教师就像是戴着面具一样，课堂上宣讲一套理论持一种立场，而在生活中持另一种立场，教师给学生讲的信仰和价值观自己都不信，只是为工作而已。教师身份随着场域的转换而不断地分裂，进而由身份而建构起来的教师道德也处在一种分裂状态中，要么注重教师的职业道德表现，忽视教师个体道德的底色作用，要么用个体道德代替了教师的职业道德，将本来不可分割的完整意义上的教师道德人为地割裂开来。教师道德是融进了职业特色的人的道德，是和生活世界联系在一起的，是真、善、美三重世界的合一，认同危机导致了教师生活世界的破碎和片段化。

3. 传统教师道德被过度否定

现代社会是在传统社会基础上发展起来的，对传统社会的价值、文化及生活方式都有诸多的否定，表现在教育活动领域之中，是教育观念、教育技术和教育活动过程发生根本性的改变，对教师的要求和期待与传统社会也有显著的不同，现代师德观对传统师德观的否定，在一定意义上造成了教师道德的框架分裂。现代师德观与现代教育对教师的需求相适应，是在传统师德观中发展出来的，在现代师德观的建构过程中，总是要对传统的教育、传统的教师观和教师道德发展观有所批判和否定，这种批判和否定影响到对比较稳定的传统师德观的认同，促进人们对新的正在形成和发展之中的现代师德观的认同。然而，传统师德观具有特色的普遍的和生命力的内容，是经过实践检验的具有真理般的性质，是当代教师身份认同的重要载体，对传统的师德观的过度否定必然造成传统师德与现代师德的断裂。网络调查显示：77.4%公众感觉到教师道德下降，在大多数公众心目中，教师道德不仅限于学术严谨、做事负责，还包括宽容待人（77.8%）、文明有礼、诚实守信（75.6%）、尊重学生（72.2%）（转引自李清雁，2009）。千百年来的文化传统已经将教师形塑成品高德重的士君子，社会的多重作用对教师已形成一个前提假设，教师是道德上无残缺的人，圣化的师德观在现代社会遭到否定的同时，教师道德中好的传统也一并被丢弃掉了。现代的多元化的道德观，说明传统道德正在失去其约束力和解释能力，而新的道德规范又一时无法确立起来，教师面对的是一个不确定并充满着矛盾和对立的道德环境，直接引发了认同危机。

4. 教师道德合理性的质疑

教师道德经历示范伦理和底线伦理两种形态。示范伦理来自社会的高标要求，教之要求教师以道德完人的形象展示于人，让教师有种"琼楼玉宇，高处不胜寒"，底线伦理来自教育场域中的底线防守，要求教师做不违反规定的"听话"。很多学校对教师都有"几不准"的规定，学校用"不准"来管教师，教师用感师"不准"来管学生，学校仿佛成了精神的监狱，规范成了教师道德的绳索。实际上规则归规则，习惯归习惯，这些"不准"的规定得不到教师的认同就会让教师心里很反感。当高标要求做不到，底线要求的一刀切不具有情境的合理性时，教师就被道德困扰着，道德不再是教师把握生活的智慧，而是变成了外在于教师生活的负担，道德不再是对教师有价值的引导规范，而是变成了对教师的自由发展的约束，道德也不再是与生命一体的信念，而是变成了对生命的压迫。道德被异化了，游离于教师的生命之外，道德的出走使得教师成为被抽空了精神之光的空壳，剩下的只是为繁重的教学所奴役的躯体，道德对教师没有了活力。当规范对教师没有了约束力，一切都靠教师自身来裁度，而在教师没有担当起责任的时候，失德失范现象的发生也就在所难免了。教师道德在当前遭到了前所未有的质疑，社会上认为教师没达到应有的道德水准，教师本身认为对教师的一些道德要求不具备合理性。教师应具备什么样的道德？该遵循哪些规范？涵养什么德性？正是时下困惑的事情。头顶没有了他律，心中没有了自律，教师没有了道德，教师就失去了灵魂，失去了灵魂的教师对教育无疑就是灾难。

（三）高校青年教师身份的游离

在专业发展的过程中，教师将自我置于社会所界定的教师内涵之下，以一套社会文化、规范的准则看待自己作为"教师"的行动，以及自己在社会中所处的位置。另一方面，结合自己的生活经验，察觉自己与他人的社会关系，并在教育场域中，借着选择、排斥某些可能性（诸如教室的组织形式、教学类型），逐渐加入那些构成其专业身份的重要内涵。教师的专业发展归根是教师对"教学专业"的一种身份确认，进而伴随着对这样一种专业身份的权利、义务、责任与角色等内容的认知，履行义务与责任，实现角色期待，而专业知识与能力素养在这一实现的过程中逐步具备并不断提升。

教师的身份认同是指教师自我对社会所界定的教师内涵的认知与体验，确认自己作为一位教师，允诺和遵从作为教师的规范准则，把教师专业作为自己身份的重要标志。当教师要确认自己的专业身份时，就是要辨识自己异于其他教师，或同属于教师群体的特征。教师专业发展中对专业身份的自我认同涉及了教师个体的知识、价值、情感取向等，它是透过与外部空间的他者的交互与协商而建构生成的。然而，教师专业身份本身充满了矛盾与困惑，教师在与外部他者的对话中，愈发凸现了教师的身份认同危机。

1. 教师"教学专业"身份的困惑

一般而言，教师的身份系统可以从两个方面进行观察：第一是常见的制度层面的身份结构，它主要通过法律、制度与规则等形式，定位和分配教师的权利、责任和义务，它是教师身份的外部规约；第二是教师对其专业身份的主动选择，它是教师对于自我身份的期待、接受和认同，亦即他们如何进行身份建构和选择。教师专业发展中的身份认同危机既体现为社会对教师身份的某种不合理规约，也体现为教师主动身份建构中的困惑与冲突。教师专业发展中的专业身份认同是一个追问"我是否是一位专业教师"的历程。这个历程不是朝圣式的，亦即，先确定"专业教师的客观标准"，再努力符合所有标准与期望；而是旅行式的，要经由与"教师"所处社会关系中的他人（如学生、家长）互动，并与社会所赋予的"专业内涵"进行意义磋商。然而，教师的专业内涵及专业自主的内容与范围，通常是由学术界或行政官僚体系界定的，教师则是

"被要求"符合一套既定的专业标准。于是,在教育改革中,教师对于自己身为教师的意义、价值与行动的界定,对自己的身份认同,都是不被关心的。教师专业发展所关心的内容不应停留在有关"专业"的描述与规约性意义上,而应以"教师作为一个人"的观点,重视教师专业发展中的自我认同问题。

社会外在规约的教师身份系统影响和制约着教师专业发展的方向与内涵,它涉及教师"教学专业"身份的社会认同,认同的合理与否直接影响着教师生存与发展的外部空间,一旦外在规约的身份系统出现了偏差,教师在其专业实践与专业发展的过程中,将不可避免地遭遇的冲突与认同危机。但是,教师所从事的教学专业是人与人的互动,教师与学生之间的关系是不同生活经验、期望、意义和价值的互动,而不是一个知识载体对着不同容器的传输过程。教师的专业发展不应将教师视为一个"外部身份规约"的被动接受者,而应该将教师视为一个"人"鼓励教师参与关于"专业"的论述,在生活的经验与故事中反思自己作为教师的意义与行动,建构个人的专业身份认同。唯有认同自己作为一位专业教师的身份,教师才真正清楚自己的专业成长方向,不因变动频繁的改革方案而无所适从,也不致追逐华丽的流行说词而随波逐流。所以,教师的专业发展需要教师对其教学专业身份进行合理辨识与主动建构。教师在处理身份认同危机时,需要理性地看待专业身份外在规约与内在建构之间的冲突与矛盾,能够反思性地建构与生成教师的自我身份感。

2. 教师身份的冲突与泛化

面对来自不同论述所界定的多重身份,作为主体的教师势必难以寻求单一的、恒定不变的专业身份认同。所以,教师需要与多元的外界意义互动,建构多重的身份认同,而多重身份则彼此影响,而且是不稳定、流动的。教师的多重身份有很多种划分方式,一般而言主要体现为教师的政治身份、经济身份、文化身份、法律身份等,这些多重身份彼此在冲突中相互影响,共同制约着教师的专业实践与专业发展。

教师专业发展中的身份冲突是指教师在专业权利、义务、责任等方面的失序与困惑,以及专业身份感的缺失或抵触。这种身份冲突表现为以下方面:首先,社会身份系统的预设性与教师个体主动选择的冲突,亦即教师身份的社会认同与自我认同之间的冲突。教师身份的社会认同以社会本位为显著特征,它强调教师社会身份系统的预设性及其社会功能,社会身份系统往往会通过法律、制度与规则来规约教师的权利、义务、责任等。教师身份的自我认同是教师自我主动的身份建构,它既是教师获取"成员资格"的一种内化过程,也是教师叙述与反思自身专业价值与专业权益的一种结果。教师身份的社会功能预设性与教师身份的主动建构之间存在着不可避免的冲突;其次,教师的"社会身份"与"法律身份"的冲突。教师作为一种专门职业一经产生,就要受到来自现实社会中历史、文化、传统、经验的影响,而社会在这种影响下形成对于"教师"这一社会角色行为的期待,并在社会化过程中沉淀下来,形成习惯、服从和认可的秩序,从而转化为教师的社会身份。而法律身份则是对教师身份的本质性规定,并不面向某一个具体的教师个体,而是指向于教师群体的。因此,法律身份告诉人们应当如何行为,而社会身份则告诉人们在特定的情况下如何行为。教师的"社会身份"往往对教师权责的期望大于法律身份,它对教师的规约具有更大的弥散性。而教师的"法律身份"尽管具有强制性的保障,但却是对教师基本的身份规约,它指向的往往是教师基本的身份诉求。所以,即使教师没有达到社会身份所规约的角色期待时,对于教师的法律身份而言,也不算是违法;再次,教师政治身份、经济身份、文化身份等方面的困惑与不相称。教师的政治身份体现了国家特性与所属阶级的性质,经济身份体现了教师的经济报酬与自身利益问题,而文化身份则是一个复杂的社会性话题。这些多元的身份特性之间尽管没有直接的冲突,但却交织在一起影响着教师的专业实践,影响着教师对专业身份的辨识与建构,从而影响着教师的自我认同与专业发展。

正是由于教师的专业身份具有多元性的特征,在诸多身份诉求的背景下,教师身份泛化的问题日益凸现。教师身份的泛化,在一定程度上也会弱化教师的教学专业身份,并且加剧教师的身份冲突,从而影响教师对专业自我的合理辨识与主动建构。当前存在的教师身份冲突与身份泛化问题,不仅给教育行政部门、学校滥用权力提供可乘之机,遮蔽了公众甚至教师本人的视界,更重要的是会侵犯教师作为一名公民在私人生活领域应享有的合法权益,这与法治精神是不相称的。教师专业的身份泛化与冲突,不仅会使教师的某些权利被限制,某些义务被强制赋予,而且也会造成社会对教师某些并不合理的价值诉求与角色期待。因此,我们需要理性地反思教师专业发展中的身份认同危机,合理地辨识与主动地建构教师的专业身份。

3. 教师自我意义感的丧失

如今,科技的飞速创新及物质生活的便利和丰富不断冲击着人们的生活观念。对大多数人来说,生存已不再是唯一的奋斗目标。在这样的环境中,人们开始思考其生存的意义和本质。此时,诸如"我是谁?""我正走向何方?""为什么我要去那里?""我所做的一切意义何在?""真的有必要这么做吗?"等问题不断困扰人们的思绪。个体在对自我生存与发展进行意义追问时,常常会陷入困惑与迷茫,往往会感受到自我意义感的丧失。在晚期现代性的背景下,个人的无意义感,即那种觉得生活没有提供任何有价值的东西的感受,成为根本性的心理问题。

做教师,意味着什么?我的教学行为与专业发展有何意义?我希望成为一个什么样的教师?这些不是预先存在的事实,而是必须以人的经验、价值、信念为中介去寻求的可能性。教师总是在意义追问中反思建构着自我,总是在意义感的驱使下践行着教师的使命与责任。然而,工作中的无意义感时常会降临到教师的心灵世界,催生着教师的无聊与厌倦,使得教师对其专业实践与专业发展产生诸多的困惑与迷茫。无意义感的侵袭,没有太多的规律可循,每一个教师都会遭遇自我的这种无意义感,它是伴随教师自我认同危机的产物,也是催化教师新的合理认同的潜在动力。当无意义感来临,教师通常会感受到自我价值的冲突以及自我的不确定性,以及由此引发的职业倦怠。对教师而言，无意义感的侵袭既是一种专业实践面临的困境，也是促进自身专业发展的一种潜在动力。伴随无意义感，教师会对学校生活世界产生倦怠，会对自我产生怀疑与迷惑，会对教学专业产生信任危机。

意义感丧失的威胁是教师专业发展中自我认同危机的内在表现，也是影响教师专业热情与专业发展的根本性心理问题。教师在日常的专业实践中，需要找寻到自我的意义感，或者需要摆脱无意义感所带来的消极影响。意义感来源于教师对自我的追问与确认，意义感的获得与丧失取决于教师专业发展中自我认同的合理与否。

二、高校青年教师身份游离的多元因素解读

（一）传统文化中的身份解读

在个体身份形成过程中，个体具有宗教、种族、阶级、性别、性和民族等方面的"群体归属意识或特征"，这些特征"有助于确定主体及其身份意识"，其中民族意识是"对主体的形成发挥了最重要影响的文化身份观"（乔治·拉伦，2005），而民族意识的形成来源于主体存在的深层文化结构。

身份指人的出身和社会地位，在中国，身份制作为意识形态是中国民族文化精神的主要部分和重要的道德行为规范准则，它对中国人的作用是持续的，这种持续作用在他们心理层面的深处也凝成一种情结。

传统中国是个讲究身份的国度，成员的生存资源主要依据身份及身份之间的关系而配置；中国古代社会可以说就是一个身份制社会，这种身份制度主要体现在君权、父权和夫权上。君与臣、父与子、夫与妻之间是一种绝对的人身支配关系，无任何的平等可言，正所谓："君要臣死，臣不得不死；父要子亡，子不得不亡。"

直到19世纪下半叶及20世纪初，中国社会发生了重大的变化，康梁变法、"五四运动"和辛亥革命，开始解冻古老的中国身份制冰山；及至民主主义革命和新民主主义革命，身份制受到更强烈的震撼，身份的解放出现了一个大的跃迁。但是，历史上的重大社会变迁并不是相当彻底，多半是结构性的。旧的制度解体，而伴随着该制度一起发展持续的观念并没有随着制度的解体而消失。那些几千年沉淀下来一代一代传下来的，以习俗道德为基础的惯性思维倾向和行为倾向，已经制度化，具有较强的张力，辐射人们日常生活的各个领域，影响着人们的行为方式。而且其中的社会成员形成的相应于所在制度的价值观念是那样根深蒂固，不易离去。其意识结构中会对应地建立一整套价值观念体系，在他们各自的具体活动的情境中左右其行为的价值取向。另一方面，由于中国身份制长时间持续地影响着中国人的日常生活，并作为一种文化的结构部分被一代一代传递下来；当现代的中国人，遵照现代制度行事时，总是带有身份制的行为倾向，或者要做的行为与这种身份制不符、有冲突时，行为主体会产生心理

不适，我们把这种行为倾向和心理不适叫作"身份情结"。

身份制是个新的概念，其中的"制"，显然就是制度之意。据《社会科学百科全书》的定义，制度（institution）或制度化的模式（patterns of institutionslization）可以定义为解决社会中一些长期反复出现的基本问题的或者使社会有秩序生活的（行为）制约准则。这可能是比较接近制度的初始含义的解释。其中说的"准则"经社会化过程习得，以观念的形态储存在社会成员的意识结构中，指导行为，使外显的行为程序化。

在这里，"长期反复出现的基本问题"是人类社群的生活实践所认定的，它因不同地域的生态环境和生活习性而有差异。这样形成了不同民族社区各自不同的制度或制度化模式。中国身份制就是在中国社会，人们长期生活实践，处理中国社会中人们长期反复出现的基本问题形成的行为制约准则。

1. "身份"的含义

中国身份制通常包括以下几层含义：①身份的本身意义。指是谁，是什么样的人。人类社会最初身份只是指个体成员交往中识别个体差异的标志和象征。它给予社会以秩序和结构。现代社会中是指社群中个体成员的标识和称谓，分为两类：第一，客观的，如原籍、年龄、辈分、性别、职务、职业等；第二，主观的，指内含身份认同，比如内部人和外人、熟人与陌生人、君子与小人等。②与他人的关系定位。与对方处于什么关系，如雇员和雇主的关系、父子关系和同事关系等。身份一经确定就相应地与他人存在了某种关系，这种关系大体可分为两类，即纵向的关系和横向的关系，前者是上下关系，如亲子关系、上下级关系等，后者是平行关系，如兄弟姐妹关系、朋友同事关系等。③相关身份观念的行为规则。如何与他人相处，是指所确定的身份关系中相应的行为准则。如君臣关系的行为规则、父子关系的行为规则等。还有比如内部人与外人、熟人与陌生人、君子与小人（好人与坏人）的定位及行为规则。④阶序意识。指资历、资格、等级级别等。"阶序"是一种比"身份、地位"更细致的区分，他不仅存在于不同地位的人之间，在相同身份、地位的人之间，也依据一定标准形成精细的等级阶序。

2. "身份"的特征

在中国传统文化中，身份概念通常具有以下特征：第一，在身份社会，人们将身份视为获取特权的主要途径。在身份社会，身份成为确定人们地位、权力大小、义务多少的根本标准。身份的本质就是讲究差别、亲疏、尊卑、贵贱，因而身份成了人与人之间的分水岭，人与人之间一切差别的总根源。第二，身份等级将人划分为三六九等，破坏社会和谐。正如马克思所指出的，封建制度就其最广的意义来说，是精神的动物世界，是被分裂的人类世界，在封建社会这种身份社会里，人像动物一样也按纲、目、科、属、种来分类，等级森严。第三，身份社会是一个背离法治的"人治"社会。身份社会处处讲究身份，其目的在于拔高少数有身份的人，而贬低绝大多数无身份的人，身份就是人与人之间不平等的表现，也是维护人与人之间不平等最有力的工具。第四，身份社会奉行唯心的宿命论。"官恒为官，民恒为民"。

3. "身份"的价值取向

中国古代社会是一个讲究身份的制度，中国人的社会化环境大都在浓重的身份观念下完成的。在传统农业社会中，绝大多数中国人的一生都是在家庭中度过，他们从小受到严格而特殊的身份教化训练，获得强烈而持久的身份伦理生活经验，终于养成敏感而固执的身份意识。比如，当子女稍懂事的时候，就告诉了有关亲属结构中的亲属称谓及其相应的行为规则；成人后告诉在外面做事如何与人交往的身份规则。在传统社会中，中国人的组织生活不论是在家族中的身份伦理生活，还是在社会上身份伦理生活所获得的经验，经常是强调身份规则，甚至认为讲究身份规则是"天理所然"。这些身份伦理规则在个体成员中形成的身份制便成为中国人诠释、理解及组构一切组织生活的基本依据，并实践在广泛的日常生活中。所以我们说，身份社会中的规范，多少年来规约中国人的行为，从中，中国人的思想意识形态中形成了有关身份是重要的，讲究身份是对的价值观念。

在传统中国社会里，社会结构及运作的基本单位是身份的而不是个人的。在日常生活中，传统中国人几乎一切都是以身份为重。更明白地说，是身份生存重于个人的生理生存，身份荣辱重于其他荣辱，身份价值重于个人其他发展，身份目标重于个人其他目标。身份不但成为中国人的社会生活、经济生活及文化生活的核心要素，甚至也成为人生价值观的主导因素。

4. 身份概念在传统文化中地位

在中国，身份制作为意识形态是中国民族文化精神的主要部分和重要的道德行为规范准则，它对中国人的作用是持续的，这种持续作用使其中的成员形成了上述的价值取向，同时在他们心理层面的深处也凝成一种情结，即使它的生产者——制度开始解体，但这个深深的情结却长时间地持续在人们的意识结构中，不易开启。所以，中国人对身份特别敏感，可谓谈身份色变。身份制度的意识形态多少年来控制着中国社会的秩序，形成中国文化的重要结构部分，并作为中国人社会化的基本内容，一代一代地传递着、强化着，似乎已经成为天经地义。成为社会化基本内容的东西，成人后就会深刻在个体的潜意识之中，在支配该个体的行为时，多半是不自觉的。深藏在潜意识中的内容，在外在情景激活为行为取向时，会不自觉地出现对应的行为反应。这些潜意识内容越是在个体早期形成和强化，其连带个体情绪的程度就越强。个体顺应了潜意识的内容，个体会表现出自然或愉快；如果外显行为与潜意识的内容不一致，则会出现不适或情绪不好的变化。

身份情结（status complex）中的情结一词原本是精神分析学的概念，作为一般意义上使用情结一词，最先出现在荣格（Jung.C.G.）的文献里。在20世纪初，他在进行言语联想的考察中发现，由于情感因素联想会出现显著的延迟，这种不服从意识控制的过程妨碍着联想正常进行；并且认为在潜意识中，存在以一定情感为中心集结着相关的心理内容的心理过程现象。他把这种现象称作"因情感而集结成的（在潜意识中）复合体"。日常生活中当潜意识活动强度高于有意识的强度时，这种"情结"作用强势地控制着人的行为。比如行为有焦虑伴随时，更容易出现情结的作用。其实情结这个人类心理活动现象早已有之。情结的一般含义包涵两个方面：其一，一组与单一活动（如狩猎）、过程（如古人使用一个打火石打火）或文化要素相关的文化特征；其二，一组被压抑的渴望和记忆，它对个体人格有较强的控制作用。

身份情结是围绕着与身份相关的行为文化特征，具体表现在所属文化成员的日常心理活动和外显行为倾向上。它只是表现在民族文化特征较强的人的行为习惯倾向上，从而形成民族性格的特殊要素。这里只是借用情结这一深层心理学术语，来说明一种社会文化的心理现象。

5. 中国人身份情结

在中国传统文化中，身份情结主要包括名号、名分与面子、阶序和差序、谦卑、主仆等方面，具体来说主要有以下几点。

（1）功名情结

长期的身份制强化，使中国人的内心认为只有达到高的身份地位才是人生的最大成功和最大需求，而求得好的功名正是有了高的身份地位的象征。所以，为此以巨大的代价和辛苦做牺牲，并认为这是一个人向上进取的标志，否则被认为没有出息。他们长期尝受低下身份在社会中受蔑视、凌辱，总想有一天自己也能够身居高位身份。但现实中多数人尚不能一步踏进理想的高身份地位，心理产生一种浮躁和焦虑。我们把这种心态也看作是身份情结的一种表现。这些人与积极进取、完善个体社会价值的人不同。后者已经分化了成就动机，也就是说，并不把功名利禄作为唯一的人生追求，不是为功名而做、为功名而生活，而是在于追求自己感兴趣的工作或职业。

（2）执迷名号及称谓的情结

日常生活中，在有些事情上，即使在利害关系上吃了亏，也要求得名分而不能弃之。这里的名分是指身份名号本身和附着上面的规则及其符号资源。比如在同一组织中，假如原来是自己属下的人，现在与自己同一级别称谓或比自己还要高，其内心很不舒服，说话办事心里都觉得别扭。所以，在社会上或组织中有一定身份地位的人，大都非常担心和在意自己的身份或名分的得失。有些家长有时从理性上考虑，自己做得不对，子女做得是对的，但是由于一种面子心态，就是不承认自己做错了。因为自己是长辈，长辈即使做错了，在子女面前也是对的，这样矛盾的心态形成的行为倾向我们可以看作是身份情结的一种表现。

（3）唯恐被轻视的情结

把别人对自己的评价（指出自己的错误或不恰当言行）往往认为是对自己人格的侮辱。如唯恐别人说自己的家庭出身是社会低层；恐惧别人看自己贫穷；穿着不是为干净、舒适、自己喜欢,而主要是为"体面"或显示身份——不让别人瞧不起。

(4) 谦恭或谦卑的情结

中国人见到比自己高位身份者的"阿谀奉承"表现,经常是情不自禁的。

(5) 看重身份阶序的情结

是非、原则位于次之。身份情结中的阶序意识更为普遍,身处身份制社会,成员在沟通交往过程中,总要考虑对方是什么身份(好按身份规则行事,好知道如何与对方说话办事)。长期的封建身份制度强化的结果,使中国人的内心有一种对身份地位高的人的敬畏,比如在各种会议尤其工作会议中,有高身份地位人在场,其他人均有压力;或者正开会时,突然有高身份地位者进入,会议原有气氛中断,会议参与者的心理向度指向高身份者。

(6) 主仆情结

阶序意识是多级的。而主仆意识是两极的。这是一种身份意识较突出的特征。持有主仆意识情结的人具有两个特点:一是不能与人做平等的交往,二是主仆双重情结。见比自己高地位者"切换"为仆人心理态势,服从与忍让、谦恭;见比自己地位低者马上"切换"为主人心理态势,强权、役使他人、骄横等。

(7) 人际关系的定位情结

中国人习惯上,与人交往中,在定位这个人是内部人与外人、熟人与陌生人的同时,还要关键地定性此人是君子还是小人,或是好人还是坏人。这是个行为倾向,而这个情结的另一方面更有其特点,中国人愿意与君子相交,但在日常生活中往往又容易不知不觉地"宁可得罪君子也不得罪小人"。这确是一种既矛盾又复杂的心态。

在尝试性探讨了关于中国身份制和中国人的身份价值取向及身份情结后,我们发现,这种观念或情结以群体文化的形式存在,在现实中国社会中,虽然多元文化涌动,但作为中国社会的一种深层文化结构,身份观念仍然很强,它影响着生活在其中的每一个体,包括高校青年教师。

(二) 人本因素解读

教育是培养人的,是让人成人的活动过程,然而多年来我们的教育却是"无人"的教育,教育成了社会和经济发展的工具,教师的外部功能被不断强化,而内部发展却被忽略。人把所获得的知识和能力以技术性的形式表现在人的生产和生活之中,从而形成工具理性,并成为主导人的力量,这种工具理性的增长掩盖了价值理性,人渐渐丧失了本真存在的意义,导致了人的外向性发展的巨大进步,而忽视了自我心灵的探索。价值理性是人们关于自身存在意义的知识和判断力,它以道德的方式存在于人们的各种关系之中,人通过价值理性来改造和完善自身,改造与自身相关的各种关系,价值理性是自己为自身法。在过度竞争的教育环境中,教师成了教书的匠人,在将学生变成知识容器的同时,教师自己也被放逐在精神世界之外,教师成了教书的机器,教育产品的制造者，是思想和灵魂都被压制的人。教师专业发展出现了"人"的空场，缺少了"以人为出发点"，"为了人的"和"属于人的"的理念，造成教师专业发展缺少来自社会和教育制度的人文关怀，教师的需要和情感得不到应有的关爱，教师渐渐地变得冷漠和麻木，教师从本应该是学生的精神导师变成了只管做事而不管做人的无德教师，教师首先是人，然后才是教师。

1. 身份认同中的道德异化

教师有自身的发展需要，单方面强调教师的职业性，忽视教师个体的成长需求，用师性代替人性，将教师人性从职业角色中逐出去，将教师变成了没有真情实感的带着职业面具生活的"假面人"，教师道德就变成了虚假的道德。如果教师专业建设不是以教师的个体需求为出发点，而是以教育的要求、以社会的要求为本位，那么当来自外部的要求与教师自身的需求不一致时，教师身份就处在了矛盾之中。教师行为如果具有情境下的合理性和正当性，就应该受到群体的认可。教师专业发展的终极目标是形成教师的成长自觉。自觉是主体的一种觉醒状态，教师的成长自觉在于不把专业发展作为外在的一种约束，而是作为教师自身的一种生存方式，教师是职业性的存在。人是自由的存在，只有自由自觉的活动才能实现人所追求的理想，人的自我决定和自我实现都离不开人的自由自觉。

"自觉的自己支配自己，是为道德生活"（唐君毅，2005）。道德自觉具有这样一些特征：遵守道德原则不是功利的驱使或迫于外部压力而是自觉的要求，选择道德的行为不是社会规范的结果而是较强的道德判断力和自决力使然。在教师道德发展中，无视教师的自觉性、自主性和自愿性的做法很多，教师被剥夺了自由，一旦没有了自由，发展的动力消失了，道德也就不存在了。学校习惯于用各种各样的制度来框范教师，"任何一条规范，就其本身而言，都只是在某种约定的条件下必须遵守的，但却不知道给予尊重；如果它与做人的要求相背则本来就不值得尊重；如果他与做人的要求相符那么实际上我们尊重的是人性的光辉而不是规范。可以说，规范的伦理价值永远是相对的，而人性的道德价值才是绝对的，做事的价值是相对的，而做人的价值是绝对的。当教师对身份产生质疑的时候，就会出现价值观念的异化，进而影响其认知世界的方式，把本来不道德的事情当成道德的事情来颂扬，把本来是不具有道德性的行为却被树立成为大家学习的道德榜样的这样悖论，如颂扬教师的过度劳累，不顾健康和生命带病坚持工作等，这在某种程度上讲是对教师作为"人"的健康权利和幸福生活的漠视，却被拔高上升到超人的道德示范，这不是以人为出发点的教师发展理念和身份认同观。

2. 身份认同中的关怀缺失

高校教师专业发展中的身份认同是着眼于"人"的，是为教师自身，也是为了学生，人与人是共生的关系。人性化是世界教育的发展趋势，关怀伦理是教育的主题之一。教育中的关怀应该包含三个向度：其一，教师对学生的关怀；其二，教师的自我

（包括群体）关怀；其三，社会对教师的关怀。一个不懂得自我关怀的教师如何能带着关怀走进关怀学生的世界？一个没感受到社会关怀的教师又怎能具备关怀他人的能力？教师要做关怀教师，维系与协调教师与学生新型人际关系的应是关心关系，教师是关心者，学生是被关心者，教师是关怀的榜样，给学生带来真正的关怀体验。学生在教师关怀下，带着关怀与教师相互走进对方，才能生成新的意义，才能在生命与生命的交流中，生成人；教师的职业生命质量才能得到提升，职业生活才能获得丰富。需要指出的是，教师只有感受到社会给予的关怀，才有可能形成关怀的自觉意识，在行动中习得关怀的能力。以往的教师道德片面强调教师的忘我，是缺少了人的生命基础的道德，这样的道德在人性的现实面前不可能有生命力，也不可能被教师真诚地接受和认同。

高校青年教师身份认同中的关怀缺失的原因可追溯到教师的自我关怀需求以及人文关怀需求没有得到满足。教师需要自我关怀。在古希腊罗马世界，自我关怀是一种存在方式。苏格拉底和柏拉图把自我关怀理解为自我的知识，人们不认识自己就不能关怀自己。"从某个时候起，自我关怀被当作一种自爱，一种自私自利的东西，它同人们应该具有的利他精神或必要的自我牺牲相对立"（福柯，2005）。自爱，这绝对不是教师的自私而是教师道德，中国的传统文化推崇"己所不欲勿施于人"和"己所欲施于人"，教师的自我关怀正是身份认同的积极表述的合理内核，"关爱自己，再以关爱自己之心去爱别人"，一个连自己都不爱的教师怎么会去爱他的学生。"正直的人，像人样的人，才是一个真正的自爱者，他期望着别人同样善良，把自己的最好的事物给予别人"（亚里士多德，苗力田译，1999）。历史上主张自爱理论的哲学家不在少数，古希腊的伊壁鸠鲁到霍布斯和洛克，都主张人的善良动机和行为最终都从自爱的动机出发，无论一个人多么真诚地感觉到自己对他人的爱和友情是无私的，但他的这种情感都可以还原到对自爱的某种修饰。自爱理论说明人只有会爱自己才会爱别人，由自爱过渡到对他人对社会的爱，由此类推，教师要有自我关怀才会去关怀学生。

教师的自我关怀是个体把自身构建为道德主体，自我关怀不会把人当作工具或当作手段，而是以人为目的。福柯认为自我关怀应在人的生活中具有优先性，是人作为伦理主体的自我把持，自我关怀具有伦理的先在性，因为和自我的关系是本性的在先的，自我关怀是通过考虑自身而考虑他人，是"推己由人"的。存在论意义上的自我关怀被看作是人在生活中的存在状态，是对生命和生活的一种态度。以往对教师的教育，提倡教师应具有大公无私的精神，在教师道德模范的宣传中，常常以教师的自我牺牲作为模范事例，我们认为，针对"模范"这一命题应该采用辨证唯物史观进行分析。一方面，因为教师的道德示范作用在教育中是第一位的，所以，这种模范宣传存在着积极作用。另一方面，如果教师的"自我牺牲"所付出的代价远高于"模范"所起到的当下效果，那么，这种"自我牺牲"是否存在忽视教师"人性"的嫌疑呢？例如：教师为了给学生上课，把自己生病的孩子丢在了家中，结果孩子发高烧烧坏了身体，变为了残疾；教师为了不耽误工作，有病不去看，结果去看的时候发现已到了生命的晚期，等等。"教师不是完美的人，但教师是完整的人，教师道德不应只要求教师做无谓的牺牲和奉献，而应让教师做生活的智者"（李清雁，2009）。人如何善待自己是人如何善待他人、善待社会的基础，有句格言这样说道：善待自己，以善己之心去善待他人。"个体对自身的态度包含着两个方面的道德意义：一方面，个体对自身的态度是他对自然、对社会的态度的基础，一个只有对自己负责的人，才可能是一个对围绕在自身周围的种种关系和事物持负责态度的人；另一方面，个体的自我总是要实施主我对宾我的改造，进行自我完善和自我创造性的发展，在这个过程中获得勇敢、正义、坚强、自信等德行品质，产生巨大的道德力量"（肖雪慧、韩东屏，1988）。教师自爱是一种积极的道德情感，体现了教师自我维护、自我管理的精神，是教师责任意识和自我掌控能力的展现，"教师自爱是对自我生命成长的关爱，是对教师的存在、利益、权利、主体性、价值、人格、尊严的尊重、维护、自豪和荣誉感，包括教师认识自己、悦纳自己和发展自己"（马雪莉，2006）。教师自爱能让教师更好地爱学生爱教育事业。

　　高校青年教师身份认同中的关怀缺失的另外一个原因是教师的人文关怀需求没有得到满足。人是鲜活的生命体，有表达和体验情感的需要，有发展自己的能力，有追求真善美的精神需要。哲学上的人文关怀是对人的存在状态的关注，对人生终极意义的探寻，对人自身的命运与价值高度关注，马克思主义的人文关怀与人类社会制度变革的态势相关联，最终目的要实现人的彻底解放；社会学上的人文关怀就是对人的生存状况的关怀、对人的尊严与符合人性的生活条件的肯定，对人类的解放与自由的追求。人文关怀体现在道德层面就是对人的道德信念的追寻，对道德行动和道德人格形成与发展的关注，它着眼于生命关怀，着眼于人性，注重人的存在、人的价值、人的意义，尤其是人的心灵、精神和情感。人既是社会的主体、历史的主体，又是自身存在的价值主体，人不同于一般的"物"，它的根本是"内在"而非"外在"。因为缺少了一种人文关怀，本来和教师生命生活融为一体的道德就被理解为功利性的东西，如果把道德看作是教师获取利益的一种手段，那么道德就变成了对教师有用的一种工具，既然是一种工具道德就变成了外在于人的东西，当作解决问题或实现目的的手段，从而和教师的生命生活发生了分离，教师就可以在道德的名义下尽情追逐自己的利益，或者以道德的名义做着不道德的事情。而就教育的特点而言，教师的整体样态都是教育的手段，无时无刻不在和学生发生着对话和交流，即使这种对话和交流有时是以一种看不见的形式在后台存在着，教师在前台的表现靠大量的后台工作的支撑，这种后台的准备工作不仅仅是和教学相关的知识备课，它涵盖了教师作为人的整体的生命存在状态，以内嵌知识的形式存在着。教师的行为是道德的，不仅在于教师行为合乎道德，更重要的则在于教师行为本身就是出于道德的，教师是培养人的人，他首先应该是有道德的人。

3. 身份认同中的定位偏差

人的最基本的存在就是生命的存在，在生命绵延不断的运行中，人将个体的生命活力以知识、能力、情感和意志等内容形式表达出来，并以道德作为统领，人在生命实践活动中获得道德发展的同时体现道德本身，如果对教师道德发展的定位偏离了人的生命属性，其结果将不是属于人的。社会期待教师是"理想的完人"，将教师看成是完美的人是对教师的精神迫害，传统教师观的教师是完美人，这是因为在传统中教师起着社会教化的作用，教师的形象是无人的抽象。对教师的圣化，是对教师角色期望的理想化，是抽离了教师作为一个现实生活中真实的"人"的存在，对教师进行圣化的要求，是对教师在文化心理上的一种强迫；相反对教师的匠化，是对教师角色期望的技术化，把教师仅当作掌握教学技术的人而存在，忽视教师作为教育者的主动性和思考力，教师的职业不再意味着事业，而是谋生，实质上是对教师的矮化。正确对待教师要把教师作为一个完整的人来看待，作为发展中的人来看待，教师是在教育生涯过程中不断成长的专业人。

高校青年教师的身份定位偏差源于对以下两个问题的认知角度，即，第一，教师的完整特质与"完美"特质；第二，教师是的成长特性与成熟特性。首先，教师是完整的人，是有着人的一切需要的、在生活中存在着的人，教师的生存状态和生活方式和其他人有不同的话，那就是教师的身份所带来的权利、义务和责任，教师所做的工作性质—培养人，决定了由此所形成的教师应发展成为优秀的人。教师的自我体认是"生活中的凡人"，即教师是完整的人，正是由于教师是完整的人，是有情有欲有各种需要的人，同时人之所以为人还在于人的精神性需求，发展人的精神属性，道德发展才有自身的根据，所以教师道德发展必须是属人的，是生命的人。"作为一个完整的生命体的人，教师有生理的需要，即物质生活的保障；心理的需要，期待尊重和爱的浸润，渴望心灵自由的空间；社会性需要，有自我实现的梦想和追求。只有这些需要得以满足，教师才可能营构幸福的教育人生，凸显主体的生命意义"（曹俊军，2006）。人的最高追求是自我实现，人本主义学者马斯洛的需要学说将人的需要分为五个层次，最高的层次就是自我实现的需要。教师的自我实现就是通过完善自身以育人成人，教师是作为一个完整的人的自我成长。"作为一个教师，最困难的生活方式莫过于认为自己是唯一不完美的人，而且认为自己是同事们实践中不完美的一个典型例证。我们会认为自己的周围都是具有教学美德的完人，而只有我们自己是无能的，仅仅具有业余水平，挣扎着隐匿自己的假面具。有了这种思想以后，很少有人能够坚强地工作下去，由此导致的寂寞之感几乎无法让人承受"（Stephen D. Brookfield，2002）。教师道德一方面作为一种教育力量在教师身上存在，另一方面教师道德还有提升教师形象的效应，在教育者自身价值实现过程中起着动力作用，教师道德从教育效果看影响学生具有社会价值，从教育主体看具有自我实现价值，教师要实现社会价值和自我价值的统一。

其次，从教师职业生涯发展的角度看，教师也是成长中的人，其在职业中的自我成长贯穿在教育生活的整体领域，是不断获得发展的人。现实社会中教师道德有被进行简单化理解的倾向，认为教师只要遵守道德规范，教师的行为不违反道德要求，就等于教师是具有了道德的人，"人们将道德仅视为外在的纲常礼仪与行为规范，进而强调对这些规范的模仿和操练，忽略了道德作为人的一种生存方式所具有的内在主体性和动态生成性，其后果是导致了道德整体性中的一个重要维度的缺失，即道德价值观念形成过程与道德行为实践中生命意义的缺失。道德中的生命维度被忽视，其直接结果便是道德整体性被肢解"（易连云，2005）。生命的本质是其生长性，教师与生命一体，成长是教师的应有特性，教师道德如果远离了教师生命，也就不再具有发展的意涵。

教师身份的获得并非意味着教师是个已经成型的人，而是需要不断成长和发展的人。教师和普通人一样有自我发展的需要，需要在认知、情感和社会化等方面得到不断的提高和发展，同时教师作为专业的教育工作者，在专业能力、专业情意和专业伦理等方面也有进一步发展和提高的需要。教师的发展需要不仅来自社会时代的变迁，来自教育变革需要教师转换角色，也来自教师自身的发展需要。

现代社会正处于一个变革迅速的时代，每一个人都是社会变革的参与者，教师通过培养未来的社会公民而成为社会变革的推动者。网络化、信息化的普及改变了传统的教育方式，对教师的角色提出了很大的挑战，教师要不断地发展自己，改变自己的知识结构、教育观念和工作技能，以此来适应社会发展的需要。教师角色的转变过程也是教师发展的过程，从知识的传递者、教育的权威者转向儿童学习的支持者、儿童成长的促进者，从教育任务的完成者转向教育实践的研究者，教师在角色转变之中也促进了自身的成长。从教育生活的视角出发，教师是教育生活的同构者，教师在教育教学过程中、在与学生交往过程中会不断地充实和完善自身的发展，教师与学生情感的交流，生命的互动，经验的分享，都能让教师自身有所触动，教育过程也是教师自我教育自我成长的过程。教师在教育过程中获得成长，不断丰富教师自身的精神与生活世界，可以说是教师职业所带来的一种幸福。

（三）场域因素解读

教师不是生活在真空的世界里，外部世界的变化总是考验着教师的主观选择，教师选择什么认同什么受到教师身份规定性的制约，身份之下内在框架的不确定和教师自我定力的不坚决，使得教师很容易在外部世界的变化中迷失自己。这是一个信仰凋零的时代，是丧失精神追求的时代，教师道德问题不仅仅是教师本身的问题，而是和教师的境遇紧密相连的，教师的境遇和教师道德具有高相关性。教师是担负着未来一代成长重任的人，青年教师的职业生活应该怎样过？为着什么样的目的而过？在一个巨变的多元化社会里，对这个问题的回答并不是件轻松的事情，能清醒地跳越社会的现实而看到问题的实质并非易事，作为大众一员的青年教师极易在不知不觉中随着社会的浪潮随波逐流，教师所处的现实境遇是教师日常生活所须臾不能离开的，是教师成长和生活的大背景，而这一背景即是青年教师生存的场域，通常情况下，教师存在的场景被限定在学校场域，但在广义上讲，整个社会同样建构了青年教师的生存场域。

1. 全球化时代的身份焦虑

"全球化"以凶猛之势带来种种社会发展问题，我们时刻处在全球的经济链条的影响之中，处在全球的文化信息包围之中，在享受着来自全球的物质文明和精神文明之时，也接受着它们潜移默化的影响，而把自己变成了一个地球人。"过去那种地方的和民族的自给自足和闭关自守状态，被各民族的各方面的互相往来和各方面的互相依赖所代替了。物质的生产是如此，精神的生产也是如此，各民族的精神产品成了公共的财产。民族的片面性和局限性日益成为不可能"（马克思、恩格斯，1995）。而这个还正在发展的实践过程，在政治、经济和文化等方面都发生着广泛的影响，冲击着人们的观念、思维和生活方式的变革。另一方面，环境污染，人口爆炸，恶性疾病的患病率增加等大规模的传染病的爆发，食品安全问题，权力人群的贪污腐化，房价的居高不下等等，全球化对人们来说是双刃剑，并不全是福音，它给我们带来的危机感和紧迫感，让人们心存焦虑和紧张，人们不再有长远的目标，而关注于当下的快乐和享受，注重物质生活的满足，精神上的快餐文化成为了时下的选择，对境界的追求让位于对快感的追求，大众文化的流行让人们忽视对精神的终极关怀。

全球化给了西方文化扩张的机会，导致接受西方文化的我们在文化传统和文化认同上出现危机，使得我们的文化身份变得模糊，个体产生了深刻的焦虑心理全球化带给我们很多的危机，核心危机是自性危机即认同危机，在文化层面上，发生了价值危机，旧的道德秩序崩溃了，新的道德秩序还没有建立起来，这样的状况还将持续下去，不是短暂的时间就能解决的，需要一个过程，而我们正处在这个过程当中。我们接受了很多西方的东西，他们的哲学，他们的价值观，他们的生活方式，而我们也在反思，我们到底丢掉了哪些优秀的传统，"国学热"的出现说明我们的传统在被丢弃的同时也在被重新地建构，我们的脑子里依然装着孔子、老庄，儒道的传统文化并没有消失殆尽。即使是"麦当劳现象"也染上中国化的特色，每一个人都成了流动的主体性、多重自我和复合身份的载体。共同承受的风险以及集体命运把人们紧紧地联系在一起，全球化是主客观共同作用的发展进程。慕尼黑大学乌尔利希·贝克教授认为"全球化指的是在经济、信息、生态、技术跨国文化冲突与市民社会的各种不同范畴内可以感觉到的、人们的日常行动，日益失去了国界的限制。根据吉登斯的解释，这是超越空间距离（由不同民族国家、宗教、区域、大陆组成的似乎是相互隔绝）的世界"（陈家定，2003）。

全球化导致文化和民族边界的日趋融合，全球化与普遍性和国际化相联系，国人最爱讲的一句话就是与"国际接轨"，进而衍生出全球化和本土化的两种不同的立场，出现了所谓的"世界公民"和"本土公民"两种不同的身份取向，全球化过程不可避免地对本土公民的心态、价值立场、文化选择等带来冲击和挑战，本土公民的态度、观念和文化被重新建构。全球化是一个充满矛盾、冲突的变动过程，在这个过程中传统的事物受到冲击，新事物新问题不断涌现，物质和精神领域都面临新旧的交替，人们需要确立新的认知坐标来给自己定位。全球化增加了个人身份的选择机会和数量，使个人的独特性更加突出，作为有道德意志的个人来讲，我们都有自由去选择生活目标、生活方式和文化价值的自主权利。然而在全球化的浪潮下，在西方文化和本土文化的博弈中，我们失去了警觉，失去发声的话语，丢掉了自我，顺着潮流漂离了我们固有的精神家园。文化向来不是静止的，而是不断变动的，问题是在文化的融合和变动之中，我们变得不中不洋，选择所带来的困惑和焦虑困扰着我们，当整个国家都面临着文化抉择的时候，作为个人的我们更不知道该站在一个什么样的位置上，我们变得混乱，在享受西方文明成果的时候民族自尊心却在作祟，在标榜国粹的时候，连我们自己都底气不足，西方文化霸权的影响是一方面，另一方面是以文化传承为安身立命的知识分子对西方文化的接受和对自我传统文化的丢弃，从而导致知识分子文化身份的认同危机。高校青年教师作为中国的知识分子群体中的一个典型代表，同样身陷其中，我们怀疑自身所占据的立场，我们给学生讲连我们自己都不是很信服的老套的价值观点，教师作为文化传承的代言人，在这种不确定性的文化中向学生传递什么？在文化的选择和建构之中，教师的身份是自性地分裂了。民族文化的建构是一个长时间的选择和提炼的过程，然后才能处于一种相对稳定的状态，而当下我们正处在这种文化裂变的过程中，应对由全球化带来的自性危机需要人们对自己身份的认同。

2. 多元文化背景的身份失序

每种文化都有自己的道德，道德是文化的重要组成部分。文化人类学的研究证明，无论什么样的文化，其中必然包括一个独立于或类似于其他文化的道德价值体系。不同文化之间既可能和合共处，如费孝通所言"各美其美，美人之美，美美与共，天下大同，"也可能如亨廷顿所言"文明的冲突"。我国社会正处在一个转型时期，传统的文化观念和价值体系在消解，新的文化观念和价值体系还没有完全建立起来，这就出现了多种文化和价值的冲突和交融，构成这一时期独特的多元文化现象。这种多元有来自不同地域的文化多元，如中国文化与西方文化的共存；有来自时代的多元，如传统文化与现代文化、后现代文化的共存，中国传统文化与西方现代文化的共存；也有来自文化性质的多元，如主流文化与亚文化的并存，先进文化与糟粕文化的并存等。多种文化相互交融，构成一个多元的文化体系。"'多元'不只是文化主体的多元，更是文化价值取向的异质性、多样性、复杂性，这种多元文化必然导致价值观念、思想体系、道德规范上的分歧和冲突。当代社会多种文化观念和文化标准彼此之间相互冲撞，导致价值体系的多元，多元的价值体系带来了令人晕眩的价值冲突和道德相对主义"（冯建军、傅淳华，2008）。在现实层面上，传统文化、现代文化和后现代文化并存，导致文化上的冲突和困境，自然经济条件下天人合一的道德文化和精神、现代工业文明下以科技理性和人本精神为核心的道德文化与精神、以消解权威和主张自我实践为内涵的后现代道德文化和精神，同时都在影响并冲击着我们的道德文化和道德教育。我国的道德和道德教育正处于三种文化价值体系的交融和道德价值的冲突之中，道德和道德教育也正在经受着前所未有的困惑和危机。前现代性、现代性与后现代性三种性状的相互交织，传统的师道尊严、现代的民主平等，后现代的交往与合作并存，某种行为从一种意义上讲可能是正确的，而在另一种意义上讲就有可能是错误的，人们需要对一些行为进行权衡和评价，然而并没有一个普适的标准可以为人们提供一种"正确的方法"，一种行为在道德上是否正确，要看用哪一种标准来衡量，是用新道德规范还是旧道德规范？

道德是文化的一部分，人要做道德的人，不能不受到当时文化的影响，教师不可能置身现实文化之外。随着时代的变迁，某一时代被认为是正常的道德在另一个时代也许就是反常的，不同时代的文化有不同的道德要求，都把符合自己标准的道德看作正常的表现。文化中蕴涵的难以解决的矛盾造成了现代人的内心冲突，霍尼指出"现代文化在经济上是建立在个人竞争的原则上的，独立的个人不得不与同一个群体中的其他人竞争，不得不超过他们和不断地把他们排挤开，一个人的利益往往就是另一个人的损失，这种情境的心理后果乃是人与人之间潜在敌意的增强，这种竞争以及伴随这种竞争的潜在敌意，已经渗透到了一切人类的关系中，成为十分重要的因素，这造成了人与人之间的分裂、嫉妒、怨恨、仇视和敌对，也带来了个体的孤独感、软弱感、荒谬感和不安全感"（葛鲁嘉、陈若莉，1999）。社会文化解释学认为，不同国家不同时代的人之所以会有不同的道德问题，是由于文化因素造成的，社会文化因素对人的精神生活起重要作用，现代人面临着文化困境，文化困境导致道德冲突，文化困境是道德失调的最终根源。人的心理的内在性质和发展变化与人的文化环境和社会生活相联系，社会文化环境是病态的不道德的，生活在其中的人们的道德水平就是下降的，人们道德的滑坡是由于社会文化困境和人际关系失调所导致的心理焦虑状态。当今中国的社会，人们单方面追求成功的名利思想，官员的腐败，人们之间缺乏诚信，笑贫仇富心理无不对人们的道德构成毁灭性的打击。在市场经济和商品社会的环境下，世俗伦理的价值目标和道德标准一降再降，突破底线的行为事件一发再发，对合理性的规范化的诉求成为了人们当前的主要需求，对卓越与崇高的追求被替代甚至被挤压到边缘境地，终极价值关怀的缺失成了现代人的通病。

西方文化关于道德责任的基本立场是个体主义，人的道德行为无论是为恶还是为善，不取决于环境的因素而在于人自己的自由选择。中国文化是功利主义的文化，忽视个人的存在，忽视个人个性的存在，个人的价值因与他人的比较而存在，人的道德行为不是基于个人的自由选择，而是环境因素的制约，虽然古人也讲"慎独"，只是作为个人的修养而言，并没有形成一种文化机制，普遍的从众心理总是能为个人的失德找到可以开脱的借口，要么归于制度的原因、要么归于环境的因素，而独独缺少了自我的深刻反思和觉醒。如果一个社会的文化批判能力弱化，就会形成马尔库塞所谓的"单向度的人"。麦金太尔认为"我们身处其中的现实世界的道德语言处于一种严重的无序状态。如果这个看法是正确的，那么我们所拥有的就只有一个概念构架的诸片断，并且很多已缺乏那些它们从中获取其意义的语境。我们诚然还拥有道德的幻象，我们也继续运用许多关键性的语汇，但是无论理论上还是实践上我们都已极大地（如果不是完全地）丧失了我们对于道德的把握能力"（麦金太尔，2005）。启蒙时代自笛卡尔伊始的理性自律主体并不是普适性的，启蒙主义的主体观念遭到了后现代的批判。后现代是对现代的反动，反对欧洲启蒙时代形成的价值理念和它所维护的西方中心式制度，倡导非中心和多元化，后现代解构了启蒙时代以来所形成的秩序、进步、理性等这些经典信条，取而代之的是机会、风险和偶然性，生活世界被分裂，认知和道德上的相对主义被加深。日常生活中，人们在调侃中消解着神圣的规范和权力话语，在戏说之中削平历史的深度感，以游戏的心态来看待崇高，用"恶搞""荒诞"来替代正说，各色各类的非主流文化与主流文化并存，大众文化以反垄断的面貌出现，却渐而成了一种垄断文化，致使主流文化和精英文化的地位和影响力相对削弱，理性不再是统治一切的力量而让位给了非理性。在后现代或者用吉登斯的话来说是现代晚期，共同与差异并存，多元与统一并存，传统的规范仍在起作用，但新的偶像和规范也在不断产生，人性的堕落与救赎同时存在，人们在解构已有文化的同时又在建构新的文化。"如果文化正处在急剧变迁的阶段，根本对立的价值观念和背道而驰的生活方式同时存在，那个体必须做出的选择就是多样的和不易的"（葛鲁嘉、陈若莉，1999）。"零散化"这一后现代文化的病症导致自我不存在了，因此要重新建造我们的精神家园，寻找我们的身份认同。

3. 消费社会的精神迷惘

消费社会指"消费不仅成了最主要的活动，而且成了最主要的价值观的那个社会，当代社会可以恰如其分地被称为'消费社会'"（郑也夫，2007）。在一个消费社会里，人们不仅为生活必需品买单还要为身份和地位买单，从这个意义上理解教师的贫穷就不是生理上必需品的满足，而是教师的"最低社会面子"的需求。长期以来，人类都陷入在残酷的生存挣扎之中，但是在当今，这种生存状况即将不存在了，当人们的温饱问题得到解决之后，人们忽然觉得空虚无聊，堪称生命中不能承受的存在之轻，因为那种和生存斗争紧密相连的人生哲学和价值观猛然的没了用武之地，失去了发挥作用的话语权，生活的意义变成了真空地带。萧伯纳说："人生有两种悲剧：一种是没有得到你心里想要的东西；另一种是得到了。"人们满足于简单快乐的感官生活，追求本能、冲动的满足，通过为所欲为的放纵来获得瞬间满足的幸福感，长久的幸福和精神的愉悦不再是人们的强烈的追求，人们追求冒险、刺激和游戏。传统的经验对当下的生活已经没有多少可借鉴的价值，生活的意义只能靠我们自己去寻求，每个人都是个性的独特的生命体，生活的意义只能是自己去发现。

"我们所处的这个时代的社会，在其内部结构是断裂的，正在从金字塔式的等级结构变为逐渐将一些人淘汰出局的马拉松赛，被淘汰的那些人已经不再是社会结构中的底层，而是处于社会结构之外"（孙立平，2003）。社会财富的分配却极不平等，一方面少数富人占有了大量的财富，社会的绝大多数人却拥有少量的财富，另一方面贫富悬殊进一步扩大，虽然社会解决了绝大多数人的温饱问题，但在衣食无忧的情况下，人们的另一种需求——精神上的满足，人生的意义，生命的价值，成为越来越突出的问题。今天的中国的确正在变得价值空洞化，评价人的标准是"成功"与否，所谓"成功"也无外乎是有钱没钱，整个思维领域、生活世界、文化世界都溶解在商品世界里，教育领域也概莫能外，教育也成了商品，成了一种投资。在这样的环境中，让我们的教师独居一隅，两耳不闻窗外事，一心只教圣贤书是不可能的事情。这样的社会环境对人的心灵造成的强烈的冲击，教师无能幸免，生活在这个世界上，我们常常感到无助，感到渺小，常常感到我们被时代的浪潮推着前进，人似乎已经没有了主动选择的能力，我们被很多外在于我们心灵的物质所诱惑和压迫，为了获得人们所定义的成功，我们被迫不断地追逐名利和金钱，追逐权力和满足欲望，但我们也发现，当我们有了一定的物质基础的时候，我们的快乐却减少了，我们的幸福感消失了，因为我们正在失去我们的精神家园。

理想的虚无让人们丧失了对高尚道德的追求。在改革开放的过程中，市场经济得到了发展，人们的物质生活水平有了很大的提高，然而"道德滑坡"也是一个有目共睹的事实，甚至还出现了"反道德"现象，将不遵循道德或违反道德的生活方式看作是潇洒和追求个性的解放，部分以"先锋姿态"出现的人群将对道德的反叛和嘲笑视为一种精神上的享受。在一个缺乏公平与正义的社会里，人们的心态处在失衡状态中，如何让人们去进行精神追求呢？消费社会造成人的物欲膨胀，人们选择工作更加看重的是工资水平和待遇，对钱的追求，消费主导了人们的生活，人们的消费已从生活必需品阶段转到耐用消费品阶段，汽车、房子、电器、教育支出、医疗等需要大量的金钱支撑。薪水高能刺激人们的工作热情和潜能，而薪水低的职业就得不到人们的青睐，若是薪水低于劳动的付出，人们的心中就会生出很多的抱怨，对工作的尽职尽守的责任心会降低很多，教师的职业正是属于这样状况。教师付出的劳动很多，而且大量的付出都是隐性劳动，工资待遇并不是很高，教师法规定不低于公务员的工资，一些教师是冲着教师工作相对稳定，假期较多，社会声望比较高来从事教师工作的。社会地位和消费模式形塑着社会各个阶层及其特征，在每一个等级上，人们都是通过不同的透镜来看待这个世界的，他们有着不同的消费模式，并且遵从着不同的行为模式。教师从来不可能忘掉自己身上肩负的责任，教师一辈子都处在备课的状态，教师的生活方式与众不同，教师道德自我成长在当今社会转型时期经历着众多的磨难和考验，充满着反复、风险和危机，教师在被称为人类太阳底下最光辉事业的同时，也被赋予了无限的期望和无限的责任,令教师感到无上光荣的同时也感到了疲惫。

4. 高校青年教师在学校场域中的身份游离

在高校场域中,文化资本是其基础和核心,经济资本和社会资本的获得都是以文化资本为基础的。在高校场域中,文化资本持有量越丰沛,为其赢得学术资格和学术话语权的机会也就越大,提升学术地位及权力的机会也就越多,人际关系网络也就越容易建立,其社会资本也就越丰富,从而也可获得更多的经济资本。

作为入校不久的青年教师,不论是在起支配作用的文化资本持有方面,还是在越来越发挥巨大作用的社会资本和经济资本拥有方面,他们显然都处在劣势,他们所拥有的资本数量和结构决定了他们在高校场域中必然要处在不利的位置。各种实力对比中的势单力薄、处在高校场域资本争夺中的巨大压力、慢慢形塑了他们"在场"的生活状态及其行为表现,他们所拥有的资本境况折射出他们在高校场域中生存的紧迫与艰难。青年教师在高校中的身份出现游离的状态。

5. 高校青年教师的生存困境

第一,青年教师在高校场域中属于弱势群体。青年教师的弱势地位在"入场"资本争夺中表现得尤为明显。首先,从青年教师自身而言,由于其初来乍到,文凭、证书等文化资本形式单一,因此,可用于兑换的有效资本总量很少。不论在学术水平、还是在教学能力上,青年教师与成熟教师都有着相当的差距,这就导致了青年教师的场域弱势地位。其次,从发展平台而言,高校给青年教师的发展机会相对有限,融入团队有效发展的机会并不多。很多为促进青年教师发展、摆脱边缘场域现状而采取的培训、帮扶等措施,形式大于内容,实质效果不佳,再加之学术能力和科研能力等文化资本本身的欠缺,使其难以进入学术团队得以历练,申请课题也就难上加难,从而影响学校场域内的社交关系网的建立,进一步阻碍了社会资本的积累,经济资本获得同时也受到影响。最后,从不同的学科角度而言,青年教师群体内部由于学科性质的不同,他们在资本获取与占有方面存在差异,学科性质影响着场域内文化资本转化成经济资本和社会资本的有效程度,致使不同学科背景的青年教师弱势地位差异显著。

第二,青年教师在权力博弈中位居劣势。权力在场域中具有绝对的支配作用,权力越大,支配场域资源分配的能力就越强。首先,在高校场域,学术权力主要掌控在学术带头人及其学术权的手中,青年教师处在学术系统最低端,在学术资本与权力方面和那些学术大佬俨然不在同一个数量级上,但又要和他们一起去为了课题、项目、经费等竞争,这样的竞争劣势显而易见。其次,在高校场域,行政权力的掌管者拥有丰富的社会资本和经济资本,他们可以轻而易举的将其转化为文化资本,而青年教师不但在行政力量对比中毫无优势,更由于其单一的文化资本,在与支配阶层的权力博弈中显然位居劣势。最后,在趋行政化的场域氛围内,青年教师不得不沿着早已被设定好的路径发展,科研与教学自主权十分有限。权力的弱势地位影响着他们的资本持有量。缺乏学术发展与行政意愿表达平台,导致他们向核心场域游进极其艰难。劣势地位决定他们学术话语权的微弱，利益诉求表达受阻，进而影响着他们的在场域中的位置，更加剧了窘境现状。

第三，学校场域外权力与资本的干预加剧了青年教师的生存窘境。高校场域本身是一个具有独立性、相对封闭的自主空间，然而，随着学校社会化、市场化程度的不断加剧，当它被过多的卷入社会事务之中，没有和场域外的资本和权力保持相当距离的时候，它的自主性和独立性就会逐渐被蚕食，自身的价值体系、评价规则和运行方式就会受到外部因素的干扰，乃至强权的控制。高校卷入社会事务中越多，它对社会资源和权力的依赖性也就越大，当场域内的学术权力和学术资源完全处于劣势，完全俯首于场外各种权力和资本的摆布时，高校场域的独立性随之被打破。外部事务对场域内的运行规则的干预越多，场域边界就会变得越模糊，由此可知，校企合作平台的搭建、横向课题的增加等高校市场化举措在给青年教师提供学术发展机遇和社会资源、提高经济收入的同时，也提出了挑战：在提供多渠道、多平台发展机遇的同时，对青年教师能力的要求也更高，让一部分受制于学科专业的青年教师产生巨大的心理落差，在比对与竞争中变得更加焦虑与迷茫。以归属于不同学科的青年教师为例，重点优势学科以及那些与社会需求联系紧密的技术类学科的青年教师，相比非重点学科和文科类专业的青年教师，他们在资本转化方面优势明显，发展机会与平台也更多。从某种程度而言，场域外的权力和资本的配置与倾向诱导并形塑了高校场域内青年教师的行为，左右场内资本的分配，影响了场内青年教师的资本状况。

青年教师在高校场域中遭遇的生存窘境在一定程度上造成了其身份的迷惘，引发了青年教师的身份游离。具体而言：

第一，青年教师成为学术系统底部的攀爬者。阿特巴赫曾经说："在学术系统最顶部凤毛麟角的高素质学术人员和处于系统底部的大批普通教师之间存有一条显著的鸿沟"（杨克瑞，2005）。这种现象在高校场域甚为明显。青年教师和高资历的老教师之间就被这条无形的学术鸿沟阻隔来，形成显著的位置差异。青年教师尽管学历比较高，专业知识储备比较多，但因资历、工作经验和能力以及社交关系等方面的限制，其教学水平还是科研能力无法达到学术高端水平。目前青年教师大都因缺乏有效资本，只能是学术系统底层的攀爬者，生存困境、繁重的教学任务以及科研要求让高校青年教师感到诸多压力，从而制约着青年教师教学能力与学术水平的发展，在一定程度上影响了青年教师将学术理想转化为学术实践的行动力度。

第二，青年教师成为事务管理决策的失语者。在高校场域，青年教师初入职场，尚未建立起完善的关系网络，在学校各项事务管理决策中处于被忽视的位置，主要表现在两个方面：首先，从政策管理的参与角度。由于高校管理体制多以自上而下的科层制为主，同时党委领导下的校长负责制奠定了行政权力与学术权力失衡的必然性，导致教师群体参与学校重要决策的途径和方式不畅，以及利益诉求表达的受阻。也正是因为这个原因，高校的行政化色彩长期以来受到学术界的诟弊，而"教授治校"、高校的学术化转向、争夺高校的学术话语权等的呼声也越来越高。其次，从学术管理决策参与的角度而言，学术管理无疑是高校管理的核心内容，青年教师由于学术地位与资历不够，在学术事务的决策中基本没有话语权，处于集体沉默的状态和失语的状态。

第三，青年教师成为生存压力中的谋生者。在高校场域，青年教师文化资本和社会资本的欠缺致使他们能够直接兑换成经济资本的有效资本很少。经济收入的不足给他们带来巨大的生存压力。依据哈维格斯特（R. J. Havinghurst）的一项研究，现阶段对青年教师而言，最重要的发展任务是工作适应、恋爱、结婚、赡养父母、抚养子女、成就感的获得、自我实现等（1952）。而这些工作中的多数内容与其说是任务不如说是一种必须履行的义务，如此繁重的任务，以及在社会系统中众多角色的转换给他们带来了巨大心理负担。经济资本的窘迫让他们更多地将目光投向了"生存"，吴淑娟（2015）通过访谈与问卷调查发现，影响教师职业稳定性及发展状况的最主要因素仍然是收入水平太低，在调查过程中明显可以感觉到，青年教师对现阶段收入状况不满，所有的需求归根结底都是对经济收入的渴望与对经济资本占有的狂热。"求生存"成了青年教师在高校场域内的行动准则。显然，青年教师在高校场域中所处的生存窘境影响着他们的价值观及生活视野，最终外化成他们的行为，形塑着他们在场域内的位置，又进而影响到社会资本和文化资本的获取，从而使一部分不甘于现状的青年教师不得不为奋力争夺资本而在高校场域苦苦挣扎，而对于另一部分甘于现状的青年教师，则要么顺其自然，要么选择逃离该场域去另寻发展。

第四，青年教师成为孤独的旅行者。面对来自生活和工作中的巨大压力，游离在高校场域边缘的青年教师往往表现出无奈与迷茫。经济上的窘困使他们疲于为生计奔波，缺少时间与精力来填充精神世界，学术发展中的艰难让他们的心理倍受煎熬，付出与回报的不成比例打击着他们任教的积极性，挫伤一心投身教育的信心。缺乏人际关系、难以融入主流"圈内"的"陌生人"现状让他们毫无归属感，被忽视甚至无视的心理暗示导致安全感的缺失以及被边缘化的劣势地位感。不同学科青年教师之间发展差距带来的心理落差，基本的生存需求得不到满足，体验不到成功与成就带来的心理安慰与补偿等让他们极其焦虑、艰难和无奈。苦苦挣扎在高校场域的青年教师，当感觉一切都似乎游离在主流场域边沿乃至之外的时候，冷漠与被忽视的焦虑感使他们的精神世界不愉快，并缺失丰富精神生活，工作成了繁重而略显枯燥的机械性劳作，青年教师被迫独行在焦虑的自我世界难以抽身。

（四）教育实践因素解读

在人文精神和世俗之间、工具理性和价值理性的对立之间难以进行正确的选择，这就是目前针对教师专业发展的评价面临的两难处境，针对教师专业发展的评价是求"义"还是求"利"？是重动机还是重效果？由于教师的个体性与社会性的复杂关系，教师的复杂角色关系，教师主体地位的逐渐缺失，神圣的教师职业日趋平庸化与泛商业化。教师专业发展受众多因素的影响，由于对教师专业发展的研究领域的不同，关注的侧重点也不相同，相关研究大致可以分为两个方向：其一，主要从教师"外部"要求进行，即从教育质量提高、教育教学管理、学生全面发展等对教师的要求出发，来研究教师的知识、能力、行为等如何更好地达到这些外部目的要求，强调的是教师的工具性价值；其二，对教师自我、教师情意、教师期望、教师价值观等教师"内部"素质进行研究，强调教师的作为"人"的发展。根据前文基于矛盾论的相关论述，我们知道，作为矛盾主要方面的教师主体因素是促进教师转呀发展的关键环节，但同时我们也需要了解，每一个矛盾的两个方面的力量都是不平衡的。矛盾主要方面和次要方面的关系是对立统一的，二者既相互排斥，又相互依赖，并在一定条件下相互转化。教师专业发展是一个复杂的过程，它除了受到主体因素的影响外，大部分研究者也认为教师专业发展遇到的困境具有社会客观方面的原因。教师专业发展存在的问题是传统文化在向以市场经济为方向的多元文化转型中出现的，具有处于社会转型时期的历史必然性，它与教育实践密切相关。

1. 德行教育与评估的忽略
（1）教师德行教育的文本操作

教师道德教育经历职前教育，入职教育和职后教育三个阶段：职前教育阶段主要是在师范院校里进行，属于准教师的阶段，还没有完成教师意识的转换，教师身份没有确立起来，其主要身份还是学生或称教师预备生，接受教师道德教育的主要形式是课程学习、实践活动与观摩学习，发展学生的认知水平、主观感受、辨析和领悟教师道德的能力，具备教师道德的雏形；入职教育阶段主要体现在岗前培训，通过竞争和遴选教师职位，对教师道德已有贴近的体会，各种道德规范和法律法规成为教师学习不可缺少的内容，再通过岗前学习考试加深对教师道德的认识，这个阶段的教育处于一种过渡的中间状态，教师已获得职业身份，接受教师道德教育已经是一种自我对照式的学习，教育目标带有理想化色彩，教师被期待都成为优秀的教师；职后教师道德教育阶段是教师经过职场生活以后，在教育教学丰富而生动、变化而复杂的情景中，教师对职业道德有了切身的体验，教师道德教育理应实现教师道德提升，促进教师德行的增长，深刻理解教师道德的内涵和意义，使教师在师德教育中获得增益增能。但是教师道德职后教育并不理想，目前的师德培训分为两类："一是集中教育，以课堂学习和讨论交流为主，主要学习关于教师道德的基本理论，交流学习经验，听取先进事迹报告及参加理论考试；二是自训自练，教师自己学习相关的文件、材料，撰写读书笔记即心得体会等"（姚林群，2007）。总体而言，教师道德教育存在着观念上缺乏师本意识、教育目标脱离教师实际、教育内容只注重道德认知的片面性、形式上多样但停留表面走过场等问题。教师道德教育作为教师继续教育的重要内容，却变得有名无实，很多地方的师德培训只是让教师学学规范，听听报告，答答卷子，敷衍了事。在师德教育中，缺乏可持续性的连贯一体的终身教育机制，在社会负面影响力面前，教师道德教育缺少系统整合能力。

教师道德教育的文本化的倾向，使得师德培训成为片面的道德知识学习，道德知识无法真正反映教师丰富多彩的道德生活世界，无法反映教师生活世界的道德需求，解决不了教师的道德困惑，必然遭到教师内心的抵触，教师也不能够从师德教育中获益。道德终究是一种实践智慧，道德由知、情、意和行四个部分构成，一旦把道德蜕化成某种形式的知识技术，道德就变成了死的教条，因为普遍化的知识追求的是放之四海而皆准的真理，道德智慧要求的是价值超越和实践崇高。"道德是为人着想的，规范是为特定的社会关系着想的，或者说规范只表达了一些或然的、要依特定情况而定的行为标准，而道德表达了人类存在所必需的美好的生活感觉。只有在生活有意义时，伦理规范才变得有意义"（赵汀阳，2004）。教师道德教育因远离了教师真实的生活世界，对象化为外在的社会伦理工具，缺乏教师对自我形象的积极建构和自觉认同，教师道德教育就不可能转变为教师生活实践语言，教师道德教育也只能停留在对规范的宣讲和解读的文本化层面上，师德培训难以对教师自我发展和成熟起价值导向作用。教师道德的本性是其实践性，是教师对提升自我的特有生活方式的一种把握，教师是师德建设的主体，教师道德培训要回归到职场，回归到教师本身。

（2）教师道德考评的点面操作

在师德建设中，比较流行的做法就是对教师道德进行考评，教师道德状况的好与坏，存在着一个如何进行评价的问题，而如何评价和评价标准一直是个难题。道德不是物质般的实体性的存在，可以用物理指标来进行测评，道德是一种精神活动，是一种反映式的关系存在，科学地、合理地、公正地考评对教师道德发展起着很好的促进作用，但是教师道德考评机制中往往把教师道德进行简单化处理，表现在将教师道德进行量化、单一化和考评内容的偏离，将包涵着认知、情感、态度和行为的立体化的教师道德变成平面化的考量，反而阻碍了教师道德发展。

量化考评就是对教师的操行进行等级评定，将教师完成工作任务情况、参加师德培训学习情况、学生和家长反馈情况进行综合，然后按照优良合格进行等级评定。教师道德是教师的一种质的规定性，有着丰富的内涵和层面，其存在有内隐和外显两种状态，对教师道德的考评是对教师外显的道德状态的检视，外显状态受着多种因素的影响，具有情境性、短暂性、临场应激性等特点，它能反映一个人的道德侧面，却不能反映人的道德整体性，而且在考评的方法和操作上也存在着不易掌握和不能细化的困难，只能是笼统模糊的大概式的估价式评价，这种评价不能得到教师的信服，最终的结果只能是流于形式，变成你好我好大家好的教师德行形势一片大好，并不能真正促进教师道德的提升。与这种量化相反的是单一化，即所谓的"师德一票否决制"，将教师道德贴标签，用教师的一次行为定终身，用一种僵化的思维方式看待教师道德的发展，犯过错的不能再高尚起来，模范的不能普通退下来。教师道德发展是一种动态过程，教师总是在职业生活过程中来增进德行，道德的发展会有反复，不是一个线性的发展状态。而在学校的实际操作中，师德一票否决制采取只要教师道德被投诉或是在道德考核的那个时段内出现问题，教师就要受到制裁，而不管教师的问题是否存在着争议。面对这种一票否决制，教师的应对策略就是对一些可能引起麻烦的事情干脆放任不管了，用教师们的话讲千万别"撞到枪口上"。教师道德考评并不能达到奖优罚劣的目的，教师道德考核中教师弄虚作假、消极应付的现象时有发生，而且由于监督和评价机制不健全，还容易造成考核内容的偏离，在对教师的考核中往往用教师的教学能力、教师的工作量来代替教师道德的考核内容，对教师的评价取向存在以绩代德的倾向，特别是在一切都以成绩为中心的学校里，在成绩的压迫下，教师只能专心于教学，教师道德没有了发展的空间。

一种新的趋势是逐渐淡化教师道德考评，而以制度对教师进行强有力的约束。有研究者指出，对教师道德出现的问题，应加强制度的建设，通过制度来对教师道德进行监督和制约。在教育活动中，教师不可能完全按照自己的主观意志来处理教育活动中的各种关系，教师要受到社会制度和学校制度的监督和制约，无论这些制度多么的精细和完美，对教师来说它都是外在性的东西，这些外在性的制度一旦不能反映教师主体的需要，就可能令教师产生抵触情绪，不但不利于教师道德的发展，还可能令教师道德发生异变。再者任何的外在制度都不可能适用于任何情境之下，对教师道德的监督和制约都是有限的，制度只能是促进教师道德发展的条件要素而不是教师道德形成和发展的决定因素。冷漠地机械地遵循规范并不能给人带来有意义的道德生活，规范的内化有一个从认知理解到认同的过程，教师道德的自监督只能来自教师主体自身的内在认同机制。

2. 教学与科研的关系晃动

随着大学科研的迅速发展，到了20世纪90年代，中国大学出现了各国大学普遍出现的问题，即"重科研轻教学"（吴洪富，2011）。21世纪以来，中国大学"重科研轻教学"的程度继续加深。一些研究型大学由于科研条件和社会要求的原因，把主要精力放在了科研上。而"许多非研究型大学甚至于一些新建本科院校，也在复制研究型大学处理教学与科研关系的模式：它们同样热衷于把科研作为学校职能体系的重心，在学校各项政策的制定上以科研作为决定因素，在经费与物质的投入上以科研投入为先，从而把教学的职能和地位边缘化"（李泽彧、曹如军，2008）。以至于有学者指出"今天所有的中国大学，稍微有点样子的，都在拼命发展研究院，不愿意把主要精力放在本科生身上"（邓郑来，2009）。教学与科研孰重孰轻？在注重文化多元与文化创新的背景下，高校中教学与科研的关系出现了前所未有的晃动？

我国高校"重科研轻教学"表现在多个方面。根据（吴洪富，2011）的调查研究结果，关于教师选聘的标准，有52.8%的教师认为"倾向于科研"，9.9%教师认为主要是"科研能力"；关于职务晋升的标准，有52.6%的教师认为"倾向于科研"，33.3%教师认为主要是"科研能力"；关于薪酬分配的标准，有44.9%的教师认为"倾向于科研"，

14.4%教师认为主要是"科研能力"。由此可见，关系到大学教师切身利益的主要活动，即选聘、职务晋升及薪酬分配，无一例外，都以科研为主要衡量标准，都表现出"重科研轻教学"的情形。同样，吴洪福的访谈结果也验证并丰富了上述的调查结果。其次，教师们普遍认为"重科研轻教学"的情况尤其体现在教师评价上。许多学校在相关文件中都会提出科研与教学并重，但实际操作过程中，往往出现科研占绝对优势的情况。之所以出现这种情况，受访教师认为，这一方面是因为政府等外部的科研导向，另一方面是因为教学是"比较软的东西"，难以像科研那样进行量化。在现有评价体制下，"重科研轻教学"逐渐成为许多教师的现实选择。最后，"重科研轻教学"还体现在资源的分配上。学校的大量资金投入到了与科研相关的领域，如学科建设、学位点发展等方面，而对于教学和课程建设等方面，则较少有充足的资金支持。另外，因为"重科研轻教学"，高校教师也被人为地划分了"等级"，科研岗位上的教师占据了大学的中心位置，他们受到更多的尊重，也可以小进行教学；教学岗位上的教师则被边缘化。一位教师就谈到了个人的这种遭遇："优秀的教师基本上不怎么上课，而被学校安排在科研工作岗位上。而大量的教学工作则由我们这些边缘化的教师们来承担"（吴洪富，2011）。

在教师实践中，教师群体存在一个普遍的认识：教学与科研相互统一、相互促进。根据（吴洪富，2011）的研究结果，55.2%的教师认为教学与科研之间是一种正相关关系，有12.3%的教师认为二者之间是负相关关系，此外有29.2%的教师说不清楚二者之间到底是何种关系。整体而言，我们可以说多数教师认为教学与科研之间仍是一种相互统一和相互促进的关系。这与国内外的研究结果相一致。余秀兰（2008）教授等人曾对国内8所一流研究型大学的60名教授和14名教学管理者，进行结构式访谈。他们发现教授们认为教学与科研在时间上往往会冲突，但在本质上又能相互促进。这种认为教学与科研相互促进的观念，在国外学者的研究中也常被发现。诺依曼（1992）的研究发现，他的访谈对一象都毫无疑问地报告说教学与科研联结的存在，并且他们相信这种观念也是大多同事的看法。杰森（Jens Jorgen Jensen）（1988）通过对丹麦约49位大学教师的访谈，发现丹麦大学教师认为对于教师个体而言，教学与科研之间存在重要的相互作用。他们把自己看作既是科研工作者又是教育者，虽然科研对于职业更为重要，但他们不希望自己的工作没有教学以及没有教学、科研的相互作用。森姆伯（Jens Christian Smeby）（1998）对于挪威大学教师的调查和访谈研究，同样发现教师相信教学与科研间存在一种积极的、双向的关系。

当然，学术界也存在不同的声音，吴洪富（2011）的研究同样发现，一部分教师认为教学与科研之间的关系应该是多样化的。调查显示，虽然多数教师坚信教学与科研是一种相互统一的关系，但是，仍有不少的教师不赞同这一看法，他们认为不能简单地谈论教学与科研是否存在统一关系。具体有以下几种情况：

第一，一些教师认为教学与科研的结合与学生的年级或教师教学的水平有关。一些教师认为只有在研究生层次，教学与科研更多地表现出统一性，而在本科生教学中，尤其在工科专业，教学的主要内容是教授很多已经确定了的知识，而不是去妄谈研究。而另外一些教师则认为，高水平的教师是教学与科研相统一的关键。

第二，一些教师认为教学与科研的关系和科研的性质有关，他们认为，如果科研对教学没有带来好处，那么就要思考一下这个科研的价值在什么地方。而目前，很多科研是与教育无关、与学生无关的，只是一些注重数量和经济效益的科研。同样，一些学者还指出了科研性质的另外一种分化，即"小科学"和"大科学"之分。他们认为在"小科学"时代，科研自然具有教育功能。可是，随着科学研究从个体化的"小科学"向社会化的"大科学"转变，科学研究内在的教育价值具有了条件性。

第三，一些教师则认为，教学与科研存在一种不确定的关系。一方面，他们认为教师要紧跟本领域最新知识的要求。但是，为了做到这一点，自己是否需要亲自做科研值得怀疑，教师可以通过阅读一些资料而了解本领域的前沿。当然，如果教师集中关注了一个较为狭窄的研究问题，阅读和讨论学科领域的研究成果一般可以使得一些教师紧跟前沿。另一方面，教学虽然可以在某些方面促进科研，但教学在某些时候也会干扰科研，而且好的研究者也并非一定是出色的教师。

第四，还有相当一部分教师认为教学与科研之间不是统一的，而是相对立的。这些教师基本上都主张，社会要讲求分工，每个人都有自己的天赋和擅长之处，教学是一项专业工作，科研也是如此，只有少数人才能兼顾教学与科研。那么，为什么目前的大学教师都可以或者都被要求既从事教学又从事科研呢？我们认为这是基于社会规定基础之上的社会约定。所谓的"社会规定"就在于：首先，科研是一种发展，每个人都有发展的权利，每个人都要被给予发展的机会。其次，教学是社会所规定的作为教师的义务。所以，二者之所以似乎存在"统一"，其实就在于高校教师角色的复杂性，及其与文化、信息和知识的密切关系，基于此，社会似乎形成了一种普遍的认知，于是，教学与科研之间在高校教师身上确实具有某些内在的关联。

本研究发现，虽然有少数教师并不赞同教学与科研内在统一的观点。但整体而言，同其他国家的情形一样，我国大学教师也依然坚持认为教学与科研具有相互促进的作用。这种教学与科研自然而然地、不言自明地存在相互积极的促进作用的观念被国外学者称之为"传统智力模型"（Hattie, J & Marsh, H.W, 1996）。这种传统智力模型也被认为是一种信念，即主体对于自然和社会的某种理论原理、思想见解坚信无疑的看法，相信某种判断一定是正确的，不容置疑也无须验证，甚至具有自明性。可见，至少在观念中，洪堡的大学理念依然延续着。教学与科研相统一依然是教师的一种强有力的信念。这正如拉姆斯登和摩西所言："在学术界，很少有哪些信念像教学与科研是和谐的、彼此互惠的活动这种观念获得如此多的忠诚"（Ramsden, P & Moses, I, 1992）。

（1）教研实践与信念的背离

虽然教师多认为教学与科研的结合具有很大的益处，二者应该结合，有些教师甚至认为二者的结合是自然而然的事情。但是，现实却并非如此，教学与科研的密切结合可能更多的是教师的一种愿望而不是现实。但是，教师实际上又是如何处理教学与科研的关系呢？教学与科研相统一，是一种现实还是"持久的神话"呢？大学教师在关于教学与科研关系的问题上是否存在信念与实践的背离呢？

对于一些教师来说，教学与科研存在着明显的脱节现象，教学与科研近乎是两个世界，呈现为"两张皮"。这主要表现在这样几个方面：第一，很多科研活动并不具有教育性，更没有转化为学生的学习资源。有学者指出，"在今天的高等学校中，远非所有的科学研究'都是具有教育性'的；有一些科研非但没有教育性，甚至还会适得其反，产生严重的负教育效应'"（周川，2007）。有学者所批评的单纯注重数量的"形式科研"、强调经济利益的"效益科研"和故弄玄虚的"理论科研"（刘莉莉，2000）都是非教育性的大学科研。这些科研活动忽视了大学科研应有的育人价值，而异化为追求职称、金钱和声望等的工具。但这种异化并不能仅仅归咎于教师。

教师科研的非教育性直接表现在：1）很多教师并不研究教学问题。吴洪福的调查发现，虽然90%以上的教师都同意教学是一门需要研究的专门学问，但是，只有25.1%的教师在近三年中主持过教学研究课题（包括教育行政部门、学校和院系层面的"教改课题"），而33.7%的教师在近三年中从未参与过教学研究课题，对教学没有进行过任何专门研究。2）多数教师的科研课题并非来自教学实践。47.6%的教师认为从教学实践中获取的科研问题很少，16.9%的教师的科研问题根本就与教学实践无关。3）教师很多具有教育性的科研没有真正发挥其价值。教师有些科研是具有教育价值的，对学生发展应该是有直接促进作用的，如一些教师承担的各类教改课题和一些本学科的基础理论研究，这些课题可以直接改变教学方式和教学内容。但是，这些科研的成果并没有成为为教学改革做出实际的贡献。4）学生尤其是本科生较少能参加教师的科研活动。在我国大学中，只有非常少的研究型大学的本科生才可能有机会和教师一起科研或者独立承担研究项目。绝大多数学生没有机会获取实际的科研经历、体验以及与之而来的批判性思维。正是由于大学中存在着大量非教育性科研，以及教育性科研的不恰当使用，使得大学科研成了教师自己的事情，只是促进了自己发文章，获取科研评价的高指标，为评职称凑条件。一旦文章发表，便完成历史使命，所谓的科研成果也即束之高阁。

另外，一些教师的教学也基本上与科研无关。这表现在：1）教学多是一种维持式的、照本宣科的教学，研究型教学实践不多。研究型教学被认为是大学教学应有的模式。2005年，教育部"关于进一步加强高等学校本科教学工作的若干意见"中强调"要积极推动研究型教学，提高大学生的创新能力"，向高校明确提出了开展研究型教学的要求。2010年颁布的《国家中长期教育改革和发展规划纲要（2010-2020）》也指出，高等教育阶段要促进科研与教学互动、与创新人才培养相结合。可是，有调查显示，"教师对自己和学生对老师研究性教学的开展情况表现出不满：54.5%的教师和42.7%的学生觉得开展情况很一般，28.5%的教师和36.0%的学生表示开展研究性教学的情况差，还有2.6%的教师和5.8%的学生认为自己或自己的老师根本没有开展研究性教学"（姚利民、康雯，2009）。教学没能让学生接触到知识前沿，也没有带领学生进入激动人心的科研过程。2）教学对科研促进不大。教学没能与自己的科研甚至是他人的科研成果相联结，教学是面向过去的，而不是促进科研的。

教学与科研脱节，在青年教师身上表现得更为突出。大学扩招自1999年开始，连续13年后于2013年叫停，自此，全国各类高等教育在学总规模达到3460万人，高等教育毛入学率达到34.5%，学生数量基本维持稳定，学生数量多，而教师数量不够，为了完成教学计划，青年教师被动地成了教学的主力军，科研却无暇顾及。而对于有些年轻人来说，虽然时间不是问题，但由于参与科研的机会与空间不大，在没有科研的情况下，大量承担教学任务，这在一定程度上加剧了教学与科研的脱节。在教师的观念中，教学与科研应该是相互促进的，有时甚至是相互融合的，是一个过程的两个方面。因此，对教学与科研脱节的状况，他们多持一种否定批评的态度。

同时，在工作安排上，分离地处理教学与科研。国内外众多的研究也都发现教师普遍认为教学与科研是相互统一、不可分割的。甚至认为，像"教学"、"科研"这样的对教师工作内容的不同的称呼也是有问题的。

英国学者的研究发现，"虽然人们一般使用这两个词汇（教学、科研）的时候觉得自己分得比较清楚，但是当让他们（被访谈的教师，笔者注）细致地思考时，他们却认为二者是相互纠缠在一起的。在一些情况下，被访者不愿意去区分二者，除非在非常表层的背景下。也就是说，教学、科研的分类更多是由于问责制的原因，而不是教育上或逻辑上的不同"（Rowland, S, 1996）。我国大学教师也有相同的感受和认识。有学者采取质的研究方法，以两所研究型大学为个案，以访谈、课堂观察等为主要的资料来源渠道，对研究型大学教师的教学责任观进行了研究。他们发现"对教学活动和科研活动进行严格的定性很难"（徐岚、卢乃桂，2009）。这也正如伯顿·克拉克在对教师的访谈中所发现的那样，教授们认为他们自己的教学和科研活动是无缝对接"Merging in a Seamless Blend)（Clark, B. R, 1987）。

但是，目前很多教师认为教学与科研是不同的工作任务，也需要把二者看作是分离的和截然不同的活动。教师的教学、科研角色经常是分裂的。吴洪福（2017）的访谈结果现实，很多教师反映教学、科研二者在工作安排上存在很严重的冲突。这种冲突尤其表现在时间上，花在教学上的时间就一定不是花在科研上的时间。科尔贝克（Carol L.Colbeck）曾经试图找出教师花在科研上的时间同时也是用在教学上的时间的方式和程度。作者通过选择了两所大学中物理、英语系的十二位教师，为了严格控制学校、学科，以及尽量控制种族、年龄、性别、职称、能力等变量，作者选择的教师都是白人男性教授，且未来五年都不会退休的教学好科研也好的教师。通过观察和访谈等方式，作者发现，物理和英语教师同时进行教学又进行科研活动的时间是所有记录时间的8%～34%，平均是19%（Colbeck，C L，1998）。可见，教师在时间上也是更多地把教学与科研作为不同的、分离的活动来对待。

甚至，如巴尼特所言，教师在从事教学、科研时，分别处于不同的世界之中。他认为，科研的主要目的是产出客观的知识，当教师从事科研工作时，他就居于世界3之中；当他从从事教学时，他主要关注的是学生个体的心灵和他们看问题的方式，也就是主观化的过程，此时教师处于世界2之中（Barnett，R，1992）。从认识的本质及认识与主体的关系，我们可以把认识论分为两种，即客观主义的认识论和建构主义的认识论。客观主义认识论主张知识是客观、普遍与中立的，要求人们在获取知识与认识的过程中摒弃经验、情感、意见等。建构主义的认识论强调知识与认识的生成性、情景性、社会性，主张并不存在固定、客观的知识，所有的知识、认识都是协商的结果。依据认识论的差异，本研究调查了教师对于教学、科研内涵的认识与理解。关于教师对于教学的理解，我们可以把主体对于教学的认识即教学观分为三个层次：呈现知识与传授知识属于片面的教学观；展示理论如何用于实践、开启学生对概念及其之间相互关系的理解为中层教学观；提升、改变学生的思想认识等为全面的教学观。从片面的教学观到全面的教学观，呈现为从客观主义到建构主义的连续体。那么，高校教师在这三个层次上有什么样的认知呢？吴洪福的研究表明发现：27.5%的教师持有片面的教学观，29.9%的教师持有中层教学观，42.6%的教师具有全面的教学观，持有建构主义教学观的教师占了最大的比例。

而对于科研，却呈现出完全不同的局面。同样以认识论为着眼点，我们把科研观同样分为三个层次，并对教师进行了调查。第一个层次认为"科研是运用科学的方法探究世界客观规律的活动"，第二层次认为"科研是研究者赋予现象以意义的过程"，第三层次则认为"科研是研究者之间观点的相互评价与碰撞的过程"。第一层次所持的科研观及其知识观更多强调知识的客观性、实证性，第三层次的科研观更强调知识的协商性、社会性。吴洪福的研究结果表明：67.5%的教师对于科研的理解处于第一层次，处于第二层次和第三层次的教师分别占17.3%和15.2%。可见，教师普遍持一种客观主义的科研观。

由此可见，教师存在"所主张的理论"与"所实践的理论"之间的差异。从观念上说，教师都认为教学与科研是相互统一的，在工作中应该被密切地结合。可是，从行动上来说，教师把二者看成是独立的活动来看待。我们可以说，对于教学与科研关系，教师存在"观念上结合，行动上分离"的现象。

（2）信念与实践背离下教师的精神困境

多数教师依然坚信教学与科研是相互统一的，但是教师的实践却背叛了他们的信念。这种信念与实践的背离，使教师处于了深深的精神困境之中。教师的精神冲突表现在：第一，教师对于自己舍弃对学生的责任很内疚。但是，如果教师不舍弃教学责任，那么教师就又会面临生存问题。因为，在目前的大学场域中，科研成了生存问题，而教学只是良心问题。甚至有时，为了暂时忘却自己的教学责任，为了宽慰自己，教师会用其他一些有名的教师的行动来为自己的不负责找借口。第二，教师不得不去产出一些自己认为不理想的科研成果。现实中，很多人进行科研并非出自对研究的兴趣或热爱，而是出于评职称、学术声望、经济利益等的考虑。就本质而言，科研应该是出自对事物的好奇、出于对真理的追求而开展的，是远离功利的产物。如果进行科研是为了完成任务，其科研成果的质量可想而知，尤其是在追求短视利益的时候，科研成果更是只重数量而忽视了质量。第三，不能协调教学与科研，使得教师充满了挫败感。因为有教学与科研可以相互促进的信念，很多教师倾向于努力协调教学与科研的关系。他们既想成为教学水平高、受学生欢迎的教师，又想成为科研成果多、被同事认可的学者。但在现实中，很多人难以真正协调教学与科研的关系，要么教学很好，没有科研成果；要么科研很好，没有更多时间和精力投入教学；甚至，在教学与科研之间犹豫徘徊，既无教学成绩也无科研成果。一旦教学与科研出现不协调的状态，很多教师会归因于自我，认为是个人能力不够。这种归因让教师充满了挫败感。第四，被迫的调整，使得教师对大学教育的未来充满担忧。教师多认为大学教师必须承担教育育人的责任，必须上好课。可是，环境以及政策导向使得大学及教师不得不做出调整。这种调整在教师看来，是一种短视行为，只顾近期利益，而忘记了长远的人才'培养的大计。这可能会带来极为严重的后果。

3. 专业发展评价体系不健全

教师教育发展与教师的发展之间是互为依存，相互影响的关系。在教师教育发展的历史进程中，尽管推动变革的因素很多，但不同时代对教师要求的变化是推动教师教育发展最主要的直接力量，同样，教师教育的发展倾向也在一定程度影响了教师的生存状态。改革开放以后，我国的政治形势、经济形势和教育形势都发生了深刻变化，对教师和教师教育提出了新的要求，这是教师教育的改革和发展的主要依据和推动力量，同时也是教师自身定位的重要依据。

（1）专业发展评价体系不健全的表征

在今天重视科教兴国的背景下更显其战略意义，推动教师教育创新发展是我国高等教育改革与发展中的一个重要内容，评价在高等教育发展中发挥着重要的导引作用，通过评价引导教师教育的健康发展是当前受到关注的问题。针对教师专业发展的评价过程涉及教师对自身的定位和认同，有关教师对自己身份的建构，教师专业发展评价意义重大，然而，目前，我国教师发展的评价实施过程虽取得了喜人的成绩，但仍然存在诸多问题，在一定程度上影响了教师尤其是高校青年教师的身份建构，造成了高校青年教师的身份困惑。概而扩之，我国目前针对教师专业发展的评价，其管理过程过于行政化，实施过程缺乏弹性，评价指标缺乏系统性和前瞻性。具体而言：

第一，实施教师教育评价的政府机构权力过大。由于历史和政治体制的原因，我国教师教育评价制度具有明显的中央集权制的特点，政府组织的机构在制度实施中占有绝对的权威性，非政府组织在制度中基本得不到认可。当前我国的教师教育评价基本上都是由政府组织实施的，教师教育评价的实施主体乃政府认可的权威性评估机构，直接受政府监督和指导，对政府负责。在社会日益民主化的今天，这种政府单一权威性的评价模式，缺乏相互监督和竞争的机制，容易产生各种矛盾和问题，降低了评价的客观公正性和科学民主性。另一方面，政府在教师教育评价中的绝对权威性，容易导致政府宏观上管得太死，微观上操之过细，使得教师教育机构缺乏主动性和灵活性，难以调动受评教师教育机构的积极性，从而无法发挥评价促进机构竞争功能的发挥作用。因此，可能常出现走过场、形式主义，甚至是造假等不良现象。第三，这些政府控制的评价机构负责全国范围内的所有教师教育院校的评价工作，由于我国地域范围广、教师教育机构多、层次类型多样，这种单一的政府权威性评价机构的评价周期长，难以适应社会迅速变化以及基础教育改革对教师教育的需要。随着我国社会主义市场经济体制的逐步完善，传统的政府单一权威的教师教育评价模式已难以满足新形势下各级各类院校的教师教育评估发展的需要。

第二，教师教育的评价体系缺乏弹性。在这些年的发展进程中，我国是依靠行政力量主办教师教育，政府控制着教师教育资源分配权和教师教育质量标准，在教师教育发展中起着主宰的作用。虽然教育部从1997年起陆续出台了一批综合大学、工业、农林、医药、政法，财经、外语、师范等不同类型高校的本科教学工作评价方案，但就当前的教师教育评价而言，总体上看，教育行政部门颁布和推行的各类评价指标体系，还是多以统一的指标标准应用于不同的学校和不同的学科，过于强调"标准"而淡化"特色"，不利于学校特色的区分和建设。教师教育作为高等教育的一种特殊形式，既具有高等教育的一般特征，又区别于普通高等教育，兼具有成人教育、职业教育的一些特征，在评价中，教师教育自身的特色以及教师培养的特殊性都难以在指标体系中得到体现。评估标准的僵化和缺乏弹性使得不同层次、类别的教师教育机构不能从内涵、特色上努力，而是一味"求上"，追求学校的升格、抑或是追求成为重点，甚至是致力于跻身世界一流，僵化的评价标准体系大大制约了教师教育发展的多样化。

第三，我国至今仍没有一套全面的教师发展水平评估制度。教师教育属于高等教育范畴，但又有其特殊性。目前我国教师教育评价主要是作为高等教育评价的一个组成部分进行的，采取的都是与普通高校相同的评价标准和指标体系，由于普通高校的评估标准更多考虑了其他类型专业院校的特性，而甚少顾及或体现教师教育的特殊性，这样的评价模式难以有效地促进教师教育的专业化程度的提高。随着教师教育开放化进程的加快，非师范院校也以各种形式积极参与教师培养和培训，教师教育机构的多元化也加大了教师教育评价的复杂度。除师范大学、师范学院、师范专科学校和中等师范学校外，其他各类机构包括综合性大学、理工大学、科技大学、农业大学、艺术体育院校、广播电视大学等都参与到教师的培养培训中来。教师教育自身的复杂性以及教师教育机构的多元化，要求有与之相配套的评价制度和教师教育机构资质认证标准来对其进行规范。为保证教师教育专业化水平的持续提高，必须建立教师教育机构认证制度的基础上，加强对各级各类教师教育机构办学水平和教师培养与培训质量的评估，建立教师教育质量评估制度。

（2）专业发展评价体系不健全的原因解析

改革开放以来，随着社会主义市场经济体制的基本建立，当代社会的发展，使我们进入到一个价值多元的时代。处于转型时期的中国社会，社会价值观念开始从一元走向多元，价值多元化趋势越发明显，"以人为本"的社会更加尊重不同的价值和文化。在文化多元化的今天，教师教育评价面临着现实挑战。

首先，教育改革的发展，教师教育成为社会关注的焦点。"教育大计、教师为本"，"办好教育，教师是关键"。这充分说明了教师队伍建设的重要性。教师队伍的质量直接关系到各类教育特别是基础教育的质量，关系到义务教育均衡发展与教育公平的实现，关系到中华民族的伟大振兴，教师质量决定着中国教育的成败，对于教师队伍建设的重要性，国家政府也予以了充分的重视。在《国家中长期教育改革与发展规划纲要（2010—2020年）》的第四部分"保障措施"的第一章就是"加强教师队伍建设"，放在了"保障经费投入"的前面。教师是人类文明的传承者，推动教育事业又好又快发展，培养高素质人才，教师是关键。没有高水平的教师队伍，就没有高质量的教育。教师教育是现代社会最重要的公共事务之一，教师教育的质量直接关系到教师培养的质量，也直接影响着未来教育的质量。由于社会各阶层和各类社会组织对教育质量的越来越多的关注，使得教师教育质量也成为社会关注的热点和焦点。

其次，多元利益主体的不同需求，教师教育价值走向多元。转型时期的社会价值正逐步由一元走向多元，多元化价值社会的形成，使得各利益主体更多的关注自身的利益诉求，以及利益的实现，这推动了各种利益主体对教师教育的关心和参与，由于教师教育利益主体多样和需求的不同，多样的教师教育价值形成并发挥越来越大的作用。原有的政府强势利益主体主导的教师教育价值越来越多地受到多元教师教育价值的挑战，社会不同利益主体和阶层对这种政府强势利益主导的教师教育评价提出了不同的质疑和要求。

多元教育价值观的形成提出了对教师教育评价价值基础问题的思考，对多元价值基础的忽视，导致了当前教师教育评价中的矛盾和争议，强势主体价值在评价中的主导地位受到越来越多的质疑，以至于无论做出什么样的评价结论，总会遭到不同主体的质疑，特别是当这种结论用于资源配置或院校考核时，质疑和争议就越发尖锐。教育活动的每一个利益关系人都希望评价结论合乎自己的教育价值观，能够帮助自己获得更多社会资源，对于自己不利的评价结论总会找到反对的理由。但对于什么是好的教育、如何实现好的教育常常处于争议中，不同主体的价值体现为不同的评价准则，同样会引起各种各样的矛盾。以往强势主体价值主导下的评价理论体系与当代社会多元需要形成冲突，如何协调不同主体的价值，怎样组织基于多元价值的评价活动，对当前我国教师教育评价的发展带来新的挑战。很显然，在多元价值观的背景下，单一的强势主体用自己教育价值观主导评价已经越来越难以被认同。建立在价值确定与预设基础上的评价面临的争议已成为当前教师教育评价无法回避的矛盾，价值基础的变化以及价值冲突的问题已成为当前我国教师教育评价面临的基本问题。

文化多元化的现实挑战也对教师教育评价提出的新要求。

首先，多元利益相关者提出了多元的教师教育价值需求。教师教育与社会之间日益广阔和密切的联系，教师教育活动涉及多个利益相关者，不同的利益相关者从各自不同的利益出发对提出不同的要求，使得教师教育评价要兼顾具有不同需要和诉求的利益相关者的价值取向成为一种趋势，这就导致教师教育评价中的主体价值日趋多元化。教师教育价值需求由一元价值向多元价值的转变，既是由时代变革和社会发展所带来的，又是教师教育自身逻辑发展所致，更为根本的则是受这一时代价值观变革的深刻影响。国家政府、教师教育机构、教师教育者、学生（教师教育接受者）以及基础教育学校等作为教师教育活动的重要参与者，根据利益相关者的相关理论，他们是教师教育活动的参与者，能够影响到教师教育目标的实现，也受到教师教育目标实现的影响，他们都是现代教师教育评价中的价值主体。在一元价值观时代，教师教育评价只要考虑那占权威地位的政府的价值需求即可，但随着多元价值时代的到来，多元利益相关者对教师教育评价提出了多元的价值需求。

诸多的利益相关者由于其在教师教育中的利益需求不同，其对教师教育的期望和价值也必然不同，无论是国家政府对教师教育的支持，还是教师教育机构和教师教育者作为教师教育活动的主要实施者，还是基础教育学校作为教师教育成果的接收者，利益需求的不同必然导致其对教师教育的价值需求的各异，因此，在教师教育评价必须要协调好不同主体价值间的矛盾，这也是当前教师教育评价所需要解决的突出问题。

其次，教师教育评价的准则和标准需要体现多元价值的特点。教师教育评价是依据一定的教师教育价值观对教师教育活动满足主体价值需求程度的价值判断活动，教师教育评价的过程也是评价当事人展现自我价值观的过程。教师教育评价必须依照一定的评价准则和标准，而教师教育评价准从根本上说是一定时期人们价值观念的反映，也即教师教育评价主体价值需求的反映。

在评价主体及其价值观多元化的前提下，教师教育评价准则和标准的确定必然要考虑多元价值的特点。旧的教师教育评价准备和标准体系仅考虑到占主导地位的价值主体的需求，而忽视了其他价值主体的需要。导致了当前教师教育评价中存在的诸多争议和矛盾，不利于教师教育评价的顺利开展，和教师教育评价目的和功能的发挥。因此，在教师教育评价准则和标准确定过程中，必然要考虑这多元价值需求的因素。教师教育评价必须从各种利益相关者的需要出发，充分考虑多元评价主体的价值观，通过价值协商的途径，促使多元利益主体建立共识，在此基础上建立评价的准则和标准。

再则，教师教育评价的结果满足不同利益相关者的期望。教师教育评价其目的是通过评价诊断，推动持续的管理改进和适应性不断提高，并向社会公布信息以利于选择。由于价值观多元性的存在，各利益相关者的文化背景和价值观念的不同，不同的利益相关者对教师教育评价的需要并不相同，其对教师教育的目标和期望也必然不同。这就使得过去一元价值观主导下的政府单一的教师教育评价其评价结果难以为诸多教师教育利益相关者所接受。而当前的这种希望通过评价来改进教师教育现状、提升教师教育质量的期望更多地表现为政府的教师教育期望，在确定评价目标和实施评价时，并未能征询广大利益相关者的意愿，而仅仅是代表政府一元主体的价值需求，这种政府单一的教师教育评价模式所产生的评价结果，往往不能为多元利益相关者所接受，评价结果也难以满足其他各利益相关者的利益需求，会导致其对评价结果的不满。当代多元价值观背景下，教师教育评价的结论要能兼顾各利益相关者的评价需求，加强与各利益相关群体的沟通和交流，通过价值协商，寻求共识，要尽量克服价值观的多样性与评价标准、结论统一性之间的矛盾与冲突，使评价结果和影响尽可能满足各不相同的功能诉求。

第五章 人本主义基础上的高校青年教师身份建构

　　社会学认为身份是社会成员在社会中的位置，其核心内容包括特定的权利、义务、责任、忠诚对象、认同和行事规则，还包括该权利、责任和忠诚存在的合法化理由。由于"从身份到契约"的历史演进，身份并不是消失，而是身份的内涵和身份的关系发生了转换。基于身份的内涵，教师身份是社会成员因获得教师职位而获得的一种社会位置和由此带来的社会属性，具有特定的权利、义务、责任、忠诚对象、认同和行事规则，是通过自我确认得以实现的社会性存在。教师身份既是结构性的也是建构性的。教师身份的结构性表现为教师在整个社会分工体系中的所扮演的角色和所具有的社会地位，具有制度的规约性；教师身份的建构性表现为社会对教师的价值预设和期待，所赋予教师的象征性地位及教师自身对教师的认识、期待和价值判断，具有文化的特性。身份建构是一个过程，教师身份是教师在现代社会中的职业身份，不是先赋而是自致的。教师身份的拥有与获得意味教师对权利、义务、责任、忠诚对象和行事规则的拥有与获得，其中义务、责任、忠诚对象和行事规则以具体化的形式表现出来的就是教师道德。对教师身份的认同，其主要核心就是对教师道德的认同。在一个社会分工明确的系统里，每种身份下的个体都有既定的角色和地位，通过认识角色来认识他是谁，也认识到他应该做什么，通过他所在社会地位，对他进行社会期待和社会评价；每种身份都赋予了一套规定了的责任、权利和义务，对于需要什么样的行为来履行这些责任和权利，什么样行为又不合乎这种要求，个体都要有清楚的认识。教师这种职业身份涵盖了教师的法律、社会、文化身份，是在现代教育背景下对教师身份的重构，凝聚社会的期望和职业性质的要求。

一、高校青年教师的道德示范身份建构

（一）身份是道德示范角色获取的逻辑起点

　　从发生学的角度看，教师道德发展的前提是道德主体确立自身的教师身份，而教师作为现代社会中的一种职业身份，并不是先天赋予的，而是通过一系列的程序获得的，是后天自致的。作为专业人员，教师的培养经历了职前教育和职后培训两个阶段，

我国的教师培养制度以前是封闭式的，师范院校承担培养教师的全部任务，作为准教师的师范生在职前教育中接受了一定的教师道德的相关教育，但准教师的身份只是教师身份的预备，不等于真正获取了教师的身份。准教师身份的本质还是学生，并不是走入职场过一种职业生活的教师，道德作为一种关系性的存在，它只有在实存的关系中才能发生和发展。目前我国的教师培养制度是半开放式的，采用教师资格认证制度，以师范院校作为培养教师的主要途径，同时接受其他综合院校毕业取得教师资格证书的人员，取得教师身份成为众多职业的选择之一，大量的师范学生毕业后并没有进入教师队伍，进入教师队伍的人员当中还有一些是没有受过师范教育的。虽然，高校教师在准教师阶段所接受的师德教育途径不尽一致，然而，在获得教师认证资格的过程中，高校教师均接受了有关普性道德和教师职业道德的严格培养与测试。亚里士多德主张，道德随着践行道德的能动者而发生变化。不同身份的人所遵循的道德是不同的，身份的确立即是个体在心理上的首肯也是社会给予承认的凭据，在这个凭据之上身份伦理才能获得发展，教师身份的获得是道德示范角色获取乃至教师道德发展的前提。

心理学上认为人的意识是对客观现实的反映，是对外部事件和内部心理事件的觉知，在这个意义上，意识意味着作为"观察者"的个体觉察到了某种"现象"和"事物"，这些外部事物的存在，才能让个体意识到它们，进而通过意识执行其意志和愿望，并反映到行为层面上。教师身份是一个客观存在的事实，在个体没有获得这个身份的时候，它只是作为一个外在的信息而反映在头脑当中，是对外部事件的觉知，相对于己是个外部的存在，可以去认识去评价但不会用和己不相关一个事物的观念、态度和规范来调解自己的行为；当个体获得了教师这个身份，它就变成了一个和自己息息相关的内部信息，是作为内部心理事件来进行觉知的，个体的主观性和能动性被积极地调动起来，教师成为个体持续注意的必须给予关注的内容，处于个体意识活动的中心。"身份就是一个个体所有的关于他这种人是其所是的意识"（钱超英，2000），教师身份一旦确定，个体就会据此来界定他自身和一定社会群体的关系，即使面临不同的情景转换，这种身份感会一直伴随着他，即使个体对教师身份不认同，甚至在某种情境下隐匿自己的教师身份，但是已经获得的教师身份感作为一种稳定的心理状态仍相对地长期地维持。"在现代身份被理解为是一个规划，它不是固定的，作为现代身份之特征的自传式思维创造了一个连贯一致的关于过去身份的意识，但那种身份必须要在当前得到支持而且要在未来被再造。"（阿雷恩·鲍尔德温，等，2004）教师身份的获得使得个体内在性地包含着对教师的观念、态度和情感的心理体验，并借此凭据般的身份特征来发展教师的知识、技能和道德。

（二）身份认同与教师道德发展共生

身份认同和教师道德发展共生体现在这二者是相互嵌入的关系。"共生"（symbiosis）本来是生态学上的两种不同的生物生活在一起相依生存对彼此都有利这种生活方式叫作共生,后被借用来说明事物之间的关系,把具有内在紧密关联、彼此具有相互构成性因素的关系称为共生关系,是一种你中有我、我中有你,一方的发展提高就促成了另一方的发展提高的关系。教师身份认同就是教师对自身归属的主动寻求,使个体能够体认自己归属于某个群体,能够接受和践行所在群体的行为规范、原则和价值取向,是对自己的生存状态,生存意义的持续、主动建构的过程;是教师自身对教师在社会中地位及所应承担的权利、义务、责任、忠诚对象和行事规则的认定,意味着我是教师,我就要有教师应该有的观念、态度,应该承担教师的权利、义务、责任、忠诚对象和形式规则,即表现出来的教师道德,教师道德是判定教师的重要标准,一个人没有教师道德说明不具有教师资格,至少不是个合格的教师,是教师而没有教师道德,表明没有形成教师身份认同,在道理上说,教师身份认同程度决定教师道德水平高低。

身份既有特征和同一性的意思,同时又暗含了行为个体在与他者的关系中所处的地位及其身份认同中所包含的角色期望。认同是个体对某种意义上身份的一种心理肯定并将与此身份相联系的社会标识进行同化和内化的过程。认同产生于关系之中,不同的关系产生不同的认同。在教师的身份认同中,教师的自我认同、他者认同和群体认同是不可分割的,互相统一的。教师拥有自身的身份特征,如德、能、智、才,其中德是教师身份与其他身份区分的显著标志;同时教师的身份是对应学生的身份而存在,没有学生就没有教师;还有教师的身份表明作为个体教师所属的教师群体。如果在互动中行为体自身或者自我与他者之间对于某些身份的看法产生了很大的偏差,就会有一个认知失调,身份重构的过程。在一个高度社会化的群体中,一种身份认同还凝聚着社会成员对这种身份的普遍评价和内在期望,在长期的社会发展中,不同的身份所蕴含的基本特征在人们心中有着固定的意义和模式,人们会根据一个人的身份对他的性格特征、行为方式及行为预期做出基本的判断。

身份认同和教师道德发展共生还体现在这二者是彼此依存的关系。教师的身份认同内容可具体划分为自我认同、社会认同这两个部分,其划分根据是教师在其职业生活中所要处理的三种主要关系,即教师与自我(自我包含了个体自我和群体自我两个概念)的关系以及教师与社会的关系。这两个方面的关系是教师职业生涯中不可回避和不能脱离的关系,构成了教师职业生活的整体世界和生命流动的样态,教师的理想与信念,教师的自尊与自信,教师职业情感的纠结与行为的表现都在这两种关系中得以体现,教师就是在这些关系中寻求自身的定位,进行价值选择,塑造自己实体性的形象和象征性地位,践行教师的身份认同,同时在处理这二者关系中,教师道德也获得了发展。在道德领域已经取得共识的研究成果认为:"道德"、"德行"不仅仅指行为,也不单单是态度或者意图,而是至少由这两个因素构成的复合体,也就是说态度和行为乃是构成道德和德行的最基本要素;道德不仅指服从和适应特定社会所认可的习俗和规则的行为,而且指个人在面临各种不同规则和行为时所做的选择行动,一旦这些选择的标准超出了特定社会的价值系统，道德就会被视为约束人们行为的手段，就把个体的自主、自觉从道德中抽调了；道德归根结底是人生活的一个方面，是为了更好地生活而设，而绝不是为了给自己套上枷锁，道德不是外部给定的结果，而是人们根据需要选择的产物，任何一个道德主体，不论他来自什么社会传统，都是在自由选择规则和行为中显示自己的道德境界，不代表主体意志的行为无法参与真正道德意义上的评价；道德原则是道德生活一个必要组成部分，在道德生活中居核心地位，道德原则能否对主体的选择产生影响，能否对行为产生约束作用，关键在于主体是否自觉接受这一原则（戚万学、唐汉卫，2005）。这些研究成果表明任何道德都不能离开道德主体的自我能动性，都是道德主体自我的主观选择，换句话说就是道德主体依据他的身份对道德的认同。教师道德也是如此，是教师对职业生活的自我把握和主观选择，是教师进行自我认识、自我发展、自我完善的一种特殊形式，是教师自我肯定和自我提高的一种积极方式，教师道德应从教师出发，从教师的生活出发，从教师的身心发展需要出发。教师道德的真正存在并发挥作用离不开教师的内在自觉，是教师在与环境积极的互动过程中不断协调、不断统一的过程，是教师不断实践和建构的结果。教师的职场生活是教师的一种存在方式，而教师的职场生活离不开教师与自我、教师与群体、教师与社会的三者关系，教师道德不化为职场生活，教师道德就没有一以贯之的特性，就是容易消失和变化的。只有立足于职场生活，教师道德的发展才不会是表演性的，而是和职业生活融为一体的，是在职业生活中发生和发展的，通过教师自主、自觉的实际职业生活，教师才能体会教师道德对于教师个体的重要意义，教师才能领略、享用道德的价值，才能带给教师真正的职业快乐，教师道德才能实现自主发展，身份认同和教师道德发展相互依存是一体两面的关系。

　　教师身份认同的形成是教师生命历程中经验的诠释与再诠释的持续过程，也是教师对自己的生命历程中可能性的理解和确认过程。在此历程中，教师不断追问自己是谁，为什么教师是这个样子？教师应该是什么样子的人？在这些追问的过程中，教师反思自己与外界赋予的意义，寻求统合自己的社会地位和被赋予的角色，形成一个意象的自我，经由这个意象的自我，教师才能确立自己的位置、期望和行动，表达教师的态度、观念和情意，并为自己的行动建构出意义，同时也为自己的态度和行为进行辩护。教师作为一个人，而不是作为道德的面具，作为一名教师希望自己成为一个什么样的教师，这些不是预先就在教师身上预存的事实，而必须以教师的个人的经验、价值和信念为中介去寻求。教师如何看待自己作为教师的身份，就是教师将自我置于社会所界定的教师内涵之下，以一套社会文化、规范的准则看待自己作为教师的行动，以及自己在社会中所处的地位，每个教师的社会经验有差异，其看待工作的方式和对工作内涵的诠释会不同，需要在自我与他人、与群体的互动中，持续地反思、协商和再行动，确立身份认同的基础，需求价值核心，促进教师道德发展。

（三）教师在示范身份中获得自我认同

教师的道德示范角色从根本上说解决学生乃至自身职业人生的目的与意义。人的意义世界是个体所应把握的一种存在方式。是按照个体所认同的那个应有的存在方式自主创造和建构起来的，不同的个体对意义世界的理解和把握不同，个体的存在方式是差异性的存在。教师领悟为师之道，引领学生获得自己的意义世界，而更重要的是，增进教师人生的幸福，也就是教师要给自己一个意义世界。意义世界是支撑人在现实世界中安身立命、生活实践的价值理念系统，价值其实就是人的意义世界的生成与澄明。教师的意义世界是教师所应把握的一种存在方式，是按照教师自身所认同的存在方式自己创造和建构起来的，表现为教师价值观和职业观的确立。

首先，教师自我认同表现为价值观的重塑。在社会转型时期，对生活于其中的每一个个体的自我认同的机制都提出了极大的挑战，教师也概莫能外，传统社会中形成的自我认同机制已经不适应这个变动的转型时期，它需要每一个教师对自己在社会中的位置，对教师身份进行重新定位，需要重新考虑教师作为主体与主体我之外之间的关系、考虑教师个人与社会的关系，需要对自己的观念和心理进行重组，需要教师不断地重新认识自己重新塑造自我。"当指向内部世界的认识和运算，直接关注个体自身的发展问题时即个体对自身的发展作做主动思考、批判、选择目标、策划过程和准备付诸实施的时候，人就具有了主动把握自己人生和命运的个体发展意识和能力，这是人所具有的最重要的可能，是人不同于任何生命体的最重要的'自我产生和自我再生'的能力，也是作为个体的人实现生命价值、获取幸福人生的内在保证"（叶澜，2002）。教师的自我认同即是行为体对教师身份和特征的认定，是对职业生活中教师价值和意义的发现和肯定。根据安东尼·吉登斯的观点，"自我认同"是个体根据个人的经历所反思地理解到的自我。个体通过向内的参照系统形成了自我反思性，由此人们形成自我认同的过程。个体总是依据个体的经验所反思性的理解的自我，是一个不断进行反思，并最终寻求自我实现的过程。

其次，教师自我认同表现为职业观的确立。教师的自我认同是教师不断修正对自己的认识、不断改变自己、发展自己的过程。在这个过程中教师不但要建立起相应的教育知识、教育技能，还要获得做一个教师应有的态度、情感和价值。更重要的是，教师应在道德发展中获益，教师不能让自己生活在各种规约的束缚之下，成为道德的奴隶，那只能是教师的悲哀，教师要做道德的主人，能动地诉求个性的解放，在超越职业生活的同时，将个人的生命历程和教师职业生活结合起来，选择过一种"纯粹的、高尚的、有道德的"职业生活方式。教师过这样的生活方式不是一件容易的事情，但至少它应该成为每位教师的追求，每个教师都可能游走在理想和现实之间，理想是要永远为之奋斗的，现实是要用智慧去面对的。教师要将教书育人视为己任，在职业生活中不断学习，提升专业化水平；将职业规范内在地建构为自身的一种职业生活方式，在职业生活中体会生命的意义和价值，焕发教师道德的光彩。我国文化传统中常将德高的教师称为人师，这样的教师对自我有种积极的建构和自觉认同，"当他把精神生活看作他自己所有的时候，他开始意识到一个内在的王国，它是无限的，但又是他自己真正的自我（鲁道夫·奥伊肯，2005）。"传统社会教师自我认同所依附的道德框架是由外向内的，它指导着教师的自我认同，确立教师在职业生活中的努力方向和选择道路，在现代社会传统道德框架已被解构，教师摆脱神圣化的同时却陷入了茫然无措的境地，教师要在"示范榜样"与"普通常人"之间，在职业"良心"和"利益"之间，在把职业当作"谋生手段"还是当作"崇高事业"来追求之间进行自我选择，教师身份要求这种选择是基于社会的期望和职业的要求，基于教师身份内涵的规定性，是自己对自己职业身份的确认，教师应当是社会文明的代表，是优秀的公民，做教师是良心的事业，是为社会的未来培养人的高尚职业。在社会转型道德框架被打碎、价值和意义普遍丧失的情况下，教师自我认同要走由内向外的道路，由外在教化转向内在生成。海德格尔讲人的存在就是生存，一个人'应当如此'地活着，这个活着就是生存，'应当如此'就是把人看作一个不断生成、自我创造和自我实现的过程。以人的本真意蕴为根据，以对生命意义的理解为依托，教师与职业生活世界融为一体，从而将教师道德转变为生活实践的语言。

再次，教师自我认同表现为对传统认同的超越。传统框架下的自我认同具有神圣化的特点，传统社会是前喻文化，教师有着一种朴素的信仰，这种朴素的信仰就是教书育人为人师表，教师是具有高尚的道德人格的人，教师代表着知识的化身，是体现师道的职业人，是"道"的代言人和传承人，教师无可厚非地获得了教育上的权威。传统社会的青年人要向年长的人学习才能在社会中立足，而教师显然是青年人学习的最佳引导者，教师拥有了知识就拥有了人类的经验，是当之无愧的教育者，青年人的引领者。教师自身有着强烈的自豪感和职业荣誉感，教师在社会上拥有较高的政治地位、社会地位和文化地位。传统框架下的认同是本质主义的，在本质主义看来，教师身份的内涵具有本真性，是静止的绝对的，教师是社会代表的性质是不会改变的，是神圣化的，教师的师性是绝对化和本质化的，传统意味着过去的经验总结留下来的一套系统，总是有一种正规特点，含有道德的韵味。传统性的实践活动中，往往规定了什么能做，什么不能做，传统的行为有其自身的道德禀赋，意味着教育者享有话语霸权，拥有不容置疑的权威和权力，凭借这种权力，对受教育者进行说教和施加影响。与此相应，传统框架下人们更愿意用春蚕和红烛来颂扬教师的献身精神，把教育的过程看成是教师生命的自我消解过程。超越传统还要克服现代性的弊端，现代化的进程使得人们热衷于标准化，普遍性代替了个性，权力消解了权利，模式压制着创新，教师日益失去了鲜活的个性和创造力，教师逐渐将自己放逐在"自我"之外，在集体无意识中，教师随波逐流，放弃了对教师信仰和自我精神家园的追求。对教师管理主义式的要求讲究绩效、效率，将教师进行角色定位，这些角色是集体的、功能性的，忽视了教师个体间的差异，这种忽视泯灭了教师的经验、知识、情感和价值上的差异性，造成教师的千篇一律的面孔，教师的形象都是高大全的，教师被挤压被束缚，以一种面具的形式出现，致使教师失去真实的自我。现代性相关联的自我认同是自我反思与社会变迁互动的结果，这种互动性表明自我认同呈现出阶段性的特征，人类社会变迁的过程就是个人自我认同的历史化进程。人的身份是一种社会赋予人的存在形式，传统社会下教师身份是职业生活积淀在人们心中的一种思维定式，教师是教育者，而这个教育者不能与自己的历史断绝了联系，传统中优秀的具有普适性特点的需要保留下来的，在现代仍然流传证明其在现代同样具有生命的活力。教师不是失去了自我的教育者，教师身份的获得仅仅是教师生命实践的开始，而不是终结，教师的一生，都跋涉在专业成长之中，都处在对教师身份的体认之中，"我是谁，我应该做些什么，该向何处去，我正经历着怎样的变化？"这样的思考是每个教师都要时时面对的，教师是教师的同时更是一个有个性的人，教师只有在摆脱了教师角色被给予和被归属的命运，教师所进行的角色才不是外加的和训化的行为，而是发自自己的确认，确认自己要成为什么样的教师，要给自己的教师生涯赋予怎样的意义和生命的体验，这也是教师自我认同的真义。

（四）教师在示范身份中获得集体认同

认同这个概念从诞生之日起，就担负其个体怎样融入群体，获得身份的过程。教师身份是教师个体我的职业规定性，也是教师群体的专业共同体，每一个专业群体都有自身的伦理规范，任何一个群体都有自身的内部相似性，群体的资格获得、制度规约和伦理规范是确立群体自认同的重要方式。作为群体中的一员，对群体成员的资格及其依附于其上的价值和情感重要性的认识，其程度越高，他的态度和行为受群体成员资格的控制度越强。对群体认同的同时也在将这些制度和规约作为规范自己的行为准则，以使自己和群体保持同一性，如果违反这些制度和规约即表明自己不认同这个群体，也会被群体逐出去，所以教师的群体认同标志就是对这些活动的自觉遵从，对教师专业团体的伦理规范的认知和遵守。这些活动、制度、约定和规范就构成了在现实职场生活中对教师评价的客观尺度。人们是因为共同认可了某种规范才构成了一个群体，一个人只有自愿认可了某种规范后才能成为某个群体中的一员。

人无法脱离群体和社会而过上有意义的生活，归属某一组织乃是人的本性的需求，教师同样要求归属于某一群体或机构，确认去作为该群体或机构成员的资格。群体，首先是由两个或更多的个体所组成的集合，群体的存在是因为群体成员把自身理解为群体中的一分子，并获得认同感和归属感，并且这种身份归属有基本的社会共识，群体通过一些符号边界来与其他群体进行区隔：教师通过教师资格证制度、考试聘用制度、岗前培训制度和独特仪式等来确立教师群体的存在，由于情景和社会区域的不同，教师群体既是一种实体性存在，如一个学校的教师群体；又是一种想象共同体，如全国教师群体。腾尼斯将群体分为共同体和社会两种类型,共同体可以是在自然群体如家庭里实现,也可以在联合体如村庄里实现,还可以在思想联系体如师徒里实现,共同体是建立在有关人员的本能的中意或者习惯制约的适应或者与思想有关的共同的记忆之上的。"共同体这一术语既不意味着一定要共同在场、定义明确、相互认同的团体,也不意味着一定具有看得见的社会界限。它实际意味着在一个活动系统中的参与,参与者共享他们对于该活动系统的理解,这种理解与他们所进行的该行动、该行动在他们活动中的意义以及对所在共同体的意义有关"(J. 莱夫,E. 温格,2004)。从不同社会群体的类型而言,共同体一般具有两层含义:其一是指共同拥有一个确定的物质空间或地理区域的群体;其二是指具有共同特质、归属感,或者维持着形成社会实体的社会联系和社会互动的群体。按照腾尼斯的说法,教师群体可以看作是有着共同的思想、文化和道德情操的职业共同体。"相互之间的、共同的、有约束力的思想信念作为一个共同体自己的意志,应该被理解为默认一致的概念。它就是把人作为一个整体的成员团结在一起的特殊社会力量和同情"(斐迪南·腾尼斯,1999)。在共同体,尽管有种种的分离,仍然保持着结合,在行动者的个人身上,体现着这个统一体的意志和精神。共同体的意志形式具体表现信仰,道德是共同生活规则的一种纯粹思想的或者灵感的体系:这个体系一方面基本上是组织的观念和力量的表示;另一方面它完全是公众舆论的产物和工具。腾尼斯把这种意志分为本质意志和选择意志。本质意志必须理解为现实的或自然的统一,基于生命的原则;选择意志必须理解为思想的或人为的统一,基于思维的产物。他们共同的特性都是人的活动的动因,对活动起支配作用。本能的中意、习惯和记忆是本质意志的表现形式,深思熟虑、心愿和概念是选择意志的三种形态。"这些意志的形式恰恰是一些责任"(斐迪南·腾尼斯,1999)共同体的任何关系按其本质的核心都是一种更高的和更普遍的自我。在共同体中"法"是共同的意志。教师作为职业共同体,教师的职业道德规范就是体现共同意志的"法",教师的行为应该在"法"的公度下进行,代表着教师群体意志的教师职业道德规范就成了教师道德发展的现实尺度。

由此可见,"共同体未必是一个有形的组织,而主要是指由某些因素(职业、民族、实践活动等)联系起来的一群人;进而,实际参与、并具有关于应当如何去从事相关活动的基本相同的观念(信念)则又可以被看成共同体成员最为重要的一个标志,尽管后者通常也未必得到了明确的表述,而只是一些共同的观念或信念,甚至仅仅表现为一些习惯性的活动(生活)方式"(郑毓信、张晓贵,2006)。当个体获得了教师这个头衔,就被认为拥有了教师群体中最具价值的品性,能够让教师以最佳的方式完成某项职能,这些品性不是纯技术性的活动,如教师的知识和能力,而是以人们对教师的知识和价值观念为前提的,即有关教师任职资格的问题如教师德行,这些关于教师的知识和观念在社会层面上是普遍存在的,或是已经被制度化了,关于教师的社会观念一直都是存在的,而且关于教师道德的看法一直都是社会观念的核心。人们在看待教师时,很少考虑教师职业本身,而更多地考虑从事这个职业的人的品性。教师品性不是独立发展自生自灭的,总是与社会发展和与他人相联系的,只有在社会环境中,我们才能鉴别教师的真正价值。社会观念中对教师的标签性印象直接反映在对教师的评价上,教师不得不生活在由社会和教师外群体所划定的规范内,一旦出现了越轨和违规行为,不但受到社会舆论的普遍谴责,也会受到教师自群体的排斥,因为这些规范划定了教师群体与其他群体的边界。

对群体符号边界的巩固和确认是对群体身份的凸现和记忆,在群体内,群体成员享有共同的信念、理想、目标和共同的命运,有着相同的价值观和情感卷入,在有关群体和群体成员身份的评价上,获得一定程度的社会共识。教师群体资格是以社会分工为基础的后致的职业群体,韦伯将这种职业群体也称为身份群体,涂尔干则称为职业共同体,认为这种职业共同体内部有实质性的社会互动,是有真实意义的社会群体。特定群体资格一旦获得,它就是动态的,而不是凝固的,也就是说教师群体资格通过规则化的社会行为得以不断地彰显出来。"规则化的社会行为有两个基本功能:一是从外显的意义上不断地生产和再生产可知觉的教师群体标志,而这些群体标志是识别和评价教师群体资格的基本线索,同时也是识别群际符号边界的线索,这些标志主要有话语行为模式、容貌风度和品位、职业素养和德行等;二是成为教师群体记忆和群体社会表征体系的载体。规则化社会行为的结果是群体资格的显著性被不断地激活,群体社会认同和群体符号边界在行动中不断地生产和再生产"(方文,2007)。教师规则化社会行为受到教师职业特性的制约,职业内部有着明确的道德规范,社会上对教师群体有着明确的期待,如教师要为人师表、学识渊博、诲人不倦等。涂尔干认为,"任何职业活动都必须得有自己的伦理,道德体系通常是群体的事务,只有在群体通过权威对其加以保护的情况下方可运转,道德是一系列行为规范,或是一系列实践规范,道德的根本功能是帮助人们彼此适应,从而保证群体的平衡和生存"(爱弥尔·涂尔干,2006)。在群体中每个教师都可以被看作是群体行动者,依附于群体的共同价值,有共同的情感表达,服从于社会上对所属群体的相关期望,比如教书育人、为人师表等等,这种服从在一定程度上也规定了教师所应担负的社会系统的责任,这些责任构成了由群体共同价值取向所形成的集体性。

按照米德的观点来分析教师的群体认同:在有组织的共同体和社会群体里,教师个体的态度是泛化了他人的态度,这个泛化了他人的态度也就整个共同体的态度。只有当教师对他所属的群体采取该群体所持的态度,教师才实际发展出一个完全的个体,即获得教师所发展的完全的个人的品质。同时共同群体对个体成员的行动加以控制,共同体作为一种决定因素进入教师个体的思维。在抽象思维中,教师个体对他自己采取了泛化的他人态度,在具体思维中,教师采取的态度是因为教师要和那些在相同的社会情境或动作的其他个体对他的行为所持的态度保持一致。自此教师个体采取或持有该群体或共同体的社会态度,并据此支配自己的行动。"我们必须是一个共同体的成员,要有一个控制所有人态度的态度共同体,否则我们就不能成为我们自己。我们必须有共同的态度,否则我们就不能享有权利"(乔治·H.米德,2005)。群体意味着优先性的存在。教师群体所形成的并信奉的道德伦理都从属于教师的生活方式、生活环境和生活目标或理想,教师的道德知识或道德观念可以看作是谱系式的。

二、高校青年教师的教学者身份建构

高等教育具有"人才培养、科学研究、社会服务、文化传承与创新"四大功能,其中人才培养是核心,只有培养出高素质的创新人才,才有利于高等教育功能和价值的彰显。瞿振元先生指出"高等教育由大向强转变的根本标志是人才培养质量的整体提升,目前我国高校教学中存在诸多'教与学'问题,出路在于扎实的教育教学改革"。(邓晖,2015)然而,从全球来看,高等教育评价指标侧重于科研成果的数量和质量,学术界普遍重视科研成果而不是教学经验,"重学术而轻教学"的大学文化成为世界各国大学普遍存在的问题,高等教育人才培养质量并未受到应有的重视。高校课堂教学频现"低头族"(葛向阳等,2014)、"逃课族"(李永乐等,2016),"教学与需求脱节"、"理论与实践脱节"、"考试评价办法单一"、"教学方式单调乏味"、"以体制机制改革代替教学改革"等已成为高校课堂教学改革中的现实问题。在这种背景下,高校课堂教学是否需要变革及如何变革,以促进高校教学改革,提高课堂教学质量呢?毫无疑问,解决这些问题的关键在于高校教师,作为课堂教学活动以及教学改革实践的主要参与者与管理者,高校教师应该重新思考中国传统文化中"教书匠"的意义,回归课堂,认真上好每一节课,毕竟,课堂才是教师的"主战场"。需要强调的是,上好每一节课的意义并不仅仅是为了学生给出的积极回应和正面反馈,更是青年教师获得职业自信和身份认同的重要途径。原因在于,正如我们在前面的论述,青年教师由于工作经验、资本配置、生存压力等一系列原因,成了教学工作的主力军,既然教学注定要成为青年教师的主要生活内容,那么,在课堂上,教师无疑会获得职业自信和身份认同。然而,目前的大学课堂却引发了诸多的争议,社会在质疑青年教师教学能力的同时再也质疑大学课堂的价值。

(一)青年教师教学能力引发的质疑

正如前面的论述,教学是一项专业化的活动,教师的课堂教学能力,不仅直接决定了学生获取知识的深度与广度,而且也深深影响着学生专业能力的培养。教学过程是复杂的,在丰富多变的真实场景中做好教学工作,对任何教师而言,都是不易的。青年教师作为高校的新生力量及未来发展的中坚,课堂教学能力,既是青年教师教学发展的重要内容,又是对其效果的实践检验,然而,青年教师由于教学理论知识相对不足,及教学实践经验相对匮乏的而言,因而,其教学能力受到质疑。

课堂教学能力，既是教师的基本能力，也是其核心能力，更是教师"站稳讲台"的基础。随着高校提高对教师学历水平的要求，博士学位成为高校专任教师的必要条件。经过长期系统学术训练的博士的加入，在为高校补充新鲜血液的同时，其教学知识的相对不足及教学技能的缺失，带来的课堂教学能力不高的现象日益凸显，高校青年教师教学发展与学术发展的失衡愈加明显。青年教师课堂教学能力不足，不仅影响青年教师自身的职业发展，降低其在学生心目中的威信，打击其专业自信与发展自觉，更为严重的是，降低了高校的教育教学质量，使高校建设一流大学、一流本科、一流专业的追求止步于理想。因而，及时了解、分析高校青年教师课堂教学能力之不足，并采取积极措施鼓励其提高，对高校青年教师自身和高校同样重要。高校青年教师课堂教学能力的不足主要表现在以下两方面。

1. 教学设计能力欠佳

教学设计缺乏创新性，是当前高校青年教师教学能力不足的重要表现。教学设计是教学活动的前期准备工作，教师的教学设计能力，不仅直接反映了教师对教学内容的把握，影响着教学效果，而且影响着学生的学习成效。

首先，教学内容选择与组织失当。教学内容的选择与组织，是课堂教学的前提和基础，直接影响教学质量，也是青年教师课堂教学能力的重要体现。每门课程涉及的内容都比较多，但是教学时间有限，完全把所有的教材内容都讲授给学生，既浪费时间，也没有必要。大学生一般都具有较强的自我学习与管理能力，教师作为课堂教学的引导者与组织者，如何在有限的时间内教会学生学习，掌握本课程的基本概念、核心知识，使教学效果最大化，就显得尤为重要。因而，课堂教学之前，教师就应该在备课环节充分考虑学生知识背景与可接受程度，并在此基础上对教材内容进行整合，选取最有价值的部分进行有效讲解。这就要求教师能吃透教材，对所教课程内容非常熟悉，对所教学生有全面的了解并能做出客观分析。对青年教师而言，做好这一步并不容易。部分青年教师课堂教学时，讲授的内容显得庞杂无序、层次不清、重难点不突出，都是其前期准备工作不到位、教学设计能力差的体现。

其次，教学方法缺乏灵活性，无法有效地培养学生的学习能力。教师的"教"是为了未来的"不教"。在一个学习化社会中，个体的学习能力是其未来发展的基础。因而，在课堂教学过程中，教师不仅要注重"教"的方法，更应该关注学生"学"的方法，以激发学生的兴趣，培养学生高效的学习能力，促进学生自我学习为主。不能一味地使用讲授法，使本该生趣盎然的课堂教学变成了无生趣、寂静无声的独白表演。因而，在课堂教学之前，教师就应该根据现实情况选择合适的教学方法，并在教学过程中适时调整。"好的教学能够支持那些引导学术深层学习、并达到预期学习成效的活动。"然而，由于种种原因，部分高校青年教师往往注重内容的讲授，而忽略教学方法的选择与使用，不仅影响了教学内容的传授，降低了学生参与学习的积极性与主动性，也无法培养学生的学习能力，导致教学效果不尽如人意。

2. 课堂管理能力有限

课堂教学管理虽不是课堂教学本身，但是它与课堂教学紧密结合在一起，对教学活动的效果产生着十分显著的影响。因而，课堂管理能力是教师教学能力的反映，也应是教师首先要具备的能力。随着高等教育大众化的推进，高校生源的多元化趋势更为明显。学生的求学目标与求学动机都发生了巨大变化，部分学术能力不强、以往无缘大学的学生也进入了高校。这些学生的到来，无疑是社会的重大进步，促进了教育机会公平。但是，给高校的课堂教学及管理带来了新的挑战，要求教师必须做出相应的调整来呼应这种变化。显然，纯粹的学术性教学已经不符合当前高校学生的实际需求，课堂教学改革势在必行。"课堂教学必须契合多样化的学生，而所有学生都要求得到与其付出相匹配的高质量。因此，大学比以往更加重视教学改进和教学质量保障。

在学生需求多样化趋势强化的背景下，要实现优质教学，就必须有效地支持学生开展适合的学习活动，并竭力制止其课堂学习中的不恰当行为。而这就需要教师加强引导与管理，激发不同学生的学习动机，鼓励其参与学习，营造适宜的教学氛围，使其更乐于接受深层次学习方式。由于缺乏前期训练，加之对教学价值认识不清，部分青年教师课堂教学管理能力堪忧，表现为课堂教学无序、师生关系淡薄、缺少互动、学生的课堂教学参与度低，其课堂学习仍停留在表层，既无法提高学生学习绩效，又无法实现优质教学。

青年教师的课堂行为受到质疑，源于其教学能力的不足，而这种直译不仅打击了教师的积极性，引发了教师的身份认同危机，必将影响高校教育教学质量的提高。那么，如何提高青年教师的教学能力，促使青年教师华丽回归课堂呢？我们认为，解决这一问题的关键因素在于重视教师和课堂两个环节。具体来讲：一方面，借助教师学习共同体开展有效的课堂培训，以提高教师的教学能力；另一方面，借助课堂品质的提升回归对学生的关注。

（二）构建教学共同体

所谓共同体，是指社会中存在的、基于主观上和客观上的共同特征（这些共同特征包括种族、观念、地位、遭遇、任务、身份等）而组成的各种层次的团体、组织，既包括小规模的社区自发组织，也可指更高层次上的政治组织，还可指国家和民族这一最高层次的总体。共同体是人们在共同生活和共同劳动的过程中自然形成的相对稳定的社会组织形式。在人类历史上普遍存在的社会共同体有家庭、氏族、部族、民族等。在文化以及价值取向多元化的时代背景下，人们越来越明白团队力量的强大和个人力量的渺小，因此，人们开始自发建立各种大大小小的组织，以实现利益的最大化，共同体应运而生，大到"人类命运共同体"，小到"古诗词学习共同体"，共同体的概念和内涵已经被极大地丰富和发展。这里，我们要构建的教学共同体的概念源自于教师学习共同体的实践，但与教师学习共同体的区别在于前者针对青年教师教学能力的提升，而后者则包含了教师专业发展的若干指标，因此，教学共同体是一个更具针对性的概念，它是以提高高校青年教师课堂教学能力为目标的学习共同体，其主要参与者除了作为新手教师的青年教师外，还包括成熟型专家教师。教学共同体以教师教学能力提升为目标，通过经常组织研讨会或其他活动为成员提供申请资助、学习和发展的机会。参与者可以基于学科性质建立独立的教学共同体，也可跨学科实施，成员可自由自由选择教学内容，与自身兴趣相结合，设计案例，进行教学实践，建立教学档案，评价实施效果；并参与两周一次的研讨，与学生社团合作，并把教学成果在学校或者国内的交流会上进行展示。

与教师学习共同体的建构初衷一致，教学共同体实际也是一个学习组织，这个学习组织通过向教师提供一个寻求帮助、建立关系和信任，同时获得个人专业发展支持的场所，最终达到消除教师孤独感、促进教师专业化成长、支持教师终身学习和发展的目标，从而真正提高教师教学质量。教学共同体可在教研室层面建立，也可扩大到学校层面，甚至可建立地区性的教学共同体。

1. 教学共同体的作用

学科之间关系断层、院系之间各自为政、教师之间缺少交流等问题，一直是高等教育难以解决的弊病，教学共同体的出现打破了学科院系之间的壁垒，为教师合作和交流提供了渠道，不仅有效促进教师个人的教学能力发展，而且能够提高高校的竞争力。

（1）提高教师工作积极性，促进教师个人的教学能力

传统模式下教师的教学能力发展除了个人进修之外，其他都要依托于学校和各个院系，学校院系主要通过培训提高教师的专业化发展水平。传统模式基本包括职前培训、优秀教学课展示、老带新等等方式，这些方式本身具有非常明显的行政化、形式化和工具化特点，所以，长久以来高校教师教学能力发展都是非常"个人化"的事，孤立、隔离一直是高校教师的生存状态。这种模式下教师都会经历这样的过程：开始是充满活力，全心全力渴望做一个好老师，但随着大学特有的孤立主义（isolationism）和层出不穷的难题和个案接踵而来，教师们因为找不到合适的途径寻求帮助和支持，绝大多数会失掉开始的企图心、使命感和兴奋感，教学常常应付了事，这些都在一定程度上制约了高校教师的发展。教师教学共同体的出现给教师提供了一个心灵家园，由于"我"是在"我们"中学习生活着，共同体的身份和意识会给"我"一种归属感和安全感。在这里，"我"和"你"是平等开放的交往和对话，每个人都会不自觉地敞开自己的"心扉"，教师可以把问题和难题带到这里共同解决，也可以介绍个人成功经验彼此分享。因为讨论和解决的是同样问题和话题，教师因此会一直抱有热情，同时因为不同专业背景的交流很容易碰撞出火花，所以通过互相交流、互相影响，每个成员在自己领域的知识和专长都会得到不断深化和拓展。通过共同体，新手能很快度过适应期和快速成长，存在问题的教师可以寻求知己找到解决问题的办法。

总而言之，参加教学共同体的教师对教学会更富有激情，也更容易实现自我发展，取得成功。

（2）提升组织凝聚力，提高高校竞争力

全球化的发展使高校竞争日趋激烈，出色的、有竞争力的高校应该是能将校内所有人员调动起来、全心投入工作并有能力不断学习的组织。高校教师教学共同体正是把高等院校转变为学习型组织的有效工具。所谓学习型组织，是指有着共同愿景，能够在组织内部建立起完善的自我学习机制，将员工学习和工作有效结合起来，实现个人、团队和整个团体共同发展的组织。

教师教学共同体是教师为了共同的目标聚集起来的，教师之间以及管理者之间不是从属关系而是伙伴关系，以团队形式进行交流体验，这种扁平化的组织结构使得成员在有效的学习中不断建立起对学校的共同愿景（shared vision）。共同愿景意味着所有成员朝着一致的目标努力，不仅把分散的单个组织紧密联系起来，而且能实现整体搭配，自动调和组织内的冲突力量，把彼此可能出现的抵消和浪费减少到最低，实现整个组织一起学习的风气。这一风气反过来又为学习共同体提供了焦点和力量，激发每个个体强大力量和潜能，使高校不仅是一个学习型组织，更是一个创造性组织，高校因此会发生脱胎换骨的改造并进行不断创新，所以教师学习共同体是实现高校变革和提升的有效组织策略。

正如米尔顿·克斯教授接受采访时所预见的那样："随着教师学习共同体的构建经验、系统理论和可行模式的积累，教师学习共同体的发展将日趋成熟，并逐渐成为教师专业发展的主流模式"（詹泽慧，2009）。

2. 教学共同体的构建要素

参考教师学习共同体的模式，我们可以把教学共同体的构建过程细化为成员的筛选和组织、主持人的选拔和培养、评价以及内外部支持等几个过程。其中成员的筛选和组织是共同体形成的基础，主持人的选拔和培养、评价是保障共同体质量的关键，支持系统是共同体正常运作的动力来源。

（1）成员的筛选和组织

共同体的组建方式主要有两种，一种是基于主题（topic-based），一种是基于成员（cohort-based）。所谓基于主题是指共同体成员的筛选和组织是围绕一个主题进行的，这个主题是专门设计表达所在高校独特的教与学需求、问题或者机会等等。组建过程首先是某个教师提出感兴趣的主题项目提交给相关部门，该部门工作人员通过校内的支持平台发布信息，并在全校范围内寻找感兴趣并符合条件的教师，然后按照一定的程序和标准（比如突出学科间的平衡要求、性别和经验等等）筛选组成。主题均与教学有关的内容，例如：篮球英语主题课程，英语及篮球学科专业的教师、爱好篮球项目且具备一定语言基础的学生等成员都可以加入，教学共同体以篮球项目英语的课程设置、教材编写、课堂教学实践、教学评价等内容开始，以学生综合素质的提升为目标而结束。一个主题完成时间可以是一年，也可以是达到所有成员认为满意结果为止的几年。

所谓基于成员的共同体，是由大学里那些在教学和发展方面有着强烈需求的教师群体组成，这些群体包括有助教、处于职业瓶颈期的中青年教师、陷于成长上限（limits to growth）的老教师和渴望从事教学的高年级学生，他们通常在大学里感到孤独、隔离，教学压力很大，但又想在教学发展上有所突破。这些教师有着共同的问题，其选择的领域主要是基于他们教学和发展方面的需求，可以是他们教与学过程中遇到的，也可以是他们感兴趣的，比如说第一年如何教学、如何获得教职等等。但是，我们在这里要着眼建构的针对改进青年教师教学能力的教学共同体。值得注意的是，组建好的共同体都要制定出目标和规划、组织研讨会和校内外活动，保障共同体的顺利开展。

（2）项目主持人的选拔和培养

项目主持人（facilitator）是指团队中能够带领成员完成预定目标，并促进每个成员最大发展的人，主持人既是学校管理部门与共同体具体成员之间沟通的桥梁，也是共同体具体开展的组织者和协调者。一名合格的主持人是决定一个共同体能否成功运作下去的关键因素之一。项目主持人的培养模式依据各校的具体情况而定，可以是学校事先经过一定筛选和培养形成的后备军，然后分派到具体共同体中，也可以是直接从已形成的共同体中选拔合适人选进行培养。不管是哪种方式，主持人选拔和培养均是构建共同体的主要过程。

项目主持人的选拔是由高校内专门负责共同体建设的组织机构完成。首先负责机构要在全校范围内为共同体的组建做宣传，然后为所有有意参加共同体的教师召开座谈会，要求参会教师通过确定一个主题，明确自己对主持共同体的兴趣，这个座谈会的目的就是发现潜在的主持人。然后座谈会计划委员会为这些潜在的主持人安排一些小团体的会议（session），对主持有兴趣的教师必须在不借助任何组织帮助的情况下进行独立领导，当然这些小型会议都不涉及主题，委员会通过这些教师的表现确定初步名单。初步人选再通过学校举办的类似教师研讨会讨论确定对主持的兴趣，明确表示愿意主持的教师将被确定为后备人选。

随后该委员会根据学校目标设计一些共同体，让进入后备人选的教师熟悉共同体的模式，由学校一些负责人组成的团队会与这些后备人选就共同体的目标、可能存在的障碍、希望得到的结果、管理过程的问题等等进行讨论，让进入后备人选的主持人尽快熟悉共同体的运作模式。最后委员会与后备主持人单个联系，为其提供更多的关于责任细节问题并最终确定其主持意向，经过以上层层筛选，确定项目主持人最终名单。选拔出主持人将组成一个学习共同体，每个主持人都会获得一份关于共同体的手册，项目委员会对其进行相关培训，培训的内容包括共同体成员、目标与主题、管理、活动和评价等方面。主持人的选拔和培养、评价是保障共同体质量的关键，因此，我们在教学共同体负责人的选拔过程中，倾向于选择具有奉献精神、教育背景丰富且具有相当科研经验的熟练型教师担任，这一点也与中国教育领域传统的师徒关系存在着一定的联系。

（3）教师教学共同体的评价

教师教学共同体评价是通过系统收集资料，对项目完成既定目标的有效性进行判断的过程，这个过程是保证一个教学共同体可持续性发展和长久成功的重要因素。共同体评价主要包括两部分，一是对共同体总体的评价，即通过相关材料证明完成初期制定目标的情况；另一是对共同体中每个成员的教学能力发展进行评价。后者的评价也主要由两部分组成：一是教师个人知识和能力方面的提高，比如具体学科知识拓展、教学技能、评价学生学习的能力、成员之间的合作能力等等；另一部分是元认知能力，所谓元认知能力就是教师在专业发展过程中表现出的自我管理、自我反思的能力，元认知与内容知识是相辅相成的，越拥有元认知能力，花费在知识上用的时间就越少。

不管是共同体总体评价还是个人评价，都要按照一定的程序进行。首先主持人要与成员协商制订出共同体的发展目标，然后每个成员要与主持人单独见面，根据个人需求和以往的教学经验提出自己的目标，比如能意识到学生本身的多样性和不同的需求，并根据这种需要设计不同的课程内容和评价方法评价学生的学习；发展自己的和学生的主动学习、批判性思考及问题解决能力；团队中合作、交流、领导沟通的能力等，这些目标都必须与学校发展的整体目标相一致且充分体现在评价材料中。

共同体评价形式包括同事反馈评价、指导者反馈评价、自我评价和来自学生的评价，评价的具体方法包括量表、问卷调查、开放性题目、谈话、会议记录等。

（4）相关支持系统

教师教学共同体构建是一个复杂的系统，其启动和维持都与高校内外部的相关支持分不开。

首先，高校内部要有一个监管机构，我们可设立"教学中心"的机构，其宗旨是促进本校教师教学能力的发展、提升学生学习品质、形成优良教学文化，该机构设有专人，负责内容包括共同体的宣传和组建、主持人的选拔和培训、各项活动的协调、评价的组织及资金的监管等等。

如果说高校内部教师的合作是教师教学共同体形成的基础，那么共同体与共同体之间的合作则是其发展壮大的要诀，其合作包括高校内不同共同体的合作，还有地区甚至全国不同共同体之间的合作。我们可以借助互联网优势开发网络课程，通过建立数据库实现资源共享，而且还可以定期召开教学竞赛、教学论坛以及教学工作坊，所有教师学习共同体成员会聚集在一起，讨论分享教学经验，并把收获和成果通过网络及时发布出去。除此之外，我们还可以充分发挥网上聊天室、教师博客群等组织的功能，先进的教育技术在一定程度上拓展了教师合作的时间和空间，把高校教师联结成一个基于网络的大的学习共同体。值得注意的是，在区域性教学共同体的创建过程中，我们建议应区分对待基于传统观念和方式的实体教学论坛与基于信息化技术的网络论坛，实体教学论坛可以为每一个成员提供最真实、真挚的建议，通过面对面的讨论，成员能够亲身感受到教学中的五味杂陈，但不容忽视的一个问题就是，传统的论坛形式费时费力，存在着资源浪费的嫌疑；而网络论坛虽然在最大限度上避免了人力、物力的浪费，却让成员之间的交流好似"隔了一层纱"。因此，我们坚持认为：教师教学共同体构建是一个复杂的系统，我们需要综合使用多种途径支持教学共同体的健康发展。

毫无疑问，基于青年教师教学能力提升的共同体建设是具有重要意义的，这一全新的理念及其在实践中的成功发展必然对我国高校青年教师教学能力发展有着重要的指导作用。

首先，教学共同体明确了教师专业发展概念，凸显了教学的学术性地位。长久以来，我国高校在教师成长和专业发展问题上，粗暴地将其定义为教师学历的提升和研究能力的提高，从而一味针对理论层面研究提高教师教学和科研能力的种种举措，却忽视了在实践层面上研究教师群体如何拓展其教学的生命力，教师教学共同体的提出为我们重新思考和重视教学提供了新的视角。大学教师的专业发展是大学教师从事教学、研究和服务工作时，经由独立、合作、正式或非正式等进修或研究工作，引导教师自我反省和加深理解，从而增进教学、研究及服务等专业知识和精神（孟凡丽，2007）。

对学校而言，正确认识教师专业发展内涵，就是要明确教学工作是学校的中心工作，教学活动是一项与科研同等重要的学术性活动，只有这样才能在校园内营造出一种尊重教学学术、研究教学学术的学术氛围，才能调动教师探索和发展教学学术的工作积极性，才能最终达到提升教育质量的目的。对大学青年教师而言，也只有明确了教师专业发展内涵，把教学看作是个人发展重要的组成部分，才能在漫长的职业生涯中培养一种自觉的动力和要求，才能全身心地投入到发展教学学术的工作中。

其次，教学共同体成立专门机构强化职后学习，构建了教师终身学习的评价体系。

我国现阶段大多数高校的教学工作一般主要是由各院系或者教研室负责，这在一定程度上增加了教学内容的深度，但随着信息多元化时代的来临，知识的宽度愈来愈引起学生的兴趣，教学共同体克服了"坐井观天"的封闭式学科教学，相反，它将多学科的知识融合、重组，实现了课堂的高校以及知识的复合。教学共同体有助于大学教师培训工作重点由单一的学历补偿教育和基础培训转变为提升教师素质的继续教育，体现着教师需终身学习的理念。从国外的发展经验看，这一机构的成立在操作中能提出更多有针对性的措施，能将原来表面化、流于形式的工作更好地落实到实处，特别是其指导下的教师学习共同体的发展，不仅能满足本校教师的发展要求，还能向其他院校积极推广成功的教师发展模式，大大推动了教师发展的专业化和职业化。

同时，教学共同体发展高校合作文化，提升了教师的内生长力。学校文化是为了保证学校教育活动顺利进行而创立和形成的一种特有的文化形态，是通过教育教学过程中形成和发展起来的职业群体的思维方式、价值取向、态度倾向的综合反映（时长江，2007）。

由于我国高校历来奉行学科理性主义的指导思想，不同院系、学科之间界限清晰，个人主义在教师群体中表现极为显著，个人主义和派别主义可以说是当今高校校园文化的主要表现。这种文化与当今知识不断融合、学科界限不断模糊的大趋势无疑是背道而驰的，但教师学习共同体的构建能为高校走出这种困境提供新的动力。因为教师学习共同体是教师为了共同的愿景聚集起来，所以在共同体中教师会把彼此的差异当作一种发展的资源，而要利用这种资源就需要教师有包容、互相学习和合作的智慧和能力，合作文化自然成为学习共同体的核心价值。教师学习共同体中营造出合作文化，对整个校园合作文化的形成和发展具有重要的促进作用。在这种协商式、对话式的校园氛围中教师能体会其职业价值和发展价值，形成一种生命的自觉性，培养一种内在的生长力，这也正是教师专业发展的源泉和不竭动力。

（三）建构"大课堂"，让课堂恢复价值

课堂是拿来教学的，这原本是天经地义的事，现在却屡遭质疑。要减少老师在课堂上的讲授时间，把更多的课堂时间还给学生学习，这似乎成了当前课堂教学的基本趋势，也成了一种最时尚的教学理念。可是，课堂讲授时间本来就非常珍贵，还要尽可能多地还给学生，课堂的教学价值岂不更难发挥出来了。所以，要让课堂发挥更大的教学价值，通过"割地（把课堂上的讲授时间割让给学生）"和"赔款（把备课时间拿去批改作业）"是难以实现的，真正的需要破解的难题，仍然在于如何把最宝贵的时间用来讲最重要的内容，用最有效的教学方式来讲最应该讲的教学内容，这也是大容量课堂致力于回应的两个问题。

1. 恢复课堂的教学价值

学生听不懂课，这是老师们公认的问题；学生们都听懂了课，难道这就不是问题？学生听不懂课，这并不是问题，而是一个事实；真正的问题，在于我们如何去面对这个事实，也即如何让学生把课听得更懂一些，如何让更多的学生听得懂课。要让学生更听得懂课，要让更多学生听得懂课，有截然不同的方法：一是让学生在听课前做好充足的准备，准备得越是充足，在课堂上听得越是明白；二是让教师在上课前做好充足的准备，把内容讲解得越清晰，课堂上听得明白的学生自然越多；三是减小课堂的容量，或者降低教学内容的难度，或者缩小教学内容的宽度，从而让更多的学生听得明白。在改变人和改变课堂容量之间，肯定改变课堂容量更加容易；在改变学生和改变自己之间，肯定改变自己更加容易。把它们结合起来，就出来了今天课堂教学的基本格局：

第一，课堂教学的容量减小了。为了让学生们听懂今天的课，老师们往往花四分

之一左右的时间导入新课，先寻找一个生活中的例子，再回顾一下以前讲解的知识，最后恰如其分地引入今天要讲的内容，美其名曰激发兴趣，搭建知识支架。然后再花二分之一甚至更多的时间，去讲解教材上的新知识，尽管这些知识在教材上都写着，但仍然按照新知识来讲解；最后还有四分之一不到的时间，开始攻克这节课的难点和重点了，可惜的是时间已经不允许对这些重点和难点知识进行展开了，学生这个时候也已经是强弩之末了，往往在教师讲得稀里糊涂的时候，在学生听得云里雾里的时候，下课铃响了。于是教师在匆忙之间，把重点和难点交给同学们下课后去思考，再很简捷地布置课后作业。这样的课虽然并不成功，但却很普遍，当然是指家常课。一堂课下来，学生真正听进去的，就是写在教材上的新知识，但真到了需要思维加深的时候，需要内容拓宽的时候，需要方法指导的时候，又没有时间了。

第二，过度关注教师教学行为。既然学生听不懂，从以生为本的角度而言，教师就应该想办法讲得让学生听得懂。为了让学生听得懂，教师在课堂上怎么讲，就成为评价一位教师会不会讲，讲得好与不好的核心指标。如此一来，教师不得不花更多的心思在自己怎么讲上，对学生怎么听的关心自然就少了；在面对众多学生时，教师只能把怎么讲的责任担起来，至于学生究竟是怎么听的，听到了什么程度的责任，那就只能由学生自己来担当了。所以，在下课的时候，我们经常听到教师说这样一句话，这节课就讲到这儿了，那就意味着这节课是教师讲完了，但并不意味着学生学完了。此外，当我们关注教师的教学形式时，就不得不牺牲教学内容的深刻，毕竟越是简单的教学内容，越有利于教学形式的发挥；越是深刻的教学内容，就不得不牺牲教学形式的变化。

第三，忽略学生学习过程指导。听课只是学习中的一个环节，而且是一个非常被动的环节；所以听课一定是被动的，想要在听课的时候还主动，那就必然牺牲课堂的教学价值。但是，这也意味着，要是学习只有听课，那这样的学习一定是彻彻底底无效的，而且是被动枯燥的。学习还包括预习，包括复习，包括练习，在这三个环节中，相对而言，练习含有更大比例的被动成分，而预习和复习则以主动为主。但不管是相对被动的练习，还是绝对主动的预习和复习，要是得不到教师的指导，他们的学习效率都会大打折扣，一是学生在预习、复习和练习时得不到科学方法的支撑，另一是容易导致预习、复习和练习与课堂学习的分裂。事实上，现在的学生基本上没有了绝对主动的预习和复习，只有绝对依赖的课堂学习和相对被动的练习。当学习没有主动环节时，一点点负担都是负担；当学生以主动学习为主时，再重的负担都负担得起，但任何时候都少不了对学生整个学习过程的指导，而这个指导主要还是在课堂教学这个平台上完成的。所以课堂教学，并不只是对学生课堂学习负责，而是对学生整个学习过程负责。

因此，我们得承认，听课是一个相对被动的环节，学生不认真预习，就不可能听得懂课；课堂是一个全过程指导的环节，老师不认真备课，就不可能把课讲得清晰。

也就是说，一定是学生通过努力后才听得懂的课，才是最有学习价值的课；一定是老师通过努力后才讲得明白的课，才是最有教学价值的课；只有师生都共同努力的课，才是既有课堂容量而且还高效地达成教与学目标的课堂。只有承认了这样的事实，才可能保证课堂教学有着最起码的课堂容量，才可能保证课堂能够完成相应的教学指导任务。

2. 充实课堂的教学容量

不要浪费学生的时间，也不要浪费老师的时间，一定要让课堂变得有效起来，最好变得高效起来。这儿的有效与高效，只是对一种理想状态的描述，但并没有目标的针对性，所以最后只是成了一句口号而已，一种号召而已。如果一堂课课堂容量很小，那么这节课就很容易上得有效；但如果一堂课课堂容量很大，那么这节课要上得有效就非常不容易。当我们一味地追求课堂有效或者高效时，也就在不经意间提倡小容量课堂，因为小容量课堂是最容易成为有效课堂的。可是，就一堂课而言，要是没有一定的容量，学生就不可能有真正的收获。对今天的学生来讲，不喜欢上课肯定包括上课听不懂的情况；但我相信更多的学生，是因为在课堂上没有成就感所致，当然这并不意味着老师没有对他们提出课堂学习的要求，而是他们可以用"我听不懂，我不会做，我不知道"等方式逃避课堂学习任务，课堂上的逃避是一种成功，但课堂下就会丧失学习的成就感。因此，一堂成功的课，最起码的条件，就是具有一定的课堂容量，而这个容量要大到不管是对学生学习，还是对老师教学，都有一定的挑战性。

要让课堂有一定的容量，最好有对师生都有一定挑战性的容量，毕竟没有一定的容量，课堂的教学价值是很难体现出来的，所以课堂容量中的"量的问题"基本上解决了。剩下来的问题是，课堂容量中的"质的问题"；也就是说，课堂教学对于学生学习来说，应该起到什么样的作用。一提到课堂容量，我们最直观的想法，就是在课堂上应该给学生多讲些知识点，或者多讲几道习题，感觉整个课堂在知识传授上比较充实；可是这样的课堂，很容易让人想到曾经被大家猛烈批判的"填鸭式教学"，如果这样理解大容量课堂，那就显得过于狭隘了。不管我们有多饿，当我们进入饭馆后，我们不但需要吃到食品，我们还希望吃到美味的食品；同样的道理，课堂在知识上的容量越大，对知识的加工就得越精致，对学生如何掌握知识的指导就得越科学，对学生如何消化知识的引领就得越到位。

大容量课堂不仅仅要容得下足够的知识，还要容得下老师对学科知识的拓展，容得下老师对学生学习方法的指导，容得下老师对学生学习过程的引导。课堂并不是学生学习知识的主阵地，学习知识的主阵地应该是在课下与课外；课堂应该是老师学科教学的主阵地，学科教学远不只是讲解知识给学生听，更重要的是帮助学生解决他们在学习过程中碰到的困惑，这儿的困惑是一个宽泛的概念，可能最终表现为学生学不懂知识，但背后的原因却是多元的，比如学生对学科学习没有兴趣，学生感受不到学习的成就感，学生学习方法有问题，学生执行低效的学习流程等等。所以，课堂教学并不能保证学生掌握知识,更不能保证每位学生都掌握知识,而是要尽可能地解决同学学习知识的困惑,尽可能地解决更多同学学习知识的困惑,从而为同学掌握更多的知识提供智慧支持。

对学科老师来讲,课堂教学最大的挑战,并不是如何向学生讲解学科知识,而是解决学生学习学科知识过程中的困惑。讲解学科知识是一个学科专业的问题,作为这个专业毕业的老师,这件事并不具有难度;解决学生学习困惑则是教育学的问题,而教育学并不是一个听懂了理论就能够解决实际问题的学科,而是一个需要理论指导,但又必须扎根于教育实践的学科,这对于一线老师来讲,缺少教育理论是一个困惑,但大家觉得更困惑的,则是如何把抽象的教育理论转化为具体的教育问题解决策略。

3. "大容量课堂"的实践路径

当学生听完一堂课,但却没有收获时,需要我们解决的问题,并不是如何把这堂课的主导权交给学生,而是考虑如何让老师把这堂课上得更有成效。既然是课堂,那就意味着这是老师帮助学生学习的主阵地,这就需要老师在课堂上讲得更有成效,而不是要求老师在课堂上少讲一点。只有老师在课堂上讲得富有成效,课后的学生才会学得有成就;要是老师在课堂上讲得少了,尤其是讲得还不到位时,学生的学习尽管是自主的,但一定是没有深度的。为此,从让课堂教学充分发挥教学价值,让课堂教学对学生学习真正有帮助的角度来看,课堂并不是要退出对学生学习的影响,而是要增大对学生学习的影响,而且是要在有限的课堂时间和空间里,增大对学生学习的影响,这就是我们建设"大容量课堂"的目的。

第一,要尽快地切入课堂主题。对于每一堂课,既有教材的起点,也有学生的起点;当学生听课前并没有学习教材时,那么把教材当作课堂教学的起点,虽然起点很低,但会很务实;但如果学生课前已经阅读或者学习过教材时,此时再把教材当作课堂教学的起点,那就是对学生学习时间的浪费,这时候就必须把学生,把已经阅读和学习过教材的学生,当作课堂教学的起点。更有意思的是,要是老师总是把教材当作起点,也就是把没有事先阅读和学习过教材的学生当作起点,那些原本有课前阅读和学习教材习惯的学生,也会逐步放弃这个习惯,因为当老师把课堂起点定得低了时,他课前的学习时间总是逃不了被浪费的结局。因此,要让课堂教学对学生学习有更大的助益,就需要老师逐步调高课堂教学起点,这样既可以督促学生课前阅读和学习教材,还可以让整堂课上到一个更高的平台,为后续更有难度、更重要的教学内容提供更多的时间。所谓的调高课堂教学起点,就是要尽可能从学生对教材已有的认知水平作为起点,从而尽快地切入课堂教学的主题。

第二,要让课堂变得富有思想。当我们上课时,会花大量的时间去讲解教材上的知识,似乎总觉得教材没有写清楚,所以让学生自己看不懂。其实,编写教材的人,已经在怎样编写才让学生"看得懂"方面做足了功夫,在这种情况下,我们对教材知识的讲解,教育功效并不明显。学生看得懂的,自然也听得懂我们的讲解;学生看不懂的，自然也很难听得懂我们的讲解，因为我们和教材的编写者一样，都是站在学生对立面来教育学生的，而不是与他们并肩同行，做学习同行路上的支持者。那么老师上课的目的何在呢？学生并不是来听我们对教材知识的重复讲解的，而是来看老师自己在学教材知识时，可能会碰到哪些问题或者困惑，而老师又是如何克服这些问题或者困惑的；也就是说，学生是来向教师学习"教师是如何学习的"，而不是来接受"教师给予他们的教育"。可事实上，老师是最不愿意承认，也最不愿意表露，自己在学习教材知识时存在的问题或者困惑。殊不知，教师为学生讲解的，永远是学科知识；而教师向学生展示的，才是教育思想；举例而言，教师看了答案再向学生讲解题目，那讲的只是知识；教师没有看到答案，向学生讲解自己是如何一步一步思考的，这个过程呈现的就是自己的思想。

第三，要让课堂对教材有拓展。教材上的知识，于学生而言，有三种学习层次：一是通过对教材知识本身的学习，从而了解和掌握教材知识本身；二是通过对教材知识形成过程的了解，习得探索知识形成过程的意识和能力；三是在掌握教材知识的基础上，去应用和进一步拓展教材知识。在目前的课堂教学中，不论是教师教学，还是学生学习，基本上都停留在第一个层次，即就知识而学习知识；有少部分教师能够达到第二个层次，即就知识而探索过程，到了这个层次就已经到了探索式教学，但这种探索只是重复性的、验证性的，是在知道结论或者结果情况下，对整个知识获得过程的重复性验证。不管是就知识而学习知识，还是就知识而探索过程，都是在教材知识的圈子里打转，都没有让学生摆脱教材的约束。之所以要求学生学习教材，目的并不是掌握或者验证教材知识，而是要学会应用教材知识，甚至在应用教材知识的过程中去发现或者创造新的知识，这就进入了教材学习的第三个层次。但目前的情况是，课堂教学在第一和第二个层次上花的时间太多，由于总是面对现成的知识，学生既无兴趣，也无成就感。

第四，要让课堂对学生有指导。课堂是教师教学和学生学习的交汇点，要是有了教师教学才有学生学习，那么课堂教学就成了学生学习的全部。等到教师下课了，教师教学结束了，学生学习也就完结了。事实上并非如此，是有了学生学习才需要教师教学，教师教学只是对学生学习的引领与指导，不管是在课堂教学的前还是后，学生学习都是存在的，只是它并不依存于教师教学。尽管学生学习并不依存于教师教学，但并不等于它不受教师教学的影响。当教师教学对学生学习过程（并不局限于上课时段的学习）具有真实的指导力时，学生学习的整个过程，包括课堂上的学习，也包括课堂前后的学习，都会主动接受教师教学的引领和指导。因此，课堂上的教师教学，除了为学生讲解具体的学科知识和学科习题之外，还需要对学生的学习方法和学习过程给予指导。比如，对于课堂前的预习，教师可以事先告诉学生下节课的教学内容，教学生如何在课前自学这些教学内容；对于课堂后的复习，教师要指导学生如何总结，如何把课堂上的知识应用到具体的习题和生活实践之中。只有当教师的课堂教学，能够引领和指导学生整个学习过程时,这样的课堂教学因为它的开放性,而赢得无限的课堂容量。

(四)建构信息化课堂,让课堂恢复吸引力

始于20世纪90年代的互联网和大型数据库的研发和利用,使得信息传播与网络资源运用越来越广泛,既给人们的生活、工作、学习带来质的变化,也给高校的教育教学带丰富的手段和方法。"互联网+"时代的信息化教学将大大完善教育教学的现代化模式,信息化教学能力也将成为当代高校教师最重要的职业素质与核心竞争力(毛娇艳,2016)。对于高校青年教师来说,迎接挑战、适应发展是时代与社会的必然要求,通过培训而提高高校青年教师的信息化教学能力具有重要的现实意义。"互联网+"是一种基于互联网的技术体系,其中所蕴含的科技知识无疑是现代人必须掌握的重要知识内容。与其说"互联网+"是一个知识体系,不如说是一个技术体系,所以其所蕴含的技术内容也必然是现代人所要掌握的一种本领,这仍然不是教育所要追求的本质,高校青年教师能够运用互联网所包含的技术技能去解决教学问题,进行教学的创造和创新,才能真正具备新时期、新环境下的核心竞争力,即生存于信息化社会的方法和能力(毛娇艳,2016),也才能将学生吸引到课堂。

随着现代信息技术的普及应用,高校青年教师所面临的挑战不仅来自教育目标要求,还有教育对象及教育环境的变化。当大多数大学生都从信息化、数字化的社会生活中走进校园时,也必然迫使高校青年教师应用信息技术手段进行教学,因此高校青年教师信息化教学能力不可或缺。

1. 互联网时代高校青年教师信息化教学能力的构成

互联网时代之所以能够为高校的现代化教育教学创造出一个信息化的全新环境,不仅仅是一种可供使用的方法,而在于它的背景化和思维化,即将传统的事项转移到互联网技术和信息技术所形成的大环境之中,以便在本质上彻底改变传统模式。所以,在互联网时代,互联网技术、现代信息技术以及对媒体技术等所共同营造的,就是一种信息化的教育教学环境,高校青年教师的各种能力构成就是对信息化教学能力的一种适应能力、生存能力和创造能力(颉梦宁,2018)。

首先,互联网时代的大学课堂急需信息化环境下的课程整合能力。整合是对各种资源要素进行收集、归纳、重构,以达到最优化配置,从而在应用时能够发挥出最佳效果的组织过程。在信息化环境下,高校青年教师对于各种教学资源要素的整合也是这样一种过程,只不过所面对的资源是某一专业的教学资源。相比于传统教学模式,信息化环境所提供的原始教学资源是繁多而丰富的。一方面,教师所拥有的课程资源既有传统教材,也有网络课程,还不乏各种共享资源以及辅助资料等;另一方面,教师所使用的手段是信息化的各种教学设备设施,在它们的使用过程中蕴含方法、操作、融合与效果等要求,由此带来非常多的信息技术类资源,这就使得专业教师的信息化

整合力必须过硬、过强，否则很难将现代教育技术手段有效地应用于专业课的教学中。因此，高校青年教师在进行教育教学时，必须具备能够把信息化技术、信息化方法与传统课程资源、信息化课程资源以及人力资源有机融合到教学内容中的能力，并通过新型的教学方式来实施教学活动，完成教学任务，最终达到既定的教育教学目标（赵峰，张娅萍，2013）。

其次，互联网时代的大学课堂急需基于信息化环境下的教学设计能力的提升。教学设计是对教学内容的组织、结构、教学方法选用等的融合过程，从而有利于课堂教学的实施，并取得理想的教学效果、教学设计与教学内容。教学者的教学能力以及教学风格有关，而关系最为密切的，还是教学环境中的诸多相关因素，如课程形式、教学场所、教学设施与设备以及所面对的学习者等。与传统教学设计相比，信息化环境下的教学设计并不是将信息化的技术方法引入传统课堂教学这么简单，如网络教学并非以互联网技术去做传统的事情，而是要以全新的思维为支撑，要以新的方式方法去完成新的任务（马庆，胡翠梅，2014）。这就要求高校青年教师在教学设计能力上应具有这样的内涵：第一，以信息化技术手段完成既定教学任务的能力。正确运用信息化技术去执行教学任务，将会取得好于传统方法的效果，这是无疑的，这里的设计能力不仅仅是会用，而是能够通过"设计"进行运用，才能使内容与形式有机融合。第二，熟练运用信息化技术并能够进行创新性应用的能力。信息化教学能力的较高要求是灵活运用和创造性运用，这就要求高校青年教师还应具备一定的研究能力。第三，运用信息化技术手段培养学生自主学习的能力，即教会学生学习的能力才是教师的较高能力。

再则，互联网时代的大学课堂急需基于信息化环境下的计划执行能力的培养。教学设计和教学计划的执行并不能轻易等同，教学设计或者教学计划仅仅是基于课程、学生和信息化环境等现实条件下的一种预设，往往有着理想化的一面，而实际执行过程并不简单。因此，信息化环境下的计划执行能力才是对高校青年教师的真正考验。高校青年教师在利用信息技术教学时必须解决好以下问题：一是利用信息技术进行教学的问题，即通过对信息化的教育教学设备和专业实验设备的熟练操作而展开教学活动；二是能够利用信息化教学手段有效组织学生的合作学习与探究活动，培养学生的自主学习能力；三是能够利用信息化教学手段将教学内容、多媒体呈现和师生活动有机融合，使整个教学过程都能够在和谐气氛中有效推进；四是能够运用信息化教学手段来解决课堂偶发问题，使课堂教学在生态环境下不但不会失效，而且有新的生成。需要指出的是，教师如果仅将部分教学内容借用信息化教学设备处理，这并不能表明其信息化教学能力已经达标。在互联网时代的思维模式下，信息化教学应该被视为一种环境、一种背景和一种氛围，然后将传统教学内容置入这一环境里进行全新方式的处理，才是高校青年教师所要达到的目标（刘攀，段渭军，2012）。

最后，互联网时代的大学课堂急需基于信息化环境的评价促进能力的生成。评价是对教学效果的一种客观评论与判断，目的是通过评价来反思课程整合、教学设计以及教学执行的效果如何，还存在哪些不足与缺陷，应该怎样调整教学策略，进而促进学生的学习有效性和学习能力提升。同传统教学模式对教学评价的重视一样，在信息化环境下，教学评价也是教学的重要环节，它不但处于全新的环境，而且评价对象、评价内容以及评价方式也都发生非常大的改变，这就对高校青年教师的评价能力提出更高的要求。首先，高校青年教师评价的对象发生改变。互联网时代的大学生不但拥有现代网络和信息技术的应用能力，而且思维灵活开放，不受条框限制，显然，高校青年教师评价当代大学生的能力要基于互联网时代的技术和思维才能具备，否则就很难为学生所接受，也无法获得评价的效果。其次，高校青年教师评价的内容需要调整。互联网时代是一个创新的时代，能力比知识更重要，教师对学生的评价也要从专业理论知识的掌握转移到学习能力和信息环境下的生存能力上，才能体现出信息化教学的价值内涵。最后，高校青年教师的评价方式必须创新。评价的终结性和过程性相融合仅是最基本的要求，而如何利用网络和信息化技术准确把握学生的行为心理与情感精神才是根本。

2. 互联网时代高校青年教师信息化教学能力培养的途径

第一，提高教师信息化学习的主体意识。培训作为一种技能提升的有效途径和方法，必须首先在培训主体的思想意识中扎下根基，否则培训就难以达到理想的效果。在互联网时代，许多高校青年教师实质上并不具备过硬的信息化教学能力和素质要求，而在心理上却又缺乏深刻的认识。一方面，许多高校青年教师并未认识到信息化教学对于现代高等教育以及新课程教学的重要性和必要性；另一方面，对什么是信息化、信息化教学的真正内涵是什么也没有深刻理解，甚至对自己的信息化教学能力的真实水平都未必清楚。因此，提高高校青年教师信息化学习的主体意识，应是有关培训工作的基础一环。首先，要增强高校青年教师的学习意识，学习是认识不足、弥补缺陷、缩小差距、迎头赶上的唯一途径，高校青年教师只有增强自己的学习意识，才能提高自我综合素质与能力，才能适应互联网时代的信息化发展要求。其次，要深化对信息化教学的本质认识。很多人普遍认为，信息化教学就是在教学中使用图片、音频、视频、课件演示教学内容，而从本质上混淆了信息化与多媒体的区别。而实际上，信息化教学不仅是对信息化手段的利用，还是一个通过学习情境的创设、学习资源的收集与整合而有效开展自主学习与探究活动，从而培育出学生学习方法与能力的过程，如果仅仅将应用信息化技术作为目的，并不符合互联网时代的信息化教学要求（毛娇艳，2016）。最后，要提高信息化教学对于高校教育和现代化人才培养的重要性的思想认识，将信息化教学作为创新教育教学模式、促进高校层次化、内涵式发展的重要手段和方式。

第二，创建教师信息化教学能力培训的完整体系。高校青年教师的信息化教学能力必须通过系统化培训，才能得到高水平的发展，尽管培训学习的机会和方式很多，但学校只有建立系统化的培训体系，才能为培训提供强有力的保证，因此学校必须将之作为一项重要的工作来抓。首先，要明确培训目标。信息化教学能力培训不是信息化教育技术的操作技能训练，而是从思想意识到信息化技术应用，从信息化环境适应，再到信息化技术创新与研究的系统化熏陶与感染，从而形成高校青年教师在互联网时代所必须具备的意识、知识、技能、应用及创设能力。其次，要整合培训内容。要将互联网技术涵盖下的信息技术环境、信息技术应用、信息技术思想和现代高等教育课程理念相融合，并整合为针对高校青年教师信息技术培训所需要的高质量课程资源，以作为培训教材之用，最终达到上文中所论述的四种能力要求，即：课程整合能力、教学设计能力、教学执行能力和评价促进能力。再次，要善用培训方法。针对高校青年教师的培训方式，既可以是岗位集中培训或校本培训，也可以是自主学习或教学反思与改进（赵峰，张娅萍，2013），应通过多种方式综合进行与推进，才能渐进性促进青年教师信息化教学能力的提高。最后，加强评价监管。评价监管是促进高校青年教师进行信息化教学能力培训的重要保证，学校只有在思想上重视，在制度上规范，在管理上严谨，在评价上科学，才能在教师培训与评价监管中发挥组织与主导作用，从而最大限度地提高高校青年教师的信息化教学能力。

第三，营造教师信息化教学能力提高的有利环境。高校青年教师的信息化能力培训除了"有形"的组织培训和自主学习培训，还存在"无形"的培训机会，这就是通过环境而发挥潜移默化的影响作用。首先，要为高校青年教师创建良好的软硬件环境，以积极支撑他们信息化教学能力的发展。基础设施建设与环境创造是信息化教学的前提与根本，是促进高校青年教师信息化教学积极性和素质能力的基础性条件（李天龙、马力，2013），高校青年教师在充分培训的基础上，如果能够及时、有效、经常性地应用信息化教学手段实施教学，那么他的信息化教学能力必然能够在不断的实践锻炼中得到加强和提升，并能在一定的基础上有所创新和发展。其次，要通过制度建设和管理改革激发高校青年教师信息化教学能力发展的外部动力。培训的有效性需要培训活动的制度化和规范化实施来保证，学校应结合有关教育政策制定出相应的培训制度，才能使信息化教学能力培训持续健康发展。信息化教学能力既是高校青年教师的素质能力体现，也是增强学校竞争力、促进学校跨越式发展的重要力量，因而学校应把信息化教学实施纳入教师难度考核的常规内容，并形成信息化教学能力培训、管理、检查与评价的长效机制（李娟、张家铭，2011）。最后，教育主管部门应通过加大投入力度而加强学校硬件建设，应在互联网的时代背景下，将学校信息化环境建设作为互联网行动计划的一个重要组成部分而落实好，争取在更多资金与政策的支持下，加快推进学校的信息化建设，使高校青年师资队伍有一个更大的发展，将高校教育质量提高到一个新的水平。

三、高校青年教师的文化创新者角色

如前所述，青年教师的第一要务为教学，教师以教学者的身份完成文化传播的使命，在此过程中完成自我实现，找寻到自我身份。教学是一个思维的过程，教师对于教材、教法、教学评价与管理、教学的受众等要进行系统化、科学化的思考方能履行好教学者的义务，而思考的过程无疑将涉及文化的创新，同时，在大学多元文化的氛围中，文化创新也是对高校教师提出的基本要求，因此，高校青年教师在履行好教学者身份的同时，还承担着文化创新者的身份，而对于高校教师来说，文化创新的主要途径无疑体现在科研领域。然而，目前，教育界对于科研与教学孰轻孰重的问题争论不休，似乎科研与教学已经发展成为一对无法调和的矛盾，而矛盾的焦点在于：青年教师的工作经验相对缺乏、场域资本相对有限、生存压力相对较大等现实状况制约了其科研能力与教学能力的和谐发展。但是，我们在争论甚至抱怨的同时必须认清一个问题，即文化的传承与创新永远是应该处于一种双赢的模式之中，唯有此才能实现文化的健康、持续发展。因此，作为肩负文化传承与创新使命的教师，其身上永远担负这教学与科研的双重任务，如果说教学和科研在青年教师是一对矛盾的话，那么，这对矛盾将伴随教师的整个专业发展生涯，因此，我们与其抱怨，不如冷静地分析矛盾，解决问题。根据矛盾论的观点，矛盾的主要方面和次要方面总是相伴而生，前者决定事物发展的方向，而后者则影响事物发展的过程，并且在一定条件下，两者会发生转化。对于青年教师而言，教学无疑是其专业成长中的主要矛盾，在这一矛盾的解决过程中，一方面，青年教师由于教学所带来的直接物质收获可缓解生存压力；另一方面，青年教师在教学过程中以及借助教学共同体获得的正向成长体验最终促使其形成积极、合理的身份认同，获得身份自信；同时，青年教师在教学中的思考也是其开展学术思辨的前提和基础。因此，我们认为：如果我们将科研统一到教学活动中，那么，两者是可以实现和谐发展的。原因在于：对于青年教师而言，教学实践与科研探索处于同一场域，即学校，因此，两者存在共同发展的基础条件；再者，青年教师的专业发展是一个持续性的过程，而教学是其健康成长的逻辑起点，科研则是其终身学习的逻辑终点；另外，教学实践是科研创新的前提与基础，而科研探索则是教学创新的不竭动力，缺乏科研创新的教学活动仅仅是机械性的流程重复，而缺乏教学实践的学术探索对于青年教师而言就变成了无源之水、无根之木。因此，青年教师的专业发展必须依托教学与科研两条腿走路，依托教学的科研才是青年教师走得远、走得稳的关键。从这一点而论，基于学校场域的教学学术无疑是青年教师学研相伴、履行文化创新者身份的不二选择。

"教学学术"（Scholarship of teaching）的概念由美国教育家、卡内基教学促进基金会主席厄尔斯特·博耶（Ernest L. Boyer）于1990年针对美国大学重科研轻教学而导致本科生教学质量下降的现象而提出。随着我国高等教育发展由规模扩张向内涵发展的转变，国内学者对教学学术的研究热情日益高涨，教学学术兼具教学和学术的双重身份，打破了人们传统的教学观念、学术观念，它呼唤教学成为一种学术，对我国高等学校提高办学质量和高等学校教师发展均有着积极的启发作用（穆湘兰等，2016）。

（一）教学学术是一种崭新的学术观和教学观

1. 教学学术是一种崭新的学术观，明确高校教学的学术地位

长久以来，人们就对高等学校存在这样一种认识：高等学校是一个从事高深学问研究的地方，经年历久的实践中，高校里的教学与科研分割开来，成为学校里两项互不相交工作，教学无关乎学术，教师只有搞好科研，出科研成果，才是真正做学问、搞学术，在此影响下，高校的课堂教学一直未能真正受到高等学校和教师的重视，对此，博耶曾明确地指出，倘若没有教学，知识的连续性就会中断，人类知识的积累就会面临削弱的危险，没有教学的支撑，学术的发展将难以为继，因此，要给教学的学术以新的尊严和新的地位，以保学术之火不断燃烧（欧内斯特.L.博耶，2002）。由此不难理解，教学是学术传播和发展的一个重要环节，教学必须获得新的尊严和地位方能使其传播、发展功能得以更好地实现。

高校作为一种特殊的研究共同体，其主体人员是教师，他们所从事的不是像科学家那样的知识生产活动，而主要是传播知识和应用知识的教学活动。教学作为高校教师最为重要的一项理论与实践结合的活动，既是教师对知识累积的展示，又融入个体新的解释和整合，是在更广泛的层次上生产和应用知识的一种表现，是一种特殊形态的学术类型。教学学术作为对学术的一种崭新的解读，为解决高校中教学与科研的错误两分现状提供了新的思路。当高等学校真正把教学纳入到学术的范畴，赋予其应有的学术地位，教学方能真正得到重视。

2. 教学学术是一种全新的教学观，明晰高校教学发展的方向

传统的教学观认为，教学就是知识和技能的传递活动，是一种纯粹的实践性活动，教学的目的就在于帮助学生完成知识的积累，而"教学成为一种学术"，是对高校教学的全新定位。在新教学观将教学视为一种特殊的学术探究过程，教师必须主动深入地研究高校教学的规律和特点，深刻地了解学生特征和需要，对自己所面临的教学现象或问题进行深刻反思和探究，并获得与学生有效的互动和认可，方能真正完成教学的目的。

在高等教育进入大众化发展的今天，人才培养的复杂性越来越强，人才质量要求也越来越高，新的教学观将指引高等学校重新调整教学管理和发展的思路，更新教师评价和教学评价的内容与方式；教师也将更新教学行为方式，珍视教学的学术地位和价值，这一切变化有助于提升高等学校的教学水平和办学质量，满足新条件下人才培

养的客观要求。

（二）高校课堂是教师教学学术发展的重要场域

教学学术的内涵是非常丰富的，它"不仅包含着课堂教学实践，还包含教学内容、教材体系、教学方式、方法、人才培养模式等的思考和探索，教学经验的反思与总结，教育教学基础理论的研究和应用，教学成果的公开和评价等多个方面"（方学礼，2010）。从这样的描述中，我们非常清楚地看到，课堂教学实践作为教学工作最重要的环节，是教师教学学术构成的基本内容，高校课堂也正是教师教学学术水平得以发展的重要场域。

英国学者特里格维尔（Keith Trigwell）等人构建的教学学术模型，从知识、反思、交流和观念维度对教学学术进行阐述，也帮助我们从这四个维度去发现高校课堂在教学学术发展中的重要价值。

1. 知识维度：高校课堂是激活教师教育知识的关键场所

特里格维尔等人描绘的教学学术模型中，教学学术在知识维度上经历着从"使用非正式的教学、学习理论——熟悉掌握一般的教学、学习理论——熟悉掌握学科教学、学习理论——进行行动研究，掌握句法能力以及教育学知识"的发展过程。特里格维尔等人所说的行动研究、句法能力、教学理论等，就是我们常说的教育知识。

"教学学术型教师的首要特征是具有丰富的教育知识"（姚利民、綦珊珊，2007）。教师的教育知识，是教师职业区别于其他职业的理论体系和经验系统，它涵盖了以句法能力为主的教学理论、技能，以行动研究为主的教育研究方法体系等。句法能力是教师教育知识的一个方面，是教师对其所教授学科内容进行有效表达的句法结构知识和行为方式。对于高校教师而言，丰富的学科内容知识无疑是十分重要的；而就教师这一"传道、授业、解惑"的工作而言，掌握并能有效运用关于学科内容有效表达方式无疑是教师使得其专业知识得到有效传递的重要条件。有关专业的句法结构知识和行为方式的真正获得，需要在教学交往中实现，而课堂教学实践无疑就是融通专业知识、掌握句法的最佳平台。行动研究属于教育研究方法中的一种，是教师对自己的思想、信念、知识及其实践进行有目的、有系统、批判性研究的方式，这种研究与实践行动密不可分，与课堂教学有着千丝万缕的联系。

我国高校里的大部分教师在硕士、博士就读阶段并没有系统、全面地接受教育学知识的学习，即便开设有相关课程，也不能得到他们的重视，因为他们更愿意把绝大多数时间和精力投入到自己专业的高深学问的探究、发表论文、著书立说等学术活动中；毕业后进入到高校工作，缺乏足够的教育学知识，尤其是关于教学和学习的理论和经验，这将直接影响其课堂教学效果和教学质量。从这一高校师资现状来看，教师不仅需要加强教育理论知识的学习，更需要通过课堂教学的不断实践，使教育知识活化，以真正面对和解决真实的教育情境与问题。

2. 反思维度：高校课堂是教师行动与反思共同聚焦的时空

从反思维度来看教学学术的发展，它经历着从"没有或无意识地反思"到"在行动中反思"再到"站在学生的角度做出反思"三个阶段，高校教学是一项需要反思、探究的学术活动，需要教师敏锐地发现问题，认真思考并通过行动加以解决的活动。教师只有通过亲身参与到课堂教学的各个环节，密切地接触学生、了解学生，才可能"站在学生的角度做出反思"，才能对课堂教学过程中发生的各种现象和问题进行反思，才能深刻审视已有的教育教学理论，进而以行动来解决课堂教学情境中的问题，这样的过程是教师行动与反思共同作用的过程，它不但解决课堂教学中的问题，而且改造和扩展知识，甚至会产生新的教学知识。

3. 交流维度：高校课堂是师生知识、情感和学术交往的重要平台

特里格维尔等人认为，教学学术在交流维度上经历从"没有交流"到"同本系教师进行交流"再到"在当地或全国性会议上做汇报"最后发展到"在国际学术性期刊发表文章"的过程。如前所述，公开化是教学学术的重要成分之一，即是说教师的教学知识和思考要能超越个体，成为一种公共财富。"没有交流"意味着教师独自面临的课堂教学任务，缺乏相互的支持和交流，而同本系教师进行交流，是迈向公开性，继而走向更宽广的交流平台的开始。

然而，"学术是一种群体性活动，你不可能单独地从事研究工作。为了确保学术之火不断燃烧，就必须不断的交流，不仅要在学者的同辈之间进行交流，而且要与教室里的未来学者进行交流"（苏霍姆林斯基，1984）。所以，即便教师处于"教学的孤岛"，需要一个人单独面对课堂教学任务，也是可以在课堂上寻找支持。这种支持的力量就是课堂上的师生之间的交流、交往、课堂上，师生可从知识、情感、学术等方面展开互动交往。首先，教师与学生能围绕教学内容进行知识和情感交流。教师在清楚地讲授、解释教学内容的同时，通过自身语言、情感、肢体等展示对学科、对教学、对学生的热情和关爱，使课堂教学充满吸引力和感染力，从而促进学生产生学习的主动意愿，有效地掌握教学内容，师生之间形成良好的情感互。其次，高校的课堂教学"不仅要向学生传授已有定论的科学知识和专业知识，还要向学生介绍最新的科学成就，各种学术流派和学术观点以及各学科需进一步研究和探讨的问题"（刘咸卫，2008）。教师和学生之间可共同探究知识、研究真理，寻找科学的真谛，这既有利于学生问题意识！创新精神的养成，也有利于推动教师持续不断地思考、探究问题。此外，关于课堂这一特殊的场域中发生的一切都可以成为教师同伴之间进行交流内容和主题；教师要编撰证明其教学学术水平的资料，如教材、教学参考书、教案、课件等等，也与课堂教学有着密切的关系。

4. 观念维度：高校课堂是教师教学观念外化的有效渠道

从"以教师中心的方式看到教学——以学生中心的方式看待教学"是教学学术发展从观念维度上的发展过程。教学学术"根本旨趣在于通过教师的教学研究、合作交

流、反思实践等活动促进学生的学习"（贺玲，熊华军，2010）。然而，由于高校教师评价制度中存在的"重科研、轻教学"等问题，导致一些教师不重视课堂教学，对课堂教学采取敷衍的态度，或照本宣科、满堂灌；或东拉西扯，不着边际；或僵化死板、令人乏味。由此课堂表现可见这样的教师没有真正建立起"以学生为中心"的教学观，没有把促进学生的学习视为教师教学的出发点和最终归宿。是否能够真正地以学生中心的方式对待教学，通过对教师真实课堂教学行为进行观察，无疑会更加科学和全面。

（三）立足高校课堂教学引导教师教学学术发展的策略

"以评促发展"是引导教师教学学术发展的有效方法，高等学校可从以下三个方面来完善对教师课堂教学的记录与评价：

1. 建立教师教学档案袋，记录教师的课堂教学成长

建立教师个人的教学档案袋的目的有二："第一，展示教师的能力；第二，促进教师的专业发展"（王斌华，2004）。做好教师的教学档案记录，既能为发展教师教学学术提供研究和反思的素材来源，也为全面评价教师的教学学术水平提供相关的佐证材料。为此，要注意以下几点：

首先，促使课堂教学观察和记录的常态化。传统中关于教师教学水平和能力的评价，主要是采取专家、同行集中式的一次性的听课方式进行，其评价的全面性和客观性不足。一次两次的听课，无法真实反映教师整个教学的实情、经常性地课堂观察和记录，能更好地对教师个人在课堂组织与管理、教学内容与方法、学习过程与效果等方面展开全面的观察和持续地记录，教师就不会为了迎合专家、同行的某一次听课活动才花精力去设计、组织，而是需要通盘考虑整门课程的设计安排，认真组织每一次课堂教学，这样更有利于教师课堂教学能力和水平的提高，其效果将远远超出一次性评价所能显示的作用。其次，

提高课堂观察反馈的时效性。专家、同行的课堂观察与评价应及时反馈给授课教师本人，一来是使相关信息产生维持或矫正的教学行为的作用；二来可以避免由于时间过久造成的信息模糊，及时反馈会发挥更为明显的增值效果。同时，拓宽教学档案的内容。全面搜集反映教学学术水平的相关教学材料，正如前面所提到的，教师的教学学术水平不仅反映在课堂教学实践，还反映在教师对教学内容、教材体系、教学方式、方法、人才培养模式等的思考和探索中，所以，为全面记录下教师教学学术水平发展的状况，还需要收集教师表述的教学哲学与观念、课程开发、学生学习成果评价数据等相关教学材料。

2. 完善课堂教学评价体系，引导教师教学学术的自觉提升

首先，课堂教学评价中适当增加学术引导性指标。通过课堂教学评价指标的设定来引导教师课堂教学行为的改进，进而引导教师教学学术的发展。比如：在课堂教学评价体系中适当增加诸如教学的学术性和知识的前沿性等学术性指标，既能改进课堂

教学，又能发挥引导教师教学学术的发展。

其次，增加课堂教学自我评价和学生评价。原因在于：其一，自我评价是教师对自己所开展得课堂教学实践进行反思的一种表现形式，也是全面评价课堂教学质量的有机组成，鼓励教师开展持续的自我评价，增加教师自我评价在课堂教学评价中的权重，不仅可以引导教师反思其教学思想、设计理念等，发展教师在评价中的主体参与感，而且也为教师获得评价认同提供了有效途径。其二，学生评价是以学生为中心看待教学，设计多样的学生评价指标，并积极采纳学生对教师课堂教学的意见和建议，有利于多角度把控教师教学实践，增强教学评价的科学性，而学生参与课堂教学评价既是了解学情的重要手段，也是促进学生学习的重要方式，学生参与评价的形式应该是多样的、持续的。比如，我们可以借鉴美国普林斯顿大学（徐丽，高军，2013）开展的"一分钟书面反馈"和"重要问卷"活动。"一分钟书面反馈"是在一学期里分多次收集学生对教学的反馈信息，"重要问卷"活动则是在每周教学结束后的，收集学生对教学的感受及建议。这些学生参与的评价活动对发展教师"以学生中心的方式看待教学"的观念和行为是有很大促进作用的。

3. 搭建课堂教学研究与交流平台，为实现教学公开提供条件

有一些教师埋头于教学活动本身，却很少思考教学体验；他们习惯某种教学技能甚至不知不觉发现了一种新技能，却不善于把这种技能表述出来；他们的教学任务完成得好，教学质量高，深受学生好评，但其没有意识将对自己的教学活动进行反思；也无法将有效的经验上升为理性认识，无法构建自己的知识，用各种形式外显自己的知识。为此，通过搭建各种课堂教学研究与交流的平台，促使教师实现教学公开，是高等学校提升教学质量的发展趋势。学校可以通过建立教学学术交流网站、设立课堂教学改革和创新研究项目等方式引导教师实现教学公开建立教学学术交流网站，一方面引导教师对课堂教学进行有意识地反思，及时地公开、分享自己的教学思考，又能了解他人对教学现状、危机和困惑的描述；设立课堂教学改革和创新研究项目，通过项目任务驱动的方式，促使教师将教学行动研究与反思上升为理性认识，并用各种形式公开自己的知识。例如写教学反思论文、出版相关的著作，参加教学研讨会、公布教学方案等等。总之，提供便利条件，帮助教师实现教学公开，通过教学公开使更多的同行甚至其他领域的学者分享教学的思考。

四、高校青年教师的"自我"身份

"自我"一词属于心理学领域的概念，同"本我"和"超我"构成了精神的三大部分。在心理动力论中，本我、自我与超我是由精神分析学家弗洛伊德之结构理论所提出。1923年，弗洛伊德提出相关概念，以解释意识和潜意识的形成和相互关系。"本我"（完全潜意识）代表欲望，受意识遏抑；"自我"（大部分有意识）负责处理现实世界的

事情;"超我"(部分有意识)是良知或内在的道德判断。

"本我"是人格结构中最原始的部分,构成本我的成分是人类的基本需求,包括饥、渴、性等。本我之中的需求产生时,需要立即满足,因此支配本我的是快乐原则。而"超我"在人格结构中居于管制地位的最高部分,构成超我的成分是社会道德规范、个体的良心、自我理想等。超我是人格结构中的道德部分,支配"超我"的是完美原则。"自我"在现实生活中则是由本我和超我共同作用的结果。由本我产生的各种需求,因为受到超我的限制,不能在现实中立即满足,需要在现实中学习如何满足需求。最终的现实状态就是"自我"。因此,"自我"介于"本我"和"超我"之间,支配"自我"的是现实原则。"自我"是人格的心理组成部分,是从"本我"中逐渐分化出来的,位于人格结构的中间层。其作用主要是调节"本我"与"超我"之间的矛盾,它一方面调节着"本我",一方面又受制于"超我"。它遵循现实原则,以合理的方式来满足"本我"的要求。这里,现实原则暂时中止了快乐原则。由此,个体学会区分心灵中的思想与围绕着个体的外在世界的思想。"自我"在自身和其环境中进行调节。弗洛伊德认为"自我"是人格的执行者。

作为传承文化与传播思想的职业,教师受到社会的高度关注。社会对"教师角色"赋予了特定内涵。一般来看,社会大众对教师角色赋予了"公仆"的内涵,强调的是教师的服务意识和牺牲精神,"蜡烛""春蚕"等称号、"安贫乐道""呕心沥血"等字眼是人们常用来形容教师的。教育管理者则赋予教师角色以"雇员"的内涵,"对雇员角色的期望包括遵守上级指定的规则,遵从一贯的课程标准和教学程序,强调对学校的忠诚"(Hoyle Eric,转引自胡方,2013)。在教学中,制定课程目标、选择教学内容以及课程教学的实施与评价等都严格按照标准化的程序执行。在理论工作者那里,教师又被认为是"执行者",充当的是专家的"传声筒"的角色。事实上,理论专家们甚少关注教师的想法、采取的是"自上而下"的改革方式,而教师往往认为教育理论是远离实践的高深的知识,对理论专家"奉若神明",教师由此成为理论专家们所创设理论的忠实遵循者。

上述教师角色定位强调的主要是教师职业的社会功能,即教师担负的责任、义务以及相应的社会期待等,这种对于教师的角色定位过于简单粗暴,掩盖了"教师之为教师"的本性,社会定位过于强调教师作为"超我"的价值,而教育管理者的角色定位则仅仅着眼于教师作为"本我"的价值,而陷于这两种角色桎梏的教师无疑处于"失我"的状态。"规制性的角色经常导致个人声音的压制,剥夺个人界定情境的权力"(周淑卿,2006)。实践也表明,教师成长是个性化的,"教师成长具有高度的个人生活史特性,生活史与教师的专业发展息息相关"(刘洁,2006)。自立,方可立人。教育,不仅是立人的过程,更应该是教师自立的过程,即教师自我修炼的过程。没有自我修炼,自立都谈不上,焉能立人?那么,高校青年教师该如何修炼呢?坚持教师之为"人"、为"以文化人之人"的身份,摆脱"失我"状态,走向"自我"发展的道路无疑是高校青年教师自我修炼的最佳路径。

（一）职业倾向：高校青年教师自我发展意识迷失的重要因素

杨建云等（2002）人研究指出，教师职业缺乏相应的激励机制，教师课业负担过重，现有教师培训形式单一等因素容易造成教师自我意识迷失。陈于清（2007）则认为，工作压力大，培训定位偏，矛盾心理多是造成教师专业发展自主意识迷失的三大因素。根据"符号互动论"的观点，教师自我发展意识属于具有统整作用的整体结构，是教师主体与实践环境之间双向建构的产物，因此，除了上述因素之外，一些"习以为常"的职业倾向也有可能影响教师自我发展意识，成为导致教师自我发展意识迷失的重要因素，这些职业倾向源于教师专业实践，又作用于教师专业实践，与教师专业实践相伴相随，具有内隐性特点。

第一，教师职业的"技术化"倾向容易钝化教师的自我认识。教育是科学还是艺术的争论在教育界由来已久。在我国，"教育是科学"的观点一直占据主导地位，这种观点蕴涵着一个假设，只要掌握了"教育规范"，就可以成为一名"优秀教师"，这一点可以从各地的教师入职培训中得到佐证：培训内容为各种技术，说课的技术，上课的技术，听课的技术，备课的技术，课堂管理的技术，等等。这种技术性的培训模式造就了大批"技术饥渴"的教师（李方安，2015）。新教师们被灌输了"技术至上"的教育观念，想当然地认为只要熟练地掌握了各种"技术"，就能站稳课堂讲台，维持课堂秩序，完成教学任务，成为一名优秀教师。与此同时，科学技术的飞速发展与教育活动的功利性追求也加速了教育职业的"技术性"倾向，致使教学目标设计程序化，教学过程实施格式化，教学评价操作机械化。徐继存（2004）认为教师职业"技术化"倾向的最直接结果是改变了教育活动的本性，导致教育活动成为一项纯粹技术性活动，失去了其最基本的人文向度和价值属性。由此，教师被塑造成为教学模式的操作者，教学参考的执行者，课程目标的落实者，逐渐失去了应有的自主能力、反思能力、创造能力和思考能力，钝化了自我认识。

第二，教师职业的"工具化"倾向容易遮蔽教师的自我体验。关于教师，有许多令人无比艳羡的比喻，如"教师是燃烧的蜡烛"，"教师是辛勤的园丁"，"教师是人类灵魂的工程师"，等等，这些高大上的比喻一直鼓励着广大教师无私奉献，默默耕耘，似乎唯有如此，才配得上这些光荣称号。殊不知，这些"高大上"的比喻隐含着对教师的"捧杀"，折射了对教师的"利用"。教师职业价值包括工具性价值和目的性价值，工具性价值与目的性价值统一于教师职业劳动中，无法剥离，但在教育实践活动中，教师职业的工具价值被无限扩大，教师的主体地位、智慧发展、人格完善等目的性价值不仅没能得到应有的尊重与重视，反而被无情忽略与抛弃，教师成了学生成长与发展的"工具"，学校创先与争优的"工具"。赵汀阳（1994）认为：假如把牺牲性的行为看成是只对别人有意义而对自己毫无意义的行为，这恰恰意味着自己只不过是一件工具而不是一个显示着人的价值的人，如果一个人自身是无价值的，那么他所做的牺牲也就成为无道德价值的贡献。由此可见，在教师职业"工具化"倾向的遮蔽下，教师很难体验到作为主体的、积极的、快乐的情绪情感，而这种主体的、积极的、快乐的情绪情感却恰恰是教师专业发展源源不断的动力源泉。

第三，教师职业的"重复化"倾向容易麻痹教师的自我监控。不可否认，同其他职业类似，教师工作具有重复性的特点，这种重复性体现在教师职业的许多方面，如重复的教学内容，重复的教学方法，重复的教学对象，重复的教学手段。但是，与其他职业机械、乏味的重复不同的是，对于教师而言，重复性是一把双刃剑，一方面可以为教师带来"耳熟能详"的熟悉感与"游刃有余"的成就感，它是教师经历入职阶段"生存危机"之后的一种自在自然、理所当然的适应状态，在这种舒适状态下，教师极少有可能、也没有必要对自身专业素养、专业实践以及专业发展进行反思与批判。另一方面，重复性又容易导致教师教学思维与教学行为的惯性化、简单化、线性化，容易消耗教师的工作热情，禁锢教师的反思意识，麻痹教师的自我监控，影响教师对教育教学活动背后的理论思考及对教育实践的质疑与探究，导致发展方向与道路的迷失。一位教师曾这样评价自己："课堂上只是年复一年、日复一日不断重复着过去，平平淡淡，没有创新，没有挑战，缺少了刚参加工作时的激情，时不时还会生出一种说不清的危机感，我常常自问，难道我的生命就这样空耗吗？"（李成海，2004）教师职业的、重复化倾向是教师失去主动性、反思性、创造性、批判性特征的表现。

（二）理性思考：高校青年教师自我发展意识唤醒的重要前提

诚如上文所述，教师职业"重复化"倾向、"技术化"倾向以及"工具化"倾向是导致教师自我发展意识迷失的重要原因，那么，如何消除这些教师职业倾向对教师自我发展意识的消极影响，唤醒教师自我发展意识，引导教师走上内生学习与自我发展的康庄大道呢？我们认为，对教师专业发展意识进行理性思考是一个无法回避的重要前提。

自我意识是一种多维度、多层次的复杂心理活动系统，涵盖自我认识、自我体验、自我监控三种心理成分。作为自我意识的特殊形式，教师的自我发展意识从认识形式看，表现为对自己作为一名教师的自我观察、自我分析和自我批评等，统称为"自我发展认识"；从情绪形式看，表现为对自己作为一名教师的自尊、自爱、自卑、自豪、责任感、义务感和优越感等，统称为"自我发展体验"；从意志形式看，表现为对自己作为一名教师的自主、自制、自强、自卫、自律等，统称为"自我发展监控"。这三种心理成分相互联系，相互制约，统一于教师的自我发展意识之中，表现为教师专业发展的自主程度及自主水平的高低。

教师自我发展意识具有共性与个性相统一的特点。教师自我发展意识共性主要表现在两个方面：静止地看，所有教师的自我发展意识都应该包含相同的内容，"教师的自我专业发展意识，按时间纬度划分，包括对自己过去专业发展过程的意识，对自己现在专业发展状态、水平、所处阶段的意识以及对自己未来专业发展的规划意识三个方面的内容"（叶澜，2001）。动态地看，教师自我发展意识是阶段性及连续性辩证的统一，任何一个教师的专业发展都可以被划分到具体发展阶段，与其他发展阶段的教师相比，同一发展阶段教师的自我发展意识在目标、内容及任务上具有共性特点。教师自我发展意识个性主要表现在个体间差异及群体间差异两个方面。其一，每一名教师都是一个独特的存在，这种独特的存在决定了教师自我发展意识与众不同；其二，依据年龄、地域、学科、发展阶段等等，教师可以被划分为不同类型的群体，不同群体之间的教师自我发展意识表现出群体差异。教师自我发展意识的共性是相对的、普遍的，个性是绝对的、具体的。教师专业发展阶段是连接教师自我发展意识共性及个性连接的桥梁与纽带，不仅体现了不同发展阶段教师自我发展意识具有独特个性方面的特点，而且折射出同一发展阶段教师自我发展意识的共性特征。

教师自我发展意识是教师主动发展的构成要素，是区分教师被动发展与主动发展的一个重要标志，是教师从接受、遵循、按部就班走向自觉、主动及创新的自主发展道路的试金石。"当教师在自我专业发展需要和意识下成为具有自我专业发展需要和意识的教师，才可能有意识地寻找学习机会，才可能明确自己到底需要什么，今后朝什么方向发展以及如何发展等，才可能成为一个自我引导学习者"（叶澜，2001）。因此，具有自我发展意识的教师可以全面地审视、认识自我发展状况，体验自我发展情感，监控自我发展过程，摆脱"跟着感觉走"的自然发展状态，走向"追求卓越"的自觉发展道路。相反，自我发展意识迷失或者缺乏自我发展意识的教师则会停留在教育过程、教育手段、教育方法的经验层面，难以依据教师专业发展规律明确自身发展目标，选择自身发展路径，调整自身发展过程，体验自身发展效果，更难以在自身专业发展与专业实践中体悟到自身工作的价值与意义，从而影响自身专业发展的深度与广度，这样的教师虽然也可以获得进步与发展，但这种进步与发展却带有自在和自然的烙印。对于高校青年教师而言，这种"自在"和"自然"是导致其身份游离的重要因素，唯有走向"自觉"，青年教师方能找到内心的宁静。

（三）发展阶段：青年教师自我发展意识唤醒的可能线索

教师在教育教学实践中形成了自身独特的意识。因此，唤醒教师自我发展意识应该以教师自身教育教学实践为唤醒背景。根据前文对于教师专业发展阶段的论述，青年教师阶段是一个较长的职业跨度，横跨了关注生存、关注情境、关注学生三个阶段。

第一阶段：关注生存阶段，帮助青年教师形成职业认识。

"关注生存阶段"的教师处于专业发展初期，由于教学环境陌生，教学内容生疏，教学对象复杂，教学技能缺乏等诸多原因，即使付出艰辛的努力，也难以达到令自己满意的效果，有时，甚至事与愿违。此时，他们宛如懵懂无知的幼儿，产生了自我发展意识的萌芽,敏感地认识作为教师的自己,关注着别人的评价,并把这些评价汇集到自我认识之中,形成"我对教材的理解正确吗?"、"我能胜任教师岗位吗?"、"我能成为一名合格的教师吗?"等影响其职业认识的自我叩问。为了尽快适应教育环境,摆脱生存危机,得到令自己满意的答案,他们很容易把自己置身于"技术工人"的境地,以努力掌握各项"技术"与"技能"为己任。不过,"真正好的教学不能降低到技术层面,真正好的教学来自于教师的自身认同与自身完整"(帕克·帕尔默,2005)。

因此,教育各界应该认识到此时工作的首要任务是帮助青年教师了解教师职业特点,保持工作热情,树立职业认同,确立职业倾向,消除"技术至上"的思想,防止教师职业"技术性"的种子在他们内心深处生根发芽。而预防职业"技术性"倾向的根本在于在教学中呈现审美品位,将"职业"转变为"专业"。

教师的育人专业是一种"表演"的过程,育人的效果与表演的审美性紧密关联。教师的工作对象不仅指向学生,也指向自身,教学表演正是要改造和呈现自身的独特形象,不仅获得主体精神上的愉悦,同时提升教学效果!因此,审美性也是教师表演的重要价值取向之一。第一,以知识美为基础。教师要有丰富的学科专业知识,广博的科学文化知识、系统的条件性知识和丰富的实践性知识。第二,以人格美为核心。教师人格是教师应具备的优良的情感及意志结构、合理的心理结构、稳定的职业道德意识和个体内在的行为倾向性。教师人格对学生有着强烈的感染力,通过榜样示范对学生产生持久的影响力。第三,以能力美为保障。教师要善于捕捉教育时机并做出适当反应,开展创造性的育人工作;教师要能控制教学的节奏,使教学体现出美的韵律;教师要形成自己的教学风格,它是教师能力和性格的多样性反映,是教学工作个性化稳定化的标志。教师只有根据自己的学识、修养、性格、气质、兴趣特点,在长期的教学实践中逐渐形成自己的风格,才是走向成熟的标志,也才能在教学行为选择中达到"桃李不言,下自成蹊"的审美境界。此外,教师还要努力在面貌、服饰、举止和风度上追求形象美。

第二阶段:关注情境阶段,强化教师体验职业情感。

"关注情境阶段"的教师已经熟悉了生存环境,度过了"生存危机",开始关注教学内容、教学任务以及影响教学质量的因素。与"关注生存阶段"相比,他们更容易受到教师职业"工具性"倾向的影响,因为他们已经基本掌握了教育教学的各种"技术"与"技能",具备了充当"工具"的基本条件,可以发挥"工具"的基本功能。对于这个阶段的教师,在社会场域下,教育各界应该努力创造一切机会帮助他们认识自身的价值,理解教师职业的意义,体验师生互动中智慧碰撞、心灵沟通带来的乐趣,产生"优秀教师"的自我认知心像,淡化他们"我是学生成长的工具"、"我是学校发展的附属"的潜在的消极认识与体验。叶澜教授(1997)指出:"十分重要的是使每个教师都要意识到这一点:课堂教学对他们而言,不只是为学生成长所做的付出,不只是别人交付任务的完成,它同时也是自己生命价值和自身发展的体现。"如果他们不能摆脱教师职业"工具性"特点的影响，就很容易沦为学生成长、学校发展的工具，并由此体验到繁重的工作、复杂的人际关系、过高的道德期望、嘈杂的工作环境、无奈的职业待遇等消极问题带给自身的消极情绪情感体验。而于教师个人，培养批判的意识与精神无疑是克服被动、消极情绪的不二选择。教师是否应该成为社会的批判者，一直存在争议。我们以为，只要承认现实社会存在着不完美甚至种种丑恶现象，只要心中对"未来会更好吗"存有疑虑，就应支持教师担当批判职责。因为"教师的工作对象就是明天社会的主体，他们的责任不仅是适应社会、延续社会，而且要批判、改革和完善社会"（皮武，2018）。正如批判教育学者所强调的，学校是承担再生产主流社会任务的场所，塑造着社会的未来，但它同时也是一种把学生培养成积极的、具有批判精神的公民的场所。因此，教师应该培养学生的批判质疑精神，至少在教学过程中要成为转化性知识分子，"这样的知识分子，不只关心如何促进个人获得成就，或者推动学生沿着职业的阶梯进步，他们还要赋予学生以权能，从而使他们能够批判性地观察社会，并在必要时改变社会"（亨利·吉鲁，2008），这是其一。其二，教师本身应该成为社会变革的引导者。事实证明，历史上的社会变革和文化进步都是与杰出知识分子的贡献分不开的，从本质上说，都是来源于知识分子的批判精神。教师作为知识分子，敏锐地察觉社会的弊端，可以成为社会精神的风向标，引领社会文化的进步方向。其三，在教学场域内部，教师应该成为理智的反思批判者。教师和学生之间的互动以课程为中介，而课程理论的发展早已证明，课程不是价值无涉的静态文本，而是充斥着权力、语言、历史以及文化冲突与争斗，只有具备反思批判精神的教师，才能洞察其中隐秘的权力斗争和价值纠缠。从某种意义上讲，培养反思批判精神的过程就是高校青年教师形成立体化自我的过程。

第三阶段，关注学生阶段：引导教师加强职业监控。

教师的关注内容由教学转向学生，说明教师已经熟悉了教学环境，掌握了教学内容，专业发展进入到一个更高的境界与层次。在"关注学生阶段"，教师如果不能摆脱教师职业"重复性"倾向的影响，即使关注内容发生变化，他们也只能停留在"教书匠"的层次，感受教师工作"重复化"带来的单调、乏味与倦怠。"如果教育进行了半天，人却没有改变，只是做完了一件又一件的事情，那你就没有尝到教育的真滋味"（叶澜，2004）。如果把教师比作技术工人的话，此时的教师已经俨然成为"熟练高手"，各项技能炉火纯青，但教师职业毕竟不是一门"技术"工种，教师也不是技术工人，虽然教师熟练掌握了各项技能，但前面仍然有很长的路要走，如教育风格的形成，职业道德的升华、教育智慧的生成，等等，与掌握教学技能与教学内容相比，这些任务显得有些"虚无缥缈"，让人无法捉摸。此时，教师唯有加强职业自我监控，投入更多的精力与更大的努力，促使自身回归生命的原点，这包含有两层含义：其一，是视学生为完整的生命体，关爱和成全学生的生命。教师在内心要真正树立起"人"的意识，无论是自然生命，还是超自然的生命，其发展都离不开教育，教育的工作对象是人，意味着教师必须面向生命，满足生命发展的需要，提升生命的质量，在教学场域，教师不再扮演"园丁"的角色，热衷于剪去生命的自由与蓬勃，醉心于借助规训手段达成整齐划一，相反，"因材施教"给了教师更多的自我空间，教师的劳动给了每朵鲜花绽放的机会。其二，体现自身的生命价值，褪去"慈母"、"蜡烛"、"人梯"、"春蚕"等工具性价值的光环，学会爱自己，爱惜自己的身体、爱惜自己的灵魂，洋溢出生命的热情和活力，唯有此，"才可能去爱学生，去激扬他们的生命，引导他们去感受世界的美好，活出生命的风采和意义"（冯建军，2008）；唯有此，才能克服外在诱惑与内在困惑，消除重复性对工作热情的侵蚀，走上新的发展道路，成为真正意义上的"名师"，而走向"名师"的过程就是青年教师获得身份自觉的过程。

高校青年教师身份的确定与其所处的群体文化密切相关。身份"是文化研究的核心问题"，文化是身份的来源（Andrew Edgar & Peter Sedgwick，2008）。萨义德持相同观点，"在某一个时候，文化积极地与民族或国家联系在一起，从而有了'我们'和'他们'"的区别，而且时常带有一定程度的排外主义。文化这时就成为身份的来源（爱德华·萨义德，2003），而这里的"文化"一词更侧重于一个民族或种族的深层文化结构。在文化研究中，身份用来描述"存在于现代个体中的自我意识"，有性别身份、种族身份、阶级身份、民族身份等多种，其中较为重要的是文化身份（cultural identity），它"甚至可以涵盖其他的身份"（陶东风，2006）。可见，身份有多种，文化身份是其中重要的一种。文化身份是一个文化群体或个体界定自身文化归属的标志及生存的依赖。

格罗塞根据小罗贝尔词典把文化身份定义为能给这个群体带来个别性且"专属于一个族群体的文化特点之总和"，是个体"对这个群体的归属感"（阿尔弗雷德·格罗塞，2010）。在文化研究中，人们往往特别关注不同人群在社会之中的"社会身份"和"文化身份"，人们在理论上"追问自己在社会和文化上是'谁'（身份），以及如何和为什么要追问'谁'（寻求'认同'）"；确认个体的社会身份和文化身份，大致有"民族（nation）、族群、种族、阶级、性别、宗教、职业、语言等依据或尺度"（汪民安，2007）。拉伦指出，文化身份问题与个人身份紧密相关，一是"文化被认为是个人身份的主要决定因素之一"，二是文化涉及多样的生活方式与复杂的社会关系，人们只有把文化"比拟为个人身份，才能谈论它的连续性、同一性和自我意识"（乔治·拉伦，2005）。个人的民族认同、群体认同等相对来说稳定难变，可个体在文化理念、思维模式、行为规范等方面展现的价值观是有差异的，具有可变性。

第六章　人本主义视域下的高校青年教师专业发展核心问题探究

在前面几章的论述中，我们不吝纸墨，在深入探索了高校青年教师身份游离的表征以及促发因素的基础上，重新、细致地建构了高校青年教师的身份，统一于"自然人"和"教师专业人"种群之下的"有德的文化传承与创新的自我"。那么，基于此身份的高校青年教师专业发展该走向何方呢？"大学青年教师专业发展是指大学青年教师与学校及社会环境双向建构的过程。包括大学青年教师自身发展、知识发展、促进学生发展、学校发展和高等教育发展不断实现和谐统一的过程"（徐彦红，2017）。人本主义理论认为，人天生具有"自我实现"的诉求，因此，在社会关系中存在的高校青年教师具备天然的专业发展诉求，然而，在生活实践中，青年教师的专业发展却遭遇困境，我们在抱怨外部环境制约青年教师专业成长的同时，也同样在思考，作为发展主体的高校青年教师又该做些什么呢？从这个角度出发，我们可以作出判断：作为高校青年教师专业发展主要内容的教师自身发展、知识发展、促进学生发展、学校发展和高等教育发展五个方面是一个彼此关联、相互影响的整体，它实质上涉及了教师自我成长和外部场域刺激两个层面。具体来讲，大学青年教师自身发展与知识发展是教师从"失我"状态走向"自我"成长的基础，二者构成了青年教师专业发展的主要内容；而教师专业发展是促进学生发展的前提，同时，学生发展也是教师发展的目标和主旨；教师和学生作为学校活动的主要参与群体，两者的发展与成长共同促使了学校作为一个场域的发展，只是学校发展较之教师以及学生的发展囊括了更多宏观管理的因素；高等教育处于教师、学生以及学校上位的一个概念，因此，高等教育发展是一个较为宽泛、抽象的概念，衡量其发展的最终指标仍然建立在教师、学生和高等院校三者的发展之中。高校青年教师的健康、持续成长必须建立在群体成长的基础之上，而唤醒群体成长的利器唯有自觉的文化认同，因此，我们认为：在多元文化冲击的时代背景下，青年教师专业发展中须解决的第一个突出问题即是建构基于"自我"的青年教师群体文化。其次，我们还须面对另一个困扰教师整个职业生涯的问题：教学与科研如何和谐共生。我们认为，基于"自我"发展的青年教师群体文化建构的教研生态模式将最终调和教学与科研之间存在的矛盾状态，促成教、研相伴的良性发展。

一、群体中的"自我"——高校青年教师群体文化新范式

（一）教师群体文化的功能

1. 教师文化是校园整体文化建设的根基

教师是校园文化的重要建设者，因此，教师文化就成为校园文化建设的重要根基，教师文化的好坏就会直接关系到校园文化的建设状况。有研究者认为教师文化对校园文化建设具有以下功能（金崇芳，2004）。首先，教师文化对校园文化建设具有引导功能。因为教师是学校的代言人，教师文化发展必然引导着校园文化发展的方向。其次，教师文化对校园文化建设具有示范功能，教师是榜样，教师是模范，教师的一言一行都会影响学生的发展、影响到外界对学校的认识。再次，教师文化对校园文化建设具有整合功能。现代教育的开放性、学校信息来源的多重性、社会现实生活的复杂性等等，都要求教师必须对进入校园文化的社会综合文化进行"过滤"或者"加工"，取其精华，去其糟粕，重新整合校园文化，教师文化发展对校园文化的发展具有整合作用。最后，教师文化对校园文化具有预警作用。教师以特有的社会教育责任感和使命感预见着校园文化的未来，预防着不良文化对校园的可能侵蚀。

2. 教师群体文化促进教师专业发展

教师专业发展离不开教师文化的发展，教师文化对教师专业发展有促进作用。首先，共同的信念是教师专业发展的基础。信念指导人们的行为。"教师文化的一个成熟表现就是教师群体拥有一种共同的教育信念，它不仅在很大程度上影响着教师的教育教学行为，而且对教师自身的成长以及教师专业发展发挥着重大作用"（孟宪乐，2005）。其次，专业精神是教师专业发展的支柱。专业精神是教师基于自我期许而表现出来的成熟信念、高度热情和不懈追求的风范和活力，是教师专业发展的支柱和动力。再次，自我专业发展的需要和意识是教师专业发展的基础。良好的教师文化为培育教师自我专业发展的需要和意识奠定了基础。第四，教师价值观为教师专业发展树立了成长的目标。只有树立教师职业内在价值观，才能在教师群体中形成"专家"取向的教师专业发展目标。

3. 塑造教师文化有助于提高学校管理效能

有研究者认为，塑造教师文化有助于提高学校管理效能（罗红艳，2005）。在许多学校中，学校领导已经意识到教师的思想观念、教育理念、价值体系等文化层面的东西在学校管理中的重要作用。而塑造教师文化本身就在于关注教师文化和人文层面的发展，突显以人为本，尊重人的本性。"从20世纪90年代开始，西方在教育界推行以重视价值观、信仰和行为规范为核心的文化管理模式，此后，文化管理模式在教育界盛极一时"（罗红艳，2005）。这样，学校管理强调的是一种柔性化的、人文化的、人本

化的管理理念和方式。"重视教师的存在,重视教师文化发展,发挥教师的主动性和积极性,有助于提高学校管理效能"(赵文平等,2007)。

(二) 教师群体文化的主体特征

1. 受现实冲击的职业理想

我国以礼教宗法为主导价值的传统社会将教师的地位与"天、地、君、亲"并列,古代教师的代表孔子被冠以"圣人"的称号,作为"尊师"传统代言人的孟子认为:"天地者,生之本也;先祖者,类之本也;君师者,治之本也。无天地恶出?无先祖恶出?无君师恶治?"表现了对教师的完美道德与专业价值的尊崇。教师的地位在我国历史上虽然几经沉浮,但对于教师地位的尊重和对于教师知识与能力的重视占据着主导地位。"尊师重教"的社会文化以制度和普遍的社会心理导向机制奠定了教师的神圣的角色地位,但过于理想化的职业定位受到世俗环境的冲击时容易导致心理的失衡。青年教师怀着悲壮的心态走上教育岗位,因为他们是"蜡烛",他们是"春蚕"。教育一旦成了一种"事业","无私奉献"就会同它很自然的联系在一起,而"奉献"追求的自然是精神层面的满足。然而教师非圣人,他们大多都是有七情六欲的普通人,当这种"精神层面"的崇高在现实生活中得不到有效补偿的时候,当他们看到有些"有私"而"不奉献"的人,不管在社会地位还是物质待遇方面比他们都强得多的时候,自视"清高"的教师就会感受到极大的心理落差,而这种反差如果得不到调节,就会变为失落、愤懑与悲愤,而这种悲愤的灰色情绪极易在群体中产生共鸣,一旦教师的个人心态转变成教师群体心态再反过来作用于个体时,心理失衡自然会成为一个社会化的问题(张萍)。

面对教师过于理想化的职业定位与现实环境的落差,我们的教师教育工作者和学校管理人员必须对教师进行适当的价值引导,使其合理地精神定位。应该明确,社会的不公正现象的确客观存在,而教师作为培养人才的职业,我们理当坚持崇高的精神追求,然而当这样的追求受到世俗社会尤其是不公正的社会现象的冲击时,我们不能仅仅在社会问题面前扼腕叹息或悲天悯人,而应该发挥自己的知识特长对社会问题的存在原因与解决途径进行理性分析,以期对不健康的价值观念进行改造,对社会的发展进行价值引导。

2. 外部归因的思想倾向

帕尔默通过教师养成计划的实施和教师工作坊的长期教学实践总结出这样的经验:"当我让老师们说出优秀教学的最大障碍是什么时,我经常听到的答案是'我的学生'。当我问为什么会是这样的时候,我听到的是一连串的抱怨:'我的学生沉默寡言、郁闷孤僻;他们没有社交会话能力;他们注意力持续的时间太短……'""当追问所谓这些过错的理由时,我听见了又一连串的常规抱怨——抱怨社会弊病。双亲缺失,家庭破碎,公共教育不到位,电视和大众文化平庸之极,毒品和酒精造成的危害……"(帕克·帕尔默著，吴国珍等译，2005）。现实教学中总有很多教师倾向于从自身以外寻找教育失败的原因，或者抱怨社会风气每况愈下，家庭教育不到位，电视、网络等媒体的负面影响，或者抱怨学生的质量太差等，似乎现实的学校教育的问题都是外部原因造成的，而唯独没有教师自身的原因一样，似乎教师的教育教学方法已经达到了无可挑剔的地步。社会中的一些不良因素的确影响着教育的成效，我们不能否认，也无可避免，但是一味地抱怨却于事无补。环境和条件的恶劣并不能成为教师"不作为"的借口，虽然我们无法回避事物的存在，但是我们可以通过改变自己的存在方式来影响事物的发展。具有责任感的教师应该考虑采取怎样的措施才能把学校教育从低迷的状态中拯救出来。作为承担着人才培养大业的教书育人者，教师是不是应该比常人拥有更积极的人生态度呢？

3. 保守的价值取向

教师群体具有保守、反对革新的价值倾向，职前的受教育经历以及所处的教师群体的影响共同铸就了教师对惯常性的职业生存方式和思维方式的信奉与尊崇，"惯例和传统即是过往的事件所积淀下来的、有经验筛选的合理的有价值的存在，并为后进入此文化者不仅提供了把握世界的认识框架，也提供了行为的基本参照"（刘云杉，2006）。

传统的教学模式和思维方式形成了教师群体难以突破的职业习惯，而这种职业习惯强化了他们的优越意识和自我满足的人格特征，也使他们不屑、不愿甚至抵制外来的影响与学校生活的变革。教师的保守的价值取向一方面来自于教师主流价值观念的代言人的身份，另一方面来自于现代学校管理制度对教师和教学过程的全方位监控。这种保守的价值取向一旦内化为教师主体的人格建构，便进一步促进教师心理对非主流文化和革新行为的排斥，从而表现出埃里希·弗罗姆（Erich Fromm）所说的"非创发性"的性格特征，进一步说更多的是一种"接受心向"（埃里希·弗罗姆著，陈学明译，1988）。他们习惯于被直接告知"应该怎么做"，习惯于把所接触的知识、观念、思想、理论直接转化为技术性的操作规范。正如英国教育标准局的主任督学伍德黑德（Woodhead）所说，教师文化不具有冒险的特征，不热衷于观念、价值、假设与现行措施的批判反思，使得教学工作流于信奉不曾验证的规范，教师服膺于不加质疑的、不理性的职责（赵正新，2005）。

对于教师这样一个收入比较稳定、各种职业因素都比较稳定的工作来说，只要凭借常规的工作方式能够有效地维持教学生活，教师就很少产生主动地寻求革新的愿望。其实，教师的职业倦怠感和惯性的工作状态并不仅仅是个别学校的个别教师的职业特征，而是一种相对普遍的存在。因为教师职业更加珍惜自己熟悉的范围和习惯的经验，依靠这些经验在这个范围内活动他们就觉得安全、舒适、稳妥，而一旦逾越则可能遭遇困难、麻烦、危险和挑战。有学者将这样的范围称为"舒适地带"（操太圣，卢乃桂，2003），而超越"舒适地带"的范围就会遭遇帕尔默所说的教师的"恐惧文化"（帕克·

帕尔默著，吴国珍等译，2005）。每个人都有安全的需要，面对不确定的事物，都有回到旧的习惯保护下的本能欲望。知识的传授比其他的专业化活动具有更多的常规性和较高的重复频率，这强化了教师无反思的常规性工作方式和教师文化的保守性特征。因此，面对变革的教育环境，有些教师就会避免与新的观念和行为的正面交锋，躲在讲台、资历证书、权力和常规教学的后面寻找安全的保护，然而，与这种安全相伴而生的却是心灵封闭、专业停滞和思想僵化的危险，是对教学智慧和教学热情更具侵蚀和窒息作用的疲惫和厌倦。

4. 个人主义的教学方式

教师职业的很大一个特点就是奉行教学的"专业个人主义（professional individualism）"原则（车丽娜，2007）。在日常的教学活动中，教师为了维护以专业能力为基础的自尊心，把自己的课堂看作一个相对封闭且自足的领域，习惯于靠一个人的力量解决课堂教学中的种种问题。孤立的探究是大多数教师日常工作中的状态，教师避免将自己教学中的实质性的问题主动地暴露出来以寻求他人的帮助，教师的课堂活动往往与其他教师的课堂活动相互隔离而不是相互依赖，这就是美国学者洛蒂（D.C.Lortie）所描绘的课堂教学的孤立的"蛋篓结构"（egg crate structure）。常言说"文人相轻"，由于教师所具有的自负心理，使得教师在孤立的课堂教学环境中孤立地工作，在学校日常生活中也缺乏真实的相遇与相交，教师倾向于在学科、班级的屏障中保护自己，很少主动接受领导、同事和外界的教育影响。因此，教师的人际关系也呈现非常微妙的状态，教师之间缺乏开放、信任且相互支持的心态，在很多情况下，教师自己不愿意主动进取，也不愿意看到同事有积极进取的表现。自然的合作氛围难以在孤立的教学中自发地形成。教师固守着自己的学术王国和心理空间，对于他人的课堂和教学基本奉行不干涉主义。

帕尔默将教学看作"在技术、距离和抽象中寻找安全感的职业"（帕克·帕尔默著，吴国珍等译，2005），而教师为了避免自己所受到的指责和伤害，倾向于在内部真我与外在表现之间建立一堵墙，使自己的外在行为不至于表露自己的内心世界。"我们远离了学生，远离学科，将暴露我们自己的危险降到最低——却忘记了距离使我们的自我被封闭，这样的生活更加危险"（帕克·帕尔默著，吴国珍等译，2005）。其实，教师之间越是疏远，他们之间的对立越严重，而他们从他人的教学中学到的东西越少，自己越是不自信而且没有安全感，在心理上又加剧了与他人的疏远。在彼此孤立的教师文化中，教师很难突破这样的恶性循环。而且，在教师思维方式没有改变的情况下，即使我们建立了专业共同体的教学制度，也只能造就如哈格里夫斯（Andy Hargreaves）所说的"硬造的合作"文化，因此，教师文化的建设首先要改变教师封闭的、无进取的思维方式，打破人人封闭，自甘平庸的局面，真正地激发教师的教学热情，培养发展的动力与动机。

（三）教师群体文化的建构方向

从教师职业本身的独特性来说，专业的知识和技能仅仅是教师职业存在的必要而不充分条件，除了人的知识与技能的发展目标以外，教师还是一种以人的心灵的成长为目标的职业，这是教师的专业性的独特之处，这就要求教师在知识与技能的发展以外，还要具有崇高的德行，具有其他行业的从业者所不具有的专业精神与人文关怀。因此，健康的青年教师群体文化应该凸显其对于"他人"成长以及对于"自我"发展的引导作用。

1. 教师群体文化之于他人：精神导师

在知识社会信息来源多元化的条件下，人们对教师角色的看重越来越从知识的独裁者向精神的引领者的方向转移，教育要促进人性的完满，要有助于实现理想的人生和理想的社会。真正具有专业精神的教育工作者，一方面要具备教育良心，教育良心是教师从教书育人的职责出发形成的对教师职业道德的理性认识和自律意识，表现为教师对学生发展的关爱和强烈的主体责任感；另一方面要秉持社会关怀乃至全球伦理，也就是说，教育者除了具备教育良心以外，也是社会良心的代表，他不仅承担着儿童发展和教育进步的责任，而且肩负着人类未来的使命。

科技的进步以及由此带来的职能分工是社会发展的重要动力，我们需要研究经济现象的经济学家，需要以政治为业的行政人员，需要保家卫国的军人，也需要繁荣文化生活的艺术家。"骑士可使人流血，庶民可求利"（马克斯·韦伯语）（转引自车丽娜，2007），而教师却两者皆不可为。教师虽然也如专家一样生产和传播天文、物理、化学、工程、文学、艺术等方面的知识，但是，当专家以严格的学科边界为限，把自己封闭在特定学科的研究范围和问题意识之中的时候，当人生的价值系统被专业化的原则切割成文明的碎片的时候，恰恰是最需要发挥教师学科和专业的超越精神的时候。如若教育在促进人类物质丰富与技术进步的同时却牺牲了人类的精神价值，如若教师在发展学生的计算能力和读写能力的同时忘却了人类高尚的情操和精神的追求，如若儿童知识的增长伴随着情感的冷漠，伴随着心灵的贫困和心胸的狭窄，那么，教育的世界对于儿童的精神将不再具有感召力，环境安逸而精神空虚的社会也将不再是人类合适的居所。因此，在这个知识、技术不断进步，而人类的整体发展却被专业分割得七零八落的时代，尤其需要发展教师在专业以外的德行伦理，发展教育对"人类的精神家园"的守护与建设力量。

社会的变革无时无刻不在冲击着教师的职能。尽管"传道授业解惑"一直是教师职能的经典界定，知识传递是教师的最主要职能，但是，在当前社会条件下，以"知识占有者"为教师身份的象征是否合适，还有待进一步确证。我们知道，早期的教师职业是应知识保存与传递的需要而生，尤其在知识有限而获得知识的途径稀缺的情况下，教师的身份表明他拥有别人所不具有的知识资源，从整个社会的情况看，古代的教师身份就是知识库存的表征，他的职能就是将知识不间断地传递给他人。而今的时代是一个知识激增、多元价值共存的时代，也是教师在知识的传输以外还要承担越来越多的社会责任的时代。随着社会与学校之间联系的加强，教师不仅要成功地组织教学，而且必须为了学生道德的发展对社会的价值体系进行阐释和批判。教师已经不仅仅是教学的专家，"因为学校的作用不再局限于教学，教师除了他的教学职责以外，现在还必须与社区的其他教育力量合作，在为年轻人做好进入社区生活，家庭生活、生产活动等等的准备方面，承担更多的责任"（N. 戈培尔，J. 波特著，万喜生译，1991）。

在与社会的联系过程中，教师在任何情况下都要秉持教育者的良知、承担起教育者的责任，持续不断地促进学生和社会健康的价值观念和道德判断力的形成。尤其在知识社会来临和高等教育大众化条件下，教师作为知识供应者和垄断者的社会形象甚至失去了代表性，高等教育的普及化发展态势倾向于把人们对教师的关注从其拥有的客观知识上转移开来，知识的多寡已经不能将教师与受过高等教育的普通民众区别开来，"知识的独裁者"已经不能作为教师身份的象征，伴随着对人的精神世界的关注，人们更加注重教师"人类灵魂工程师"的职能的发挥。在知识更新速度加快的情况下，教师尤其要在传递知识的经典职能与日益广泛的社会职能之间保持平衡，教师的精神对学生的感召力以及在社会中的象征意义正凸现出来。现代社会虽不要求教师像古代那样在知识人的身份以外兼做圣贤文化的代表，但是真诚、正直、敬业、博爱的道德人的社会要求却是永恒的。在各种职业人群中，教师群体将更加依赖精神性的存在而获得一种集体身份和社会价值的认同。

2. 教师群体文化之于"自我"：人文素养

教师文化建设的根本在于教师主体地位和自主意识的提升，在于人文素养的内化，通过人文素养的内化，一方面摆脱外来的机械控制，另一方面能动地反思自身过去与当下行为，并合理地规划未来的发展方向。只有在这样的思想状态下，教师文化建设的工作才能有立足之处和发展的动力。

（1）价值关怀的彰显

随着现代社会世俗化趋势的加强，人类的精神生活空间也从天国移向世间，人们对抽象的精神价值的关注逐渐被世俗的功利主义动机所取代，当前社会人们对知识与教育功能的认识总是难以超越庸俗的功利主义框架。整个社会对知识和教育资源的追逐都受功利化原则的驱动，知识的生产和传播也在一定程度上受实用价值的影响，这样的情况导致了现代社会科学话语、道德话语与审美话语三者的疏离，专家和技术员在特定领域取代了那些自认为"士不可不弘毅，任重而道远"的古代读书人。费希特在《论学者的使命》中将学者誉为世界上道德最好的人，他说："基督教创始人对他的门徒的嘱咐实际上也完全适用于学者：你们都是最优秀的分子；如果最优秀的分子丧失了自己的力量，那又用什么去感召呢？如果出类拔萃的人都腐化了，那还到哪里去寻找道德善良呢？"（费希特著，梁志学，等译，1984）这无非是要唤起学者所应担当的道德使命。教师要担当起"人类灵魂的工程师"的职责，就必须超越各种狭隘的功利关系，依照整个人类的福祉设计社会的蓝图。教师不仅要做一个有知识的人，还要做一个具有知识分子品性的人，一个有社会责任感的人，就是说，不仅要致力于知识的生产和传播，更要承担以知识改造社会和发展思想的使命。唯有如此，教师才是真正的教育者，而不是教书匠。"君子谋道不谋食，忧道而不忧贫。"教师在其教学技能专业化的路途上，还需要保有萨义德所说的精神上的"业余性"，即"不为利益或奖赏所动，只是为了喜爱和不可抹杀的兴趣，而这些喜爱和兴趣在于更远大的景象，越过界限和障碍达成联系，拒绝被某个专长所束缚，不顾一个行业的限制而喜好众多的观念和价值"（爱德华·W. 萨义德，著，单德兴译，2002）。

要坚守精神导师的身份，就不可迷失在世俗化物欲的横流之中，教育者尤其要对教育的知识目标以外的价值维度保持自主地反思与澄明，并发挥学术研究所应该具有的为社会服务的力量和对社会的批判职能。 学术体制的完善仅仅为理性的学术研究提供了制度化平台，而要使学术的发展走上科学化、启蒙化的轨道，还需要发展学者和教师的学术伦理。面对社会存在的种种腐败现象，教师和教育管理者要时常追问：我们进行学术研究的目的到底是什么？难道仅仅是为了获奖和晋升，还是为了获得界内外人士的首肯和特殊的荣耀？就理想的状态来说，"学者的任务，是在大众化的过程中，判断其中的文化'品相'，提升文化格调，使大众摆脱纯原始形态的接受，而进入一个精神层次的攀缘"（刘琼、杨雪梅，2006）。

知识从根本上说是一种受社会制约的现象而不仅仅是特定人群智力活动的结果，除了帮助儿童应对社会生活的要求以外，知识的产生也应该有助于社会精神文化的提升。教师的学术研究应该从根本上体现教师作为"人类价值守护者"的职能，是真正追求真、善、美相统一的行为。虽然作为从庙堂、广场移居到学院内部的职业人，教师虽然无法摆脱体制和政治意识形态的制约，但学术和思想作为一种知性的存在，总是会对现实具有一定的超越性，从而使研究者具有一种道德激情，使他自觉地追求一种更为完满的社会理想，这种理想在现实生活中也许并不能实现，但他总是以这种他所认定的理想境界为尺度，来衡量自己所处的社会现实，从而体现了一种"终极关怀"，一种基于所理解的美好目标的追求。"我们所以把一个人看作知识分子，就因为他有这一点理智的信仰，靠着头脑中那尊思维之神的鼓励，他能够在世俗潮流的冲击中站稳双脚，不为所动，但在那班识时务的聪明人看来，他正是一个不合时宜的迂夫子"（王晓明，1991）。而时下的学术研究缺乏的也许正是这种既"迂"且"直"的精神。

教师专业精神的立足点固然离不开学术和知识，但除此以外理应还有一个更基本的立足点，这就是人格担当。发展教师的终极价值关怀和人格力量，理应是教师教育、教师管理乃至教师自身的共同责任。

（2）主体意识的提升

作为精神导师，教师的专业发展不能是外在于自我的工具性发展和受他人规约的被动式发展，而是要坚守"精神导师"所应该具有的"责任伦理"(ethic of responsibility)，具有坚定的自我发展的意识，具有规划自我发展的能力和敢于为自己的发展承担责任的勇气。而当前，随着主体性教育思潮的勃兴，在学生主体地位荣升的同时却导致教师主体地位的边缘化，这并不是说教师主体与学生主体之间存在不可调和的矛盾，而只是从比较的意义上来说，教师的主体地位没有相应地提升，甚至在学生主体性高涨的同时出现了教师被工具化的倾向。学校把自己定位于学生发展的平台，依靠学生的成绩和升学率在社会上树立品牌效应，而很少将注意力放在教师身上，教师似乎仅仅是教学资源、教学手段，甚或是教学工具。殊不知，学校中的主体不仅仅只有学生，学校的长远发展更多地不是依赖学生。"铁打的营盘流水的兵"，学生总要一届一届地轮换，而教师一如既往地坚守在自己的岗位上迎来送往。因此，只有真正地重视教师的发展，立足于教师的专业发展的学校发展才是可持续性的，只有当教师本身处于不断发展的状态，他才能促使学生持续不断地进步。如果没有教师的主体性发展，学校的发展最终将流于空泛和低效。教师和教育管理者都应该认识到，教师的职能不仅仅具有"教"的工具性，也有"学"的主体性。尤其是在现代社会知识更新速度加快和信息来源多元化的情况下，导致某些方面"弟子未必不如师，师未必贤于弟子"，教师的知识权威地位受到了挑战和冲击。因此，教师本身需要不断地回归受教育的过程，才能保证专业素质的持续发展。随着新课程改革对教师要求的提升，教师的责任已经远远溢出了课堂教学的范围，扩展到教学反思与研究、课程开发、社会教育等方面。

如果不立足于教师的主体性发展，不站在教师主体发展的角度上考虑问题，则教师职能的扩展只能意味着教师成为承载着越来越多责任的教学机器。教师在现实学校生活中确实处于一种"高压"状态，现在的教育体制几乎不能为教师完成正常的教学任务提供充裕的时间，更遑论为教师的新职能的发展提供条件了。这样一种矛盾状态的解决只能依靠教师的主体发展，因为教师的主体发展意味着教师有足够的能力和权力对自己的目标做出决定，这不仅是传统的教学职能的提升，还意味着对新职能的统筹把握。只有实现了主体发展的教师，才能在新课程的讲台上游刃有余。教育行政部门和学校领导要将教师看作自我发展的主体，激发教师专业发展的内在动机，促进教师自我发展的主动性，并通过各种手段尽可能地为教师创造专业发展的机会。

（3）自我修养的辅证

"道德常常能填补智慧的缺陷，而智慧却永远填补不了道德的缺陷。"（但丁）强调了人的心性修养相对于知性智慧的重要性。虽说"学高为师，身正为范"，但现代社会对教师的德行要求似乎更加突出。教师的心性修养主要与教师的教育良心和内化的道德责任感相关。社会要求教师具有崇高的精神追求，发掘公正、负责、爱生的教育良心，达到以人格和情感的教育力量引人向善的教育目标。教师的仁爱之心和人格力量本身就是促使学生发展的最好教育资源。教师的心性修养关系着学生的性格和精神的健康发展，并最终关系着社会伦理的发展水平。因此，教育者首要的责任就是照顾自己的灵魂，使自己的灵魂向善运动变化，使它尽可能地善。在这样的基础上，教育者才能真正承担起既教书又育人的职能。

康德认为，自然的最高目的和终极目的就是人类理性的至善，"头顶灿烂星空，道德律令在我心中"，如果说科学知识是用人类的理性之光为自然立法的话，那么伦理道德则是人类的实践理性精神的自我立法。教师和普通社会公众一样，也会受到世俗社会物质和功利关系的诱惑，但是，作为"人类灵魂的工程师"和"社会良心的代表"，他们应该比普通大众具有更强的抵制能力，能更好地以"知性"与"德行"的力量对抗虚假和不正义的行为。具有知识分子品性的教师除了为一己的私利考虑之外，还要秉持良知及道德勇气，即使面对名利和权势，也要坚守原则，本着自己的良知，服务于道德和人格的力量。马克斯·韦伯在《以学术为业》的演讲中说："一个人如果是一位发挥了作用的教师，他首要的职责，是去教他的学生承认尴尬的事实，我是指那些相对个人党派意见而言，令人不快的事实……我相信，如果一位教师迫使学生习惯这类事情，他达成的，不只是属于知性方面的贡献。我会不虞夸张之讥，用'道德成就'来形容它。"尤其是在现当代社会知识更新速度加快的情况下，教师所给予青少年的"知识成就"也许会使其受用一时，而所达成的"道德成就"却会使其享用终生，而这样的境界最终依赖教师自身修养的提升。

自古至今，人的道德修养都不外乎两条路线：外铄或内养。当前各级教育行政部门都相对注重对教师职业责任的法律规约，重视教师职业道德规范的建立，各学校也有详细的关于教师职业道德方面的制度与规定。然而，由于教育情景的复杂性以及人的精神世界的微妙性，无论多么详尽的道德要求都不能覆盖教育生活的方方面面，更无法引发理想化和个性化的精神追求，从某种意义上来讲，个体可以在遵守道德规范的外在形式下进行违背道德精神的活动。外在的道德规约很难转化为教师的责任伦理和专业自律精神。因此，除了以制度的形式加强对教师德行的监督以外，重要的是要加强教师自我道德修养的功夫。

我国古代的圣贤之师为现代教师提供了道德榜样，儒家的身心修养的方法也为我们提供了道德修养的典范。自孔孟至宋明时期的古代教育者，都重视内省与慎独的道德修养方法的阐释，并亲身践履，以涵养自身的"善端"。孔子讲："克己复礼"、"吾日三省吾身"、"见贤思齐，见不贤而自省"，孟子曰："反求诸己"、"养心莫善于寡欲"。宋明理学的道德修养论也是从人的先验的道德本心（天理、天命、良知）出发，祛除物欲、私欲的蒙蔽，恢复人心的本善。儒学的"内圣"以及宋明理学"存天理，灭人欲"的道德修养的途径主要体现为向内用功，自存本心，也就是培养主体至善的道德理念，追求自觉的道德约束，最终成就一种高度的道德自律状态，也就是所谓的"慎独"。《中庸》有言："道也者，不可须臾离也，可离非道也。是故君子戒慎乎其所不睹，恐惧乎其所不闻。莫见乎隐，莫显乎微。故君子慎其独也。"

在现代社会多元价值共存，人们的道德行为主要依靠制度规范和舆论监督，而与自我的良善之心无关的状况下，内省与慎独至多成为一种理想主义的道德期盼，而很少有人能在熙熙攘攘、物欲横流的世俗社会中坚守本心。大部分人都是基于规则的存在和舆论的监督，才规范自己的德行。而一旦独处时，便失去了道德规范的约束力量，流露出"本我"的倾向。由于教师从事的是一种精神性的活动，教师的人格修养关系到民族国家的道德发展水平，因此，教师更应该成为人类良知的守望者和代言人。教师的行为甚至不应该是一种外部规约下的遵规行为，而是一种教育良心下的自我规约，即便在规则的漏洞乃至真空地带，也能达到"梨虽无主，我心有主"的道德自觉状态。这种道德的自觉状态即是"自我"的状态，它不仅以合乎道德的方式引导学生的知识建构，而且以人格的力量对学生进行精神的陶冶。

（四）群体文化的内容指向

根据加拿大教授哈格里夫斯（A. Hargreaves）的教师文化类型理论，以及我国传统文化的精髓特质，我们将高校青年教师的群体文化定义为自然合作的教师文化，即"教师之间的合作是自愿的主动的，教师之间为了自身的发展而主动寻求与他人的交流合作，具有时间和空间的自由性、革新性、自然性、自发性、不可预知性、发展为中心以及逐渐推进等特征"（赵文平，2007）。

自然合作文化是渗透在日常教学活动中的教师之间自发的、自愿自主的合作方式，是学校组织经历人为合作文化过程之后形成的更高级的合作文化形式。它具有如下一些特性。

1. 多元、开放的价值观念

自然合作文化中教师不再局限于自己的小天地，也不再顽固地坚持自己固有的教学方法、理念、观点等等，他们更多的是以开放积极的心态与其他教师进行交流。他人的经验、方法都有可能被自己吸收利用，而自己的经验也会与他人分享。同时，他人在教学过程中出现的一些错误和问题也为自己的教学提供启示。因为在自然合作文化中，失败和不确定性是不被保护和遮掩的，而是以获得帮助与支持的角度与他人分享和讨论，教师不会花费时间和精力来遮掩他们的缺点，可以说，在这种合作文化中，经验、成功、失败与错误都是开放的。此外，和一般的看法不同，"合作文化不是要所有的教师都形成同一种价值观，采用同样的行为方式，这种文化容忍分歧，而且在一定程度上鼓励积极的分歧"（Andy Hargreaves, Michael G. Fullan, 1992）。这就意味着教师在价值观念上的多元和开放。

2. 自主、自愿的职业态度

合作活动可以是学校管理者或教师外部的其他组织或个人发起的，但是是否构成合作关系，首先取决于教师是否是自愿参加的。因为人为合作也是一种合作，这种合作是"通过一系列的教师自身之外的强力因素的介入所形成的合作文化"（巴里斯，爱丽斯，2001）。"合作的主要目的在于满足科层制度的要求，而不是学校实践的要求和个人的本意"（刘引，2006），而自然合作是源自于教师的过往经验、倾向或相互之间非强迫性的说服，它是一种自愿的集体的社会行为，为文化成员所共有，是教师集体自主选择、自主决策的结果，这种行为是持久而稳定的，是教师的一种生活方式。由于具有这种合作愿望的人具有相同的文化背景、共同的生活方式、行为模式、伦理道德、风俗习惯，彼此相处感到亲切，因此，具有极强的凝聚力量。这种凝聚力会成为一种集体的潜意识，能在各种场合下表现出来，能把各个方面、各个层次的人都团结起来。在自然合作组织中，每个人的思想感情和命运都与他人、与群体的命运连接起来，愿意与其同甘苦、共命运。

3. 以互动、互利为原则的行为方式

合作是教师之间的双向互动活动，是教师之间就各种问题所进行的交流碰撞，是教师们为了相同的目标而进行的相互帮助。优秀教师拿出自己的经验与人分享，一般教师积极的向他人学习请教，他们共同分享经验、讨论问题，并就更深层次的教育问题进行交流。而这些在本质上就是一种互动，没有互动就没有信息的交流和传递，没有思想的碰撞，教师原有的知识结构、价值观念、行为准则等也就不会有所改变，那么也就无所谓合作。只要存在合作就必然存在互动，它既可以是有声的也可以是无声的，既可以是有形的也可以是无形的。另外，自然合作文化强调行为方式的互利性。在竞争的环境中教师之间的利益存在本质的冲突，他人利益的获得往往意味着自己利益的受损。但自然合作则不然，合作的进行是以利益的相关或相同为前提的，合作是一种相互之间的支持和鼓励，意味着人们为了某一个相同的目标去共同努力，其结果是每个人利益的实现。因此，合作文化必然体现为，也要求行为者在行为上以互利为原则。

总之，自然合作文化中，教师对教育观念有广泛的认同，对自身的职业具有强烈的依恋感、信赖感以及强烈的工作使命感，教师能够自发地、主动地进行自身发展。

（五）群体文化的实现条件

人总是在一定的环境中生存，主体精神境界的提升必须有良好的道德环境的扶持，才能具有发展的持续性，理想的社会氛围和教育环境可以解放禁锢的人心，使思想自由，也可以激发自我实现的动力，引领人的精神境界向自我超越的方向发展。

1. 社会价值观的重塑

社会价值观念是在社会主流价值认识的基础上积淀成的集体意识和信念，是人们进行价值判断和选择，确立价值取向的基本依据，是理想人生规划和社会发展方向的潜在决定力量。不同的时代有不同的主导价值观念，即便在同一时代的不同社会情境中，价值观的表现也迥异。

在两千多年的封建社会，儒家文化在古代当权者和民众之中确立了道德人格和伦理宗法价值的绝对统治地位。在以伦理道德为主流价值的文化视野中，人们更看重人的精神的存在，对道德人格的追求确立了整个社会的文化背景。在这样一种浓厚的道德文化氛围中，思想承担者很少关注民生问题和功利价值，社会精英呼求理想的人格境界。儒学思想家认为，人之为人的根本在伦理道德及其人格，"自天子以至于庶人，壹是皆以修身为本"，伦理道德成为人的价值评判的唯一标准。除伦理道德以及与之相关的宗法价值的维护以外，现实生活中其他层面的价值被放逐。

改革开放以来，我国主流社会价值观发生了转型，人的主体存在的价值逐渐受到关注。随着社会主义市场经济体制的建立，与封建伦理社会和计划经济体制相适应的伦理道德型价值观和群体主义价值观失去了相应社会环境的支撑，开始从主流价值退居边缘，以人的发展和人生幸福为中心的人本价值观逐渐孕育生成。

在社会主义市场经济条件下，随着人的主体意识，平等观念、效率观念、竞争意识的觉醒，个人主义和极端的功利主义价值观也逐渐彰显，并在一定的层面上消解了对传统道德人格的诉求。现代社会价值观呈现一种多元共存的发展态势，传统社会的人文精神、与计划经济体制相适应的集体意识以及市场导向的个体权责观念既有共生的一面，又在一定的层面上发生冲突，在这样的情况下，如果把社会价值观统一到物欲和技术主宰的工具理性之上，则导致社会道德水准的持续下滑，如果统摄于超社会的道德乌托邦情结之上，则会因为脱离人的社会存在而走向偏执和虚妄。

现代社会价值观重构的关键是在主体人格发展的同时加强对道德情感的培养，使人的感性社会生存与理性道德关怀有机结合，从而在社会价值观的层面上弥补世俗价值和精神价值之间的裂隙。同时，在人的自主地位确立的同时也要加强对人的社会责任感的培养，通过人的反思和批判意识的确立，通过主体的自觉行动积极地形塑理想社会。主体责任感和道德人格有机结合的价值导向对社会主义市场经济的健康发展有巨大的推动作用，有利于解决人们社会生活中价值选择的迷失和困惑，促进良好社会道德环境的形成和主体道德人格的提升，从而对教师和学生精神世界的发展起到环境的引领和支持作用。

2. 教育评价观念的转变

高等教育评价是监督高等教育能否有序健康发展的有利工具和途径，同时也是教师群体文化建设的重要导引。在漫长的基础教育阶段，考试长期被视为现代社会教育评价的主导手段，以考试为主的教育评价体制为教育主管部门评价学校教学质量和教师教学水平提供了便捷的手段，而且，教育主管部门大多以考试成绩的高低来衡量学校的教学水平，并以之作为评价学校领导和教师素质的法宝。不幸的是，这种单一化教育评价的理念已延续到高校教育评估的实践，我们不禁要问：如果仅靠一种评价方式就能解决所有的问题，那么高校教育的复杂性以及大学文化的多元性又该如何体现呢？

"大学的职能，以为天下出人才，以为国家谋富强。大学应该走在社会的前面，点亮社会的唯一灯塔就是思想；而思想的最高境界是真理，把真理变成思想，而后引领社会"（王新平等，2011）。以此职能为导向的大学应该体现完整的大学精神，即：自由精神、独立精神、人文精神、科学精神、创新精神和批判精神等（刘宝存，2001）。而大学精神的培养立足于大学教育的四个任务，分别是："教育与教养；研究、教学和专业知识课程；生命的精神交往；学术"（雅斯.贝尔斯 Karl Jaspers，转引自王健，等，2018）。大学教育的功能需要一个人格健全、具有渊博知识的人来实现，我们可以说大学的真正使命是培养良好的社会公民，以给社会带来和谐稳定的持续性发展。因此，我们应该基于根本要素——"人"，进行高等教育质量的评价。这里有两点需要注意，一是以全面发展的人对社会服务贡献率进行评价；二是依据相应社会背景下的技术手段和理性与实用兼具的高等教育功能进行评价。

大学理念存在于人们的主观世界中，定格在从建筑、课程体系到制度等各类大学符号上，也见诸大学内外人际互动的交往中（周作宇，2014）我们应该承认多重事实和价值理念的存在，主张多重价值观的并存，支持多元化办学思想和教育功能的发展。但是，依据是否可以成为依据，成为什么比重的依据，厘清评价的目的，科学界定依据和目标的内涵，这些是需要各方共同努力探讨的问题。努力构建协商机制，是推动高等教育评价指标建构工作和谐平稳发展的主要手段。

基于以上论述，我们认为：高校教育评估观念应该凸显以上标准：

第一，注重借助信息化技术，建构"以一化多"的评价机制（王健等，2018）。首先，注重借助信息化手段。在数据流动、追踪的时代，统计学软件和现代信息技术发展迅猛，多元统计分析方法在经济、政治、交通等各领域得到广泛推广和普遍应用，解决由多边复杂因素构成的系统评估问题。高等教育评价系统正是一个复杂的多元系统，涉及社会、经济、政治、人口、环境治理等多个方面。我们应该将各种多元统计分析方法推广加深和融合，根据数据模型各自的性质特点，结合具体实践问题，做到具体情境具体分析。《教育信息化"十三五"规划》（教技〔2016〕2号）中明确指出，要"创新"网络学习空间人人通"建设与应用模式，从服务课堂学习拓展为支撑网络化的泛在学习"。课堂教学模式的转变，必然带动评价方式和手段的变革，研究者应着力关注信息化时代教育的影响因素分析、学习投入与学习质量的关联分析。其次，合力建构"化一为多"的评价机制。目前，我国的教育评价组织机构主要是政府设置的评价机构，随着多元化以及信息技术的发展，我们应兼顾政府机构与民间专业评价机构的协同发展，支持并鼓励具有不同专业特色、不同层次评价机构的发展，以满足教育发展的各个不同层次、不同类别、不同需求的评价市场要求。例如，以一个高等教育评价体系基准框架为"一"，以不同的二级、三级指标说明为"多"，以应对职业院校质量评估与综合学校教育质量或专业评价的不同需求。建构"以一带多"、"化一为多"的评价机制,保持共性,鼓励个性,同时需要强调的是,要确立正确的指标体系设计思路和理念,保障根基指标的科学合理;要确保评价主客体高质量地参与;要积极探索并完善教育质量评价的多种手段和方法;要多途径努力使评价结果的呈现方式更加丰富、更加有效,能够真正起到促进改良提升的作用;要建立一支专业化程度较高的评价队伍,积极组织评价人员的培训。

第二,控制指标项目,以数量最少化完成评价任务。控制指标项目与评价依据、评价目标之间实现最佳融合,保证指标项目与评价目标具有良好的一致性。一方面,要明晰指标体系的依据,建构目的和具体的指标内涵,保证指标体系的整体性,同时确保每一项指标的独立性;另一方面,摒弃"多就是好,多就是完整"的错误理念,在确保指标体系整体性与指标项目独立性的基础上,尽可能地删减指标冗余项,减少指标层级和数量,使指标体系简单易操作,从而以最少的量化操作实现评价的最大优化。

第三,保障权重比例与利用的合理性。权重配比的科学合理性影响着评价的信效度。确保权重选定与利用的合理性的前提是要确保指标体系设计者的学术权威性。其次,要制定严格的权重配置与利用的工作程序,让整个工作程序流畅运转,过程中可以出现多次"如果……那么……"的条件机制,以确保所有可能合理解释的穷尽性(王健,等,2018)。值得注意的是,我们在根据基准将指标定位在社会服务层面的基础上,也要适当考虑学生个体全面发展的需求,考虑到个体的社会化与个性化的综合素养发展,甚至提高一定的权重配比,全方位分解和考评教育功能的发挥程度。

3. 教师管理观念的改革

教师的教学工作是学校教育活动的主体组成部分,为保障学校正常的教学秩序和理想的发展目标,对教师的行政规约是必要的。但是,当行政权力膨胀到事无巨细地限制教师一切行为的时候,就使得教师向着机械的"程序执行者"的方向发展。教师的"精神导师"角色和主体发展目标的实现,最终要以教师专业自主权的存在为前提。因此,必须以行政权力向专业权利的让渡为教师的自主精神提供制度保障。我国的教育法规虽然对教师应该享有的基本权利如教育教学权、科学研究权、管理学生权、获取报酬待遇权、民主管理权、进修培训权作了基本的规定,但在当前的学校生活中,教师的主要职责依然是按部就班地教,按照规定的进度向学生传授指定的教学内容,并随时接受各级教育行政部门的检查和评定。至于是为谁的课程,谁规定的课程,为什么这些知识被指定为教学内容,更合理的教学进程是怎样的,教师无权质疑。新课程改革虽然要求尊重教师在课程开发中的主体地位,给予教师对多版本的教材的选用权利,但事实上,课程是早已确定的,教材是地方教育部门指定的,即便是学校层面也没有课程设计与教材选择的自主权,教师更是已经定型了的知识的传声筒,照章办事而无所创造的盲从者,他们"对课程编制无参与权、对教学安排无选择权、对教学决策无知情权、对学生学业成绩的评价无决定权"(姚静,2006)。在各级管理者的强权挤压下,教师甚至连工作日以外的业余时间都不能自主,教学主体意识丧失殆尽。

教师是具有自由意识与创造精神的职业群体,而等级森严的教育行政体制把教师作为科层制下的一分子进行规范化管理,而且现实的境况往往是行政权威对专业权力的压制与消解,造成了教师的专业自主权与制度管理之间的不可调和的矛盾。近年来,教育中实行的末位淘汰制、下岗制、教师聘任与落聘制、工资级别制,以及按绩取酬等竞争性的评价制度给教师带来了持续不断的紧张感与压力感。"迈克尔·阿普尔(Michael Apple)的'劳动的堕落'(degradation of labor)这一概念表明:外在的力量已经控制了对教室里将要发生的情况的设计和评价。作为教师的我们正趋于慢慢地失去我们对工作拥有的本就微不足道的控制"(C. Boomer, N. Lester, C. Onore, J. Cook, 1992)。

各种各样的制度使教师如上了套的牛马般疲于奔命,任职初期原本具有的饱满的工作热情也在应付各种制度的过程中消磨殆尽。只有当一种职业的从业者是自我管理的,并拥有对自己职责的最终控制权的时候,这种职业在总体上才是自主发展的,从业者才是具有主体精神的。而外行的过度控制限制了专业人员的工作权限并导致了系统的非理性化发展,成为专业发展的障碍。从教育活动本身来说,尤其要避免科层体制对专业权利的压制,应该给教师专业发展留出相应的制度空间。各级各类的教育教学管理人员,应该明确在教育的现实和未来发展中他们所扮演的角色,他们应该懂得,他们的作用和职能不是使教师和教学机械化和凝固化,而是要以服务性和保障性的策略促进教师的发展。行政权力与专业权力具有不同的运作机制,教师虽然在科层体制中处于底层,但在教育教学上却拥有不可让渡的专业权利,教师的专业决策权和专业发展权都是教育管理者应该予以尊重的。因为教育是促进人性与精神发展的事业,教师和学生都不是机器,对教育教学的管理不能按照科学管理的原则进行机械的规约和效率的核算。而且,管理者应该明确,对教师的赋权并不会带来管理的混乱,由于教师所拥有的专业知能与专业精神,他们倾向于把拥有的权力转化为责任,既有对专业发展的责任,也有对学生、学校乃至社会的责任。美国教育改革中确立的"强调教师赠权"(empowerment of teachers)对我国的教育改革有很强的借鉴意义,即:努力使教师减少来自科层制的压力,而使之更多地为满足他们的委托人的需求负责。专业自主权的落实任重而道远,需要各级教育管理者思想的转变与行动上的一致努力。

4. 教育改革观的完善

教育改革目标的实现需要决策者、执行者和实践者相互支持、相互促进的文化氛围作保障。由于教育改革的综合性和问题的不可预知,改革的规划必须在完全限制与放任无序之间取得动态的平衡。自上而下的线性的教育改革观念存在着弊端,"就像许多有改革头脑的领导人已经发现的那样,从上面进行控制是一种错觉,没有人能够从上面控制复杂的机构"(迈克·富兰,2000)。由专家发动、由行政人员推广的教育改革往往与真实的教育环境和教育问题存在隔阂,对于教师每天在教室中面临的困难缺少针对性。按照美国学者古德莱德（J•I•Goodlad）对于五种课程类型的划分，自上而下的控制性改革关注的是专家心目中的"理想的课程"（ideological curriculum）和行政部门规定的"正式的课程"（formal curriculum），而对于教师心目中所"领悟的课程"（perceived curriculum）和实践中"运作的课程"（operational curriculum）以及学生所体验的"经验的课程"（experiential curriculum）缺乏切实的关照（钟启泉，1993）。这样的教育改革将教师当作改革的对象而非参与改革的人。在这样一种不顾教师的接受能力和现实的教育状况，通过制度的手段强行扭转教育实践方式的改革理念势必无法得到教师群体的支持和认同，教师的习惯性行为方式甚至对改革具有潜在的、但却是根本性的阻抗作用。

1995年，时任美国教育部长理查德•瑞利（Richard Riley）在致全国教师的一封信上说："如果我们要在21世纪成功地建立高成就的教育体系，我们必须汲取学校老师的智慧、经验与远见，没有聆听老师的意见，我们不能大言不惭地说教与学是此次教育改革的重点"（Teacher's Guide, 4th Edition）。由专家、顾问和由上而下的领导方式带动的改革方式使教师成了改革的对象而非参与改革的人，无法激发教师的改革意识和动力。整个社会的教育组织系统固然是按照外在需求和行政规划的方式建立起来的，但是，这样一个系统的运行如果将其成员的精神世界的建构弃如敝屣，便无法保证其成员的教育活动严格地遵从"官方的蓝图"（the official blueprint）。

按照解释学的原理，人们对于既定的理论与文本的感受其个性化需要、信念及独特的认知方式的支配，他们均以自身的需要、个人的信念、目标及先前的经验为基础对于面临的情景进行主观性的阐释。教师在教育改革的实行过程中承担着将改革的理念转化为实践的关键性的工作，他们基于自身的经验与知识解释并改造着官方发动的原始的教育改革方针。教师是教育改革过程中潜在的主体，只是他们的主体地位没有得到教育行政系统的认同，但他们所发挥的主体作用远远超越了教育改革的规划者的视域范围。

传统的教育改革对于教师精神存在缺乏切实的关照，忽略了教师主体实践对教育改革规划的转换和再加工作用。教育改革的决策层推行一种指令——责任型的改革运作方式，希望教师作为教育改革的对象和执行者，在行政部门的指引下亦步亦趋地执行官方的教育规划，他们的任务就是按照行政的指令将专家设计的知识系统传递给受教育者。教育改革的观念最终要落实到教师的教育教学行为中才能真正生效，而教师必须从思想上和行为上与当前教育改革的先进理念"趋同"，才能有效地将教育改革的理念落实到实践的层面。也就是说，教育改革的观念必须得到教师的认同，才能对教师的教育教学行为发生积极的影响，才能使整个教育系统的运作方式发生彻底地改变。如果教育改革的理念与当前的教师文化状态存在矛盾，教师群体往往会执着于旧有的价值观念与教育行为方式而拒绝改革。即使受到行政与制度的规约而被迫采取新的教育理念和行为方式，也只是"新瓶装旧酒"的表面的行为方式的转变，其精神层面依然坚守着旧有的文化传统。

为了使先进的改革理念在基础教育领域得到真正落实,必须发动教师的教育改革的积极性,培养教师的创造意识与革新能力。赋权——参与型的教育改革观念已经在我国教育实践中初步确立,但教育管理者的民主意识和教育实践者应对复杂问题的能力还有待于加强。随着教师自主实践意识以及创造性的问题解决能力增强,教育行政部门应该建立对教师的教学效能与教育规划能力的信任,确立教师的改革主体地位,最好的改革方案是"不用控制而达到控制的目的",通过对教师的赋权和精神引领使教师主动地参与改革过程。这样,在整个教育改革的运行系统中,没有人感受到与旧的观念和行为方式诀别的切肤之痛,而始终洋溢着一种积极参与的热情和主体责任感。

(六) 群体文化的构建路径

自然合作教师文化的建构是一项复杂的系统工程,受传统文化、学校办学理念、教师的个人素质等多种因素的影响。因此,只有将教师内在因素的改变和外部条件的支持有机结合起来,才能有效地建构自然合作的教师文化。

1. 愿景信念共建

愿景是一种关于未来的思想、意象或景象,即将来会成为什么样的见解。组织的共同愿景,能使不同个性的人凝聚在一起,朝着组织共同的目标前进。当人们真正共有愿景时,这个共同的愿望会紧紧将他们结合起来。沃伦·本尼斯曾经说过:"在人类组织中,愿景是唯一最有力的、最具激励性的因素。它可以把不同的人联结在一起"(戴维·W.约翰逊,罗杰·T.约翰逊,2005)。教师自然合作文化的核心在于共享的价值与信念,有了共同愿景,就有了奋斗的目标与动力。在追求与实现愿景的过程中,人们就会自然产生勇气,去做任何为实现愿景所必须做的事情,而教育信念是教师内心深处对教育价值的最高默许,是教师的精神向导,直接影响教师的行为并决定着教师个体成长与发展的方向、速度和效果。它伴随着教师的成长而成长,并影响着教师的教育实践以及教师的发展,教师的信念对于教师自身的发展水平和学校教育的成败都具有举足轻重的作用。因此,进行教师合作文化的构建,我们首先要确立教师合作的共同愿景与信念。

2. 制度文化规范

制度文化是学校文化的重要组成部分,是学校文化的内在机制,是维系学校正常秩序必不可少的保障机制。建立基于自然合作的学校制度,对教师的行为具有导向、规范和陶冶的功能。"在教师合作的初级阶段,必须构建教师合作的机制,从组织走向自组织,从人为走向自然"(李翠华、王坦,2006)。一是建立校际教师合作制度,促进校际教师间的合作。在新课程改革背景下,校际教师合作制度应立足于新课程的区域性推进与区域教师的成长,为实现以上目标,我们可以从以下几方面努力:第一,扩展师徒结对范围,建立跨学校的师徒结对制度。第二,建立教师跨校轮换制度。参与该活动的学校定期选派骨干教师到指定的学校开展一定期限的跨校教学服务,扩大名师的辐射范围,增进校际资源的共享。第三,建立区域性课题合作制度。以课题为抓手,就教师共同感兴趣的研究课题,形成多种组合形式的学习研究共同体。二是完善学校教研组制度,以专业性组织的要求改造教研组,赋予教师合作的自主权。在专业性组织中,教师是活动的主体,专业自主权是教师主体性的重要保障。教研组在成立之初并非是一个行政组织,而是一个专业组织,但在变革中它逐渐失去了其专业性而成为学校转发教研通知,传达教研活动相关文件的一个行政部门。随着教师在教研活动中主体地位的逐渐丧失,教师合作的自主权也逐渐丧失。课程改革过程中,我们必须以专业组织建设的要求改革教研组,赋予教师在合作中的自主权,使教研组恢复其原来的功能。三是完善相应的评价制度,鼓励教师合作。我国现有的评价制度对教师的评价都是以个人成绩作为衡量的尺度。这无形中强化了教师的竞争意识。为了增强教师间的合作,必须转变这种以教师个人成绩为唯一标准的评价制度,将"合作意识与合作能力"作为考查、评价学校与教师的指标之一。

3. 自我文化反思

美国学者彼得·圣吉在其学习型组织理论中谈及心智模式时指出,在人的内心深处存在着根深蒂固的、影响人们认识世界和改造世界的心智模式。这种心智模式如果不合时代改革的趋势,就会阻碍系统思考和组织学习,成为一些改革"难以绕开的、隐在暗处的顽石"。事实表明,如果教师没有将自己头脑中错误的教育观念清理出来,那些与他们已有观念不符的科学教育观念就很难进入他们内在的认知结构中。美国学者史密斯·洛伦也曾指出,教师合作有三个基础,其中最重要的就是教师本身。

首先,教师应该明了,人与人之间并非"非赢即输"的关系。教师间的相互合作可以很好地产生"共生效应",在合作中满足自己的需要。肯定他人的能力和贡献、建立彼此间真正的信任、协作关系,认识到只有建立真正的合作关系,才能与具有不同智慧、水平、知识结构、认知风格的成员互相启发、互相补充,实现思维智慧上的交流与碰撞,才能达成一种默契,形成巨大合力,最大限度地提高教育的整体功能;认识到合作关系是当今世界教育发展的趋势,是我国新课程改革对教师的必然要求,身为教师只有勇敢面对,才能对学生形成潜移默化的影响,而且一旦当教师之间能够互相交流思想、在活动中有合作精神、互相帮助时,学生也会受益匪浅。

其次,教师要学会以开放的心态与其他教师建立互相信任和尊重的关系,学会站在别人的立场看问题,分析问题。教师要具备彼此支持、相互配合、相互体谅的品质。只有具备这样的品质,才能善于吸取别人的长处、优点,帮助自身成长。也才乐于将自己优秀的个人经验、缄默知识与他人分享,帮助他人解决问题,走出困境。总之,教师自身树立开放、良好的心态,对于教师建立融洽的人际关系,增进理解,增强沟通,促进自然合作教师文化的形成具有重要作用。

再则,教师应当明确,强调教师之间的合作并不排斥教师之间的竞争。教师之间通过自身不懈的努力，发挥自己的聪明才智，去超越自身、超越他人，这种良性竞争不但不会影响合作，反而会促进教师更虚心地向其他同事学习。在合作中竞争，在竞争中合作，教师之间通过交流信息，分享智慧，相互支持与鼓励，共同提高各自的专业水平，实现自身价值。教师之间的竞争与合作，将使整个教师群体生机勃勃，保持旺盛的进取精神，也将最终促成合作文化的形成。

最后，教师应当从思想上明确教师之间的合作并不意味着教师个人要放弃对教育教学问题的独立思考和独立行动，更不意味着要排除个人的主见和创新，合作是以促进每一位教师的专业发展为最终目的，而不是以求得解决问题的唯一结果为最终目的。否则这种合作就是一种无价值的合作，不但起不到促进教师专业发展的目的，反而会消融部分教师的意志。通过讨论、交流只是使教师分享到自己不曾了解的理念、经验，从新视野出发反思自身的教学行为，做出适合自己的最佳选择，所以，既要促进教师之间的相互交流，又要保持教师的独立精神，这样的合作才真正具有现实意义。

二、高校场域下教研生态模式建构

自洪堡（Wilhelm von Humboldt）明确提出"教学与科研相统一"以来，教学与科研关系问题便成为高等教育领域的一个重要课题，也是一个世界性的难题。在大学发展史上，教学与科研协调发展的美妙图景非常少见，教学与科研的矛盾多于一协调。悲观主义者甚至认为，无论怎么努力，大学都无法解决教学与科研的协调问题。我们认为：教学与科研作为处于大学发展基础性地位的两个关键要素，同样作为高校教师专业发展的重要内容，延续于高校教师专业成长的始末，将科研统一于教学实践，建立基于学校场域的生态化教研模式可以在根本上解决教学与科研的矛盾。

（一）高校的场域属性

大学作为大的社会世界中的一类特殊的小世界，有着与其他世界不同的特征。大学是相对独立的社会空间，也是一种特殊的场域，原因在于：首先，作为场域存在，学校具有客观的现实基础。学校是社会中的重要组织形式，以物态的形式存在于一定的物理空间和地域之中，是各类教育关系存在的物理载体。同时，学校中还存在着大量的实体之间的相互关系，即教师、学生、学校管理者等实体性教育要素在学校场域中并非互不相干的独立存在，而是在相互联结而成的关系网络中彼此确证与依存，因此学校场域内还有由这些实体之间生成的关系性要素。其次，场域本身具有生命力，是各种力量关系遵循特定场域的游戏规则，不断争夺、竞争，历史性生成的。从共时观察和分析的角度来看，学校场域也不仅表现为一种结构化的关系网络，还表现为学校内部存在的不同资本、权力之间的差异对比、权力斗争，在学校传承知识、发展学生的过程中，复杂的内在动力一直在发挥作用，多元与异质的实体元素展开对话、交流、竞争，使得学校场域在力量的对比中富有发展的生命力，富有文化再生产的强大动力。而同其他场域相比，大学场域的独特之处和自主性都源于大学是以高深知识为基础的，大学场域具有较强的自主性和自身特有的运行逻辑。大学场域的特征有：主体是教师和学生；基本活动是教学和科研；运行的基础是高深知识；相对其他领域而言，大学场域是一个更为隐秘的斗争场所。

首先，大学场域的主体是教师和学生。与传统意义上师徒形式的孤立圈子不同，真正意义上的大学是教师和学生逐渐组成了共同的集体，"大学里有几千名学生，而有时有数百名教师生活在一个自治的知识分子共同体中，它有相当充分的资助和特权"（约瑟人·本戴维著，赵佳荃译，1988）。从14世纪以后，师生组成的行会蜕变成了真正意义上的大学。发展到现代社会中，大学具有了越来越多的职能，其人员组成也日益多样。其一，随着大学的日益庞大，大学与外界的联系也越来越多，这样就需要一些专门的管理机构和管理人员，以提升大学作为一个社会组织的秩序和效率。继而，大学出现了一些专门的管理人员。随着专业化进程的推进，大学的管理层正不断地朝向职业化的方向发展，而这些职业管理者将不再从教师队伍中挑选。其二，大学中出现了一些职业的研究人员，而这些研究人员主要在实验室、科技园区中进行科技研发，而不从事教师需进行的教育工作。其三，大学中出现了很多与教学、科研无关的服务人员，这些人主要从事师生的生活服务工作，而与学术工作无关。但是，无论大学的人员构成变得多么复杂多样，大学场域的主体依然是教师和学生。或者可以说，大学场域的主体是教师。因为，从大学发展史来看，虽然学生曾经短暂地以大学场域主要力量出现过，如"学生大学"。但是，如今世界范围内，主要是"教师大学"的一统天下。教师是大学的主导力量，也是决定大学层次和水平的主角，是大学场域中最为关键的主体。而在这个场域中，一些著名教师占据着场域的中心地位，正所谓"大学者……有大师之谓也"。当然，随着学生作为"消费者"的发展，付费上学可能在将来会导致"谁付钱，谁点唱"的局面，那时，学生将再次成为大学场域的另一关键主体。可见，正是教师之间和师生之间的权力关系形成了大学场域。

其次，大学场域的基本活动是教学与科研。当代大学已经承担了至少三种社会职能：教学、科研和社会服务。随着社会需求的增多，大学的职能还在继续朝着多元化的方向前进。但无论大学的职能有多少，教学和科研都是大学最主要的活动。大学所有的社会职能，都是这两项活动的结果。一般认为，大学作为一种教育组织，培养人才是其首要责任。纽曼甚至把教学作为大学唯一的职责。纽曼认为大学是一个传授普遍知识的场所，他指出："一方面，大学的目的是理智的而非道德的；另一方面，它以传播和推广知识而非增进知识为目的"（约翰·亨利·纽曼著，徐辉等译，2001）。在他看来，大学的目的就是通过普遍知识来达成学生心智的发展，进而不断地接近上帝的真理。对于大学教书育人责任的强调一直没有停止过。所以，弗莱克斯纳（Abrallam Flexner）指出："保存知识和观念过去和现在都被视为大学的任务，有时甚至被视为其唯一的任务，现在偶尔也被看作是最主要的任务。无论如何，大学总是将其当作自己的一项职能；不管大学如何变化，任何重建工作都不会剥夺大学的这一职能"（弗莱克斯纳，徐辉，陈晓菲译，2001）。但是，很多学者认为大学已经在逐渐忽视这一最初和最基本的职能。哈瑞·刘易斯（Harry R.Lewis）在其名著《失去灵魂的卓越》（侯定凯译，2007）中，就批评哈佛大学为了追求市场名利，而单一重视卓越的学术成就，重视研究生教育，却轻视本科教学尤其是轻视本科生道德人格的培养，忘记了其实后者才是大学的灵魂。科研则具有使人充满活力的功能。如果大学仅仅保存和传授已有的知识，以学习既有经验应对未来的世界，在这样的复制过去的大学世界中，是缺乏生机与活力的。科研进入大学，扩展了大学所拥有的知识边界，使得大学成为一个令人激动不已的探索未知世界的场所，大学因此而活力无限。大学的科研功能，最初是以促进教学为目的而产生的，即洪堡所谓的"教学与科研相统一"，教学即科研，科研即教学。随着大学与社会关系的日益密切，科研在大学中的地位越来越重要。

大学其他功能必然是教学和（或）科研的衍生活动。大学服务就是它们的衍生活动。无论是推广教育，还是技术转化到生产领域，其基本活动无非还是教学（函授）和科研。随着社会发展，大学社会服务活动越来越多样，如教师参与公共事务咨询，学生进行服务性学习等等，但无论形式如何变化，其基础仍将是教学和科研。未来大学的职能无论怎样复杂多样，其基础也必然都是教学和科研。

正因为大学场域的基本活动是教学和科研，大学场域的变化也就主要表现为了教学与科研关系的演化。大学场域型构建教学与科研关系的样态，或者说教学与科研关系的样态基本上就是大学场域样态的反映。大学层面的教学与科研关系就是大学教师在处理教学与科研关系时所依据的主要参照点。

再则，大学场域的基础是高深知识。大学是知识操作的机构，但并非所有的知识都能进入大学，大学也并不对所有的知识进行操作。大学中的知识是"高深知识"。布鲁贝克（John Seiler Brubacher）指出："所谓'高深'只是程度不同。但在另一种意义上，这种程度在教育体系的上层是如此突出，以致使它成为一种不同的性质。教育阶梯的顶层所关注的是深奥的学问。"布鲁贝克进一步指出，"这些学问或者还处于已知与未知之间的交界处，或者虽然已知，但由于它们过于深奥神秘，常人的才智难以把握"（王承绪等译，2001）。高深知识的概念反映了知识的差序格局和等级差异。根据学者们对知识的分类，我们可以将"高深知识"定义为与日常知识相对应的哲学知识，与日常生活知识相对应的学术性知识，与一般知识对应的精英知识。总之，"大学中的知识就是这些智慧、学术性知识或精英知识"（吴洪富，2011）。

在大学中，科研主要是创造或发现高深知识，而教学则意味着整理和传授高深知识。现代大学走出象牙塔之后，还获取或被赋予了另一种职能，即社会服务，而社会服务也需要大学以自身所拥有的高深知识去解决社会问题，或者依靠自身具备的产出高深知识的能力去应对社会的未知问题。当然，还有学者提出了大学应具备的其他职能，如文化引领、精神塑造等，但这些依然需要以高深知识为基础。也就是说，大学的职能，包括其未来要承担的职能，都无一不以高深知识为材料和媒介。大学为了获取合法性，就必须满足社会的需求，承担一定的社会职能，而大学的活动及发展都需要以高深知识为合法性的根源。反之，如果失去了高深知识，大学就无法满足社会的需要，甚至走向衰亡。正是看到了这一点，布鲁贝克才把高深知识作为建构协调各种高等教育哲学流派的"参考框架"的"共同基点"，把高等教育哲学流派分为了"认识论"与"政治论"（约翰·S. 布鲁贝克，王承绪等译，2001）。认识论所强调的是高深知识的"价值自由"，而政治论则彰显人们在追求高深学问时的"价值判断"（卢晓中，2000）。

正是认识到高深知识对于大学的基础性价值，有学者才指出"维护作为知识权威的地位，始终是大学得以存在的基础，而一旦它丧失了作为知识权威的地位，就意味着危机的真正到来"（阎光才，2002）。一些学者甚至认为，随着网络时代的到来，任何人都可以同样地接触到知识和技能的最前沿，大学在知识上的垄断地位已不能再继续维持，大学所拥有的高深知识获取的门槛已失去，大学因此而陷入深深的危机。不仅知识存储的地方变得分散，有学者还认为，知识生产模式的变革也将导致大学在知识生产上垄断地位的衰减，迈克尔·吉本斯（Michael Gibbons）认为这就是一种分散性知识生产的模式的潜在威胁。所谓分散性知识生产，是指"知识生产不再是自我封闭的活动，它既不是'大学的科学'，也不是'产业的技术'，更不再是某类机构的专属领地——其他部门只能从其'溢出'或'附带'的知识中获益。无论从理论和形式，还是从方法和技术的角度，知识生产已经从高校发展到了许多不同的机构"（迈克尔·吉本斯著，周倩、高耀丽译，2009）。在知识储存和知识生产模式都变革的背景下，大学将面临巨大的挑战。从这些危机中，我们可以窥见高深知识在大学中的重要地位，但值得一提的是，随着信息化以及多元文化时代的来临，高校已经从知识的"专有者"变成了"分享者"，但这并非意味着高校因此陷入了危机，而是以"分享者"和"引领者"的身份继续与高深知识保持着密切的关系。

第四，大学场域是一种非常隐秘的斗争场所。莫里斯·柯根（Maurice Kogan）说："或许再也找不到哪个领域像高等教育一样，其研究的核心是如此公开，而活动模式是如此隐蔽的了"（伯顿·克拉克著，王承绪译）。像其他的教育组织一样，大学场域同样是一个各种权力关系之争的社会空间。由于大学场域的基础是高深知识，因此，大学场域的斗争基本上是基于高深知识的。而这种斗争因知识与权力的结盟而起，并处于"知识——权力"的框架之内。

当知识与权力结盟后，在大学场域中，拥有知识就成为获取权力的途径。从教师之间的关系而言，谁拥有更高深和更多的知识，谁就拥有更高的学术声望和专业权力；对于教师和学生而言，教师因拥有更多的知识，因此在师生交往中处于优势地位，至少是"平等者中的首席"；而对于学生之间的关系而言，哪个学生较好地掌握了知识，掌握了更多的知识，哪个学生就"学而优则仕"，能在大学场域和社会大场域中获取有利位置。大学场域中这种知识与权力的共谋，表现为一种更为微观的、隐秘的斗争关系。它通过特定的规则和文本的制定，而使得彼此间的权力披上某种合法的外衣，使得场域中的行动者都认为这种安排理所当然，以至于形成了一种下意识的习惯行动。

社会实践理论认为，不存在超越历史因素影响的场域法则，场域是变迁的。大学场域同样是存在历史变化的。由于大学与社会关系的演变及相应的知识转型造成的，大学场域正从传统的理性大学转变为学术资本大学。自大学拥有雏形的13世纪发展到19世纪，大学场域一直是理性知识的摇篮，从形而上学到神学再到科学知识，大学对自由知识的追求从未停止，直到20世纪，大学变成了一个资本知识压制自由知识的空间，也就是在大学场域发生变化的同时，教学与科研在学校中的关系也发生了变化：从中世纪到18世纪末，大学的公开职能是教学，而不存在现代意义上建制化的科研，只存在个体化的对于知识的探索，这段时期的教学与"科研"关系是一种学术性的自然融合；19世纪初，科研确立了在大学中的正式地位，但它是与教学统一的，科研自然地促进教育教学。而20世纪以来的大学，逐渐成为学术资本大学，其教学与科研从"统一"逐步成为彼此独立的活动，20世纪末还出现了彼此对立的现象。大学教学被更具功利价值或功利价值潜力的科研所压制，大学普遍呈现"重科研轻教学"的局面（吴洪富，2011），而这种局面还在持续。

大学教学与科研关系的演变，是大学场域变迁的一种体现，也是教师追逐学术资本利益的结果。由于学术资本主义的发展，科研已经从教学的视野中消失，而走入市场。这样，教学与科研的联系出于教师工作模式和工作内容的变化而变得松散。同时，由于能带来更多的利益，科研逐渐成了大学教师普遍追求的活动，成了一种"主义"。在学术资本大学中，教学与科研正成为相互对立的双方。处于支配地位和处于被支配地位的大学教师为了抢占位置和获取利益，相互指责对方，并且试图各自确立自己的身份，这样就造成了大学教师身份认同的危机。如果对立一直持续，将会导致洪堡传统的陨落和大学对于自身文化的忘却，而这种文化的危机在信息化与文化多元化的当下将使高校陷入更大的困境。因此，重构高校教师教学与科研的关系就变得势在必行，而对于高校教师主力军的青年教师来讲，教学与科研的关系重构，其意义更是不容小觑，源于生物进化论思想的生态理论为教学与科研的健康发展提供了契机。

（二）高校青年教师教研生态图式建构

1. 教育生态学的生态视角

"生态"一词来源于教育生态学领域。教育生态学是教育边缘学科，它运用生态学方法研究教育与人的发展规律。着重围绕生态平衡、环境与适应、人群的分布与构成、人际关系等问题，试图建立合理的学校内外生态环境，提高教学效率，促进年轻一代健康成长。教育生态学由美国哥伦比亚大学师范学院院长克雷明（Cremin Lawrence）

最早提出，早期研究始于20世纪40年代，美国堪萨斯大学心理学家巴克和赖特从社会的自然生态角度，探讨儿童行为的发生、发展特点与教育的关系问题，1951年出版《一个男孩的一天》，随即于20世纪60年代末引发学者的广发关注。

教育的生态结构包括宏观、微观两个侧面。教育的宏观生态最大的范围是生态圈，其次是世界上以各国家为疆域的大生态系统，实际上这是历来教育研究的重点。研究以教育为中心的各种环境系统，分析其功能以及与教育、与人类的交互作用关系，以寻求教育发展的方向、教育应有的体制以及应采取的各种对策。教育的微观生态则缩小到学校、教室、设备乃至座位的分布对教学的影响，也包括课程的设置目标、智能、方法、评价等微观系统分析，也缩小到家庭的亲属关系，学校的师生关系、同学关系乃至学生个人的生活空间、心理状态对教育的影响。教育的生态环境是以教育为中心，对教育的产生、存在和发展起制约和调控作用的多元环境体系。大致分三个层次：一是以教育为中心，综合外部自然环境、社会环境和规范环境组成的单个的或复合的教育生态系统；二是以单个学校或某一教育层次为中心构成的，反映教育体系内部的相互关系；三是以学生的个体发展为主线，研究外部环境包括自然、社会和精神因素组成的系统。此外，教育生态学还考虑教育对象内在的生理和心理环境。

教育生态规律是指以生态学观点来研究教育与外部生态环境之间以及教育内部各环节、各层次之间本质的、必然联系的基本规律。由于教育生态的研究起步较晚，还有若干教育生态的规律尚未被人们认识或充分认识，尚有待大力开发，但已经较为成熟的教育生态规律可归纳如下：

第一，迁移与潜移律。教育生态系统的物质流、能量流和信息流，在宏观上主要表现为径流，即较明显的迁移，而在微观上则表现为潜流，即不明显的潜移。国家财政部门拨款给教育部门，教育部门通过银行转给各学校，这是径流，能量流入学校后分散到系、部，再到教研室以至教职员工个人，逐渐即由径流变为细小的潜流，在此过程中，能量逐渐耗散。对信息系统的相似分析，尚需借助于关于人脑、神经系统的知识。

第二，富集与降衰律。改革开放以来，通过多渠道、多种方式解决学校的资金，可以理解为一种富集作用，这将给学校教育生态系统带来活力和动力。一般地，富集度愈高，系统愈向高水平发展，但能量富集过多会造成浪费。总之，富集要与不同的发展水平和层次相适应，降衰作为富集的对立物不难理解，如信息流随距离的增加而减少。在人体内随时间延长而衰减，只有反复复习，强化那些必要的神经联系，方能保持。

第三，教育生态的平衡与失调。教育生态理论的核心问题之一，正是教育的生态平衡。把握教育生态平衡的规律，能从根本上揭示教育方面存在问题的实质，推进教育发展。教育生态平衡可以从教育生态系统的结构、功能两个不同角度来分析。值得注意的是，由于恢复教育生态平衡或建立新的教育生态平衡周期表，加上教育的效果滞后，有些平衡失调在一段时间呈隐性，一时难于反馈、显示出来，这就要求人们根据平衡原理及科学的检测方法，主动去观察、分析，采取超前对策，能动地加以调节，否则，将付出昂贵代价。

第四，竞争机制与协同进化。无论是国家与国家、学校与学校，还是人才之间，从教育生态系统到群体、个体，竞争都是长久存在并导致优胜劣汰。例如，某些学校创办后消亡。但另一方面，竞争的积极意义也是众所周知的，竞争对教育者、受教育者都可以产生推动力，竞争可以促进整体教育改革，促进学科之间的交叉与渗透，推进学科间，院、系间的协作，促进教学质量与科研水平的提高。从相互竞争到协同进化，这是管理者、教育者、受教育者的共同愿望。尽管有时不适当地竞争也可能导致相反的结果，但对教育生态系统而言，协同进化将永远是主流。

第五，教育生态的良性循环。教育圈是一种大教育系统，包括初始教育、成人教育、继续教育。对象包括从事教育工作的人员，还包括教育发展所依赖的客观条件与环境，即社会、经济、科技、管理及对人才的需要等。教育圈内的人才流、能量流、物资流有自己的良好循环机制，这只是一个例子。

根据以上论述，我们认为：针对高校青年教师专业发展核心之一的教研关系应该属于教育生态学理论的微观结构，而考虑到教研生态的失调状态，以及教学与科研之间满足竞争机制与协同进化的生态规律，重新修复教学与科研的生态关系并最终实现教育生态的良性循环是可能的。

2. 高校教学与科研的生态愿景

在教研生态中，所有的教师都应较为均衡地既从事科研又从事教学，不允许存在只做一项工作的教师存在。同时，教师还要积极地建立这两项工作之间的联系，而不是把它们作为不同的活动来对待。

首先，让大学教师成为大学教师。教学与科研共存是大学教师学术身份的独特之处。作为大学教师，就要既从事教学又从事科研。著名科学家钱伟长指出"你不教课，就不是教师；你不搞科研，就不是好教师。"这句话反过来其实也是成立的，即不搞科研的教师不是大学教师，不教学的大学教师不是好教师。作为教师，就要传道授业解惑，就要上台讲课。而作为学术职业，大学教师就要从事科学探究。教学与科研都是大学教师分内的职责，也是大学教师主要的生存方式。

在目前的大学场域中，存在一种"双重标准"：科研可以代替教学而教学不可以代替科研。这样，"我们的教授，课可以少上或不上，但论文不能不写，科研不能不搞，而且搞科研可以折算成课时，课时却不折算成科研"（温红彦，2002）。为了改变这一状况，教育部于2001年下发了《关于加强高等学校本科教学工作，提高教学质量的若干意见》，其中提出了十二条加强本科教学工作提高教学质量的措施，并且明确要求教授要上讲台，鼓励院士和知名学者为本科生开设讲座。教授上不课成了需要行政强制干预的事情。其实，教授教学，就像农民种田一样理所当然。国外大学的教师都必须上课,而且"职称越高,讲课越多"(温红彦,2002)值得特别提出的是,大学教师必须教学,不能仅仅依靠相关的制度规定,而必须是作为一种学术责任来认真对待。大学课堂不能出现"师生心照不宣一起混"(何稻,2010),也不能出现"知名教授挂牌开设的课程基本由讲师或助教讲授"(程墨,罗曼,2008)的现象。

教师必须上课,但也不能仅仅从事教学工作。我们反对教师分化的制度,即设置仅从事教学的教师和仅从事科研的教师岗位,要一让大学教师成为大学教师。当然,教师同时进行教学与科研,并不意味着教师工作的内容不存在分离的现象。教师在一个学期内可能教学任务多,而另一个学期则主要进行科研。这种工作上的安排是必然的现象,博耶还认为这是一种期望的状态。博耶提出了一种"创造性契约",根据这种契约,每个教师都可以在一定的时间内转移自己的学术工作重点,即教师可以决定在未来一段时间内主要从事科研,少做一点教学,而在另外的时一期内主要教学,少做一点科研。

其次,建立协商与对话的教研关系模式。理想的教研模式应该是以探究性的学习文化为环境,以学科文化为氛围、以学科学术为基础的一种基于师生之间协商意义和对话交流的模式[图1 教学与科研的理想模式(吴洪富,2011)]。其中,探究性的学习文化是必要的前提,只有具备了积极的、探究性的学习文化,而不是消极被动的、吸收式的学习文化,教学与科研才可能通过"学习"这一中介连接起来;学科文化与学术是基础,教学与科研关系是以学科的知识、学术为连接的实质内容的;师生共同体则是理想的教学与科研关系生成的保障,如果师生之间存在着隔阂与地位上的不对等,教学与科研便不可能产生积极的相互作用。

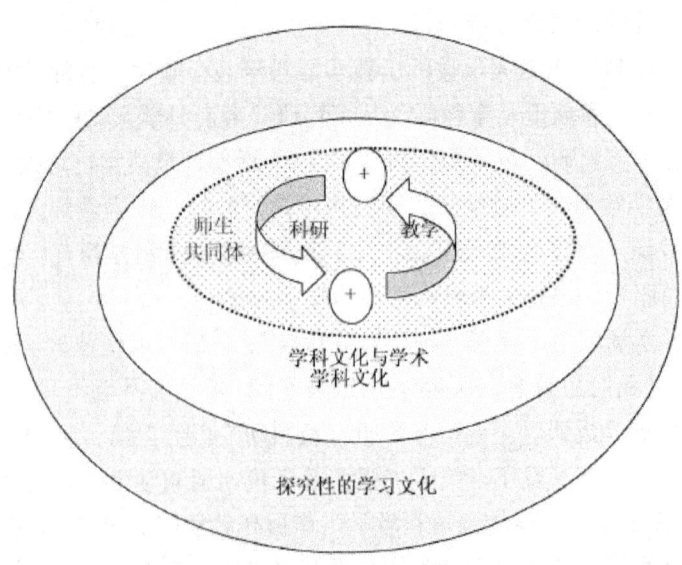

图1 教学与科研的理想模式(吴洪富,2011)

在这种模式中,知识创造和知识传播被视为同一个过程,即科研和教学被作为同一个活动来看待。相应地,知识不再是客观的、固定的,而是师生间经过协商而产生的社会性的产物。教学转换为了师生共同体之间交流的活动,科研则成了师生共同探索他们所面对的事物。在这样一个模式之中,师生开展着共同的探究,通过民主的对话交流,联系着共同体内外的意义,联系着过去的知识和未来的世界。教学与科研成了相互交融、相互促进的过程,而不是彼此分离的事物。

但是,这并不意味着教学优秀的教师就会因此成为出色的研究者,优秀的研究者也并不一定会成为出色的教师。而且,也没有必要要求每个教师在这两个方面都非常优秀,这种要求在实践中只适用于为数不多的幸运者或者天赋较高的教师。但是,这个模式却要求教师在教学中以学生为中心,并且把教师的科研作为学生学习的基础,与学生分享科研的成果、过程与问题。在这方面,赫利的研究很有借鉴意义的。他在格里夫斯(Ron Griffiths)研究的基础上,从三个维度建构了教学与科研联结的模式(Healey, M, 2005)。这三个维度分别是:强调科研内涵还是科研问题与过程;学生被看作是观众还是参与者;教师中心还是学生中心。以此为基础,他认为教师教学所采取的课程(教学内容)可以分为四种类型:(1)研究型课程(Research-based)。这种课程与课堂强调学生开展以探究为基础的学习。(2)导师制课程(Research-tutored)。这种课程与课堂主要聚焦于学生的写作以及讨论他们的论文或者作业,以强调学生学习。(3)科研引导的课程(Research-led)。这种课程与课堂是以学科内容的教学为基础建构而成的。(4)科研导向的课程(Research-oriented)。这种课程强调对学科知识的建构过程的教学。

基于赫利的研究,本研究认为我国大学教师的课堂教学多是一种科研引导式的,少数教师采用了科研导向的教学。而以学生为中心的导师制和研究性教学还很少实行。为了接近理想的教学与科研关系,在具体的实践层面,教师的教学就应该由科研引导式和科研导向式转向导师制和研究性教学。在目前,教师至少可以采取两种方式实现理想的教学与科研关系模式,"一是将科研活动教学化,即教师要按照培养目标的要求,随时将自己的研究进程和结果作为辅助的课程资源,使自己的研究成为教学内容的延伸和补充,并以课内或课外的各种形式向学生报告。二是吸引学生,特别是本科生参与到教师的科研过程之中,使学生成为教师科研活动的学习者、合作者和监督者"(张俊超,吴洪富,2009)。

3. 教研生态图式构建

综合布迪厄的社会实践理论和场域理论以及教育生态学理论,我们认为教研生态图式构建应该基于三个以下层面:

(1)学习优秀教师的经验与理念

作为一种专业,教育需要知识、经验、技巧和智慧。对于教师而言,这些经验与技巧的获取与掌握是需要一个漫长的过程的。为了缩短这一过程,促进普通教师快速地成长为专家型教师，学习优秀教师的经验便成了必要的捷径。结合吴洪富（2011）的调研，我们把这些经验分为了两种模式。第一种模式是教师向学生传递科研的内容、技巧并分享教师科研的过程、经验。符合这一模式的有下列做法：

把自己的研究成果作为课堂学习和讨论的材料；

教授本学科领域当前的研究成果，并在课堂上讨论研究观点、结论，并尽量把这些最新的研究放到学术史中进行分析，使得学生觉得学科是动态的、演化的，且演化过程中有很多的错误和死胡同；

同时进行备课和准备研究材料，并使用同样的材料；

进行学科研究方法、技术与技巧的教学；

在实验室及课堂中教学生如何去做科研；

在课堂中讲述著名学者的研究经历和轶事或者自身的研究经历与体验；

在教学中渗透进研究者的一些价值观和精神气质，如对新的未知事物的开放、客观、对已有理论的怀疑精神、尊重数据和事实证据、忍受模棱两可、承认失败、有勇气去创造等。

第二种则是更为理想的模式。在这种模式中，教师和学生共同参与探究活动，在活动中，师生彼此互动，相互促进。符合这一模式的做法有以下几点：

本科生以助手或者合作者的身份参与教师的科研；

让本科生分组设计并实施科研计划，通过科研过程学习；

围绕某个主题，教师和学生共同探讨；

本科生导师制。

这些经验可以成为教师处理教学与科研关系的范例和财富。但是，"学习优秀经验，并不是把个别的方法和方式机械地搬用到自己的工作中去，而是要移植其中的思想。向优秀的教师学习，应当取得某种信念"（瓦·阿·苏霍姆林斯基著，杜殿坤编译，1984）。只有明了这些优秀教学策略背后的信念，教师才能很好地实践并创造更好的实践模式。而在上述的这些教学经验中，一种最基本的信念就是要保证学生能以研究的精神和方法、过程，对已有的知识进行批判性地学习，并不断地探索未知世界，从而获取在未来不确定的世界中生存与发展的能力与气质。在这种信念的启迪下，在优秀教师经验的基础上，教师可以根据自身的学科、经验甚至气质类型等选择适当的方式方法。

（2）重视教学反思与教学研究

对于教师教学与科研关系的提升，仅仅依靠学习其他教师的经验以及自己的经验积累是远远不够的。波斯纳"提出了一个教师成长公式：经验＋反思＝成长。他还指出，没有反思的经验是狭隘的经验，至多只能形成肤浅的知识。如果教师仅仅满足于获得经验而不对经验进行深入思考，那么他的发展将大受限制"（皮连生，2000）。大学教师要从"技术熟练者"转变为"反思性实践家"（佐藤学著，钟启泉译）。作为一个反思性实践者，教师不仅要反思别人的经验，反思的本意更在于反思自己的实践。因为，国内外许多研究者都发现"教师自身的教学经验和反思"是教师发展其教学知识最重要的来源（范良火，2003）。而且，只有经历实践，教师才能真正开启反思的过程。现象学大师范梅南（Max van Manen）说，在"任何真正的教学"时刻，教师都会面临着无数的问题，如什么对这些学生合适？在特定的情境中，什么样的教学方法更好？什么期待更好？现在该做什么？等等（转引自马克斯·范梅南，2008）。面对这些问题，教师要进行反思，因为反思"能够让我们知道我们在行动的时候我们在做什么。它把只是食欲、目标和冲动变成理智行动"（马克斯·范梅南，2008）。

教师的反思性实践是一个持续的过程，它要求教师时刻反思自己的教学和科研工作。首次明确提出了反思性实践概念的美国学者萧恩（Donald Schon），从时间的维度把反思分为两类：对行动的反思（reflection on action）和行动中的反思（reflection in action）。上课前教师对教学方案的设计，课后对课堂发生的一切的思考中，都是"对行动的反思"。同样，反思也可能发生在行动过程中，这是一种即时的反思，实践者试图提出和解决当时的问题。在教学时，我们经常会碰到出乎意料的反应和知觉，我们总是要考虑这些反应以调整我们的教学。这就是萧恩的"在行动中的反思"（卢真金，2001）。在教学与科研关系的处理上，教师要在上课前反思教学设计是否充满了科研成果和前沿问题；在教学过程中反思学生的参与性和学习过程的探究性；课后要反思科研在教学中的转化程度及其改进策略。

反思不仅存在时间维度，更存在水平的差别。克雷勃和克兰顿（Carolin Kreber&Patricia A. Cranton）认为，教师的教学知识系统由三类知识组成，即"教学知识"（instructional knowledge）、"课程知识"（currieular knowledge）和"教育学知识"（pedagogical knowledge）（Kreber, C.&Cranton, P. A, 1997）。"教学知识"是关于我们使用的教学策略的知识，"课程知识"是关于我们为什么用我们所用的教学方式教学的知识，"教育学知识"是对于学生学习的理解的知识。每类知识都是通过一种或者多种层次的反思而得以学习和获取的。这些不同层次的反思是梅齐（Jack Mezirow）提出的"内容反思"（content reflection）、"过程反思"（process refleetion）和"假设反思"（premise reflection）。这三个层面的反思与哈贝马斯关于人类认识兴趣的三种类型有相似之处，它们分别对应技术的兴趣、实践的兴趣和解放的兴趣（转引自吴洪富，2011）。相应地，"内容反思"强调是技术层面的反思，其主要目的是理解事实并操控现实，主要关注教学中使用的具体技术。"过程反思"主要是理解学习者，学习如何与我们学科中的学习者互动，并学习通过与他人的交流而进行教学。"假设反思"，其目的是批判性反思并解放自我、超越现状。教师常常会被他们自己关于教学的知识限制而无视其他的选择，或者不理解制约他们工作于其中的高等教育系统的社会制约的本质，当教师开始批判他们为什么做他们所做的事情之时，他们就处于了解放性的发展之中。

教学反思应该是多个层面的,而且,假设的反思和过程的反思对于教师发展及教学效果提升更为有价值。教师的"教育学知识"有多少,到底有多大的价值,取决于教师反思的层次和这些不同层次的组合。克雷勃认为"假设反思"恰恰是最为有用的,它提供了教师反思的起点。在教学与科研关系上,"假设反思"对于以科研提升的教学和学习的发展至关重要。因此,"要扩展教师反思的层次。不仅要反思技术和过程,更要注重对于学科理论、方法论以及认识论传统的反思"(Brew, A, 2006)。为了更好地促进教学与科研的关联,教师不仅要学习其他教师的经验,反思自己的经验和做法,还要进行内容的反思:反思在当前社会中,学生在大学中应该发展哪些科研知识和技巧?以什么样的方式才能更好地发展学生的科研能力和探究精神?如何更好地帮助学生从学科的科研概念转化为经济社会的科研概念?同时,教师要进行"过程反思",反思自己多大程度上开展科研,以及开展什么类型的科研和以什么形式开展科研,对于有效教学是必要或重要的?教学与科研关系的处理在不同年级学生中应该有什么差别?更为重要的是,教师要反思自己对于学习本质的假设是什么?知识的性质和变化是怎样的趋势?自己关于教学的哲学思考是什么及有什么问题?学科的认识论和本体论有什么问题?……

教师不仅要进行教学反思,还要专门进行教学研究。教学研究所针对的是教育教学的相关问题,如学生学习的特点、有效教学的策略、教学设计的优化和课程建设等。教学研究有助于直接提升教学效果,教学研究本身又是一种与学科研究相平等的研究形态。因此,教学研究是典型意义上的教学与科研的结合体。教学是一个可以研究而且必须研究的专门学问。

(3) 加入教学团队,在合作中发展

作为"所有公共事务中最个人化"(Parker J. Palmer)的专业,大学教师的工作常常是彼此孤立的单兵作战。在日常的教学和科研活动中,大学教师之间是相互隔离的局面,彼此之间不愿与他人合作、分享,教师之间在工作方面的交流和相互学习二卜常贫乏。教师主动学习优秀教师经验的做法并不常见,专业个人主义盛行。可是,有越来越多的研究指出,教师间的合作与交流对于教师学习和发展异常重要。帕克·帕尔默(Parker J. Palmer)在《教学勇气——漫步教师心灵》(2005)一书中提到,"世界上没有优质教学的公式,而专家的指导也只能是杯水车薪。如果想要在实践中成长,我们有两个去处:一个是达到优质教学的内心世界,一个是由同行所组成的共同体,从同事那里我们可以更多的理解我们自己和我们的教学。"单纯依靠个人封闭的世界,对于多数教师而言是无法获取优质教学所需要的一些教育理念和实践智慧。教师需要从"个体户"转变为教师共同体成员,从个人化的努力转向通过共同体来实现。在共同体中,教师可以实现两个方面的转化:通过交流,将个人的难题转化为公共课题,借助集体的智慧、资源形成一些公共知识;通过与共同体对话,将公共知识转化为个体的智慧,引导教师打破思维定式,改进自身教育实践。

教学与科研关系处理方面的学习和发展，同样需要教师加入共同体。在我国大学中，学习共同体基本表现为一定的教学团队。教学团队是教师基于共同的目标和兴趣，资源组成的一定规模的非正式群体。群体的目标是促进教学研讨和教学经验交流，加速教师的教育专业发展，最终提升教学质量。不仅如此，教学团队对于教师教学与科研关系的改善有非常大的价值。教师可以迅速地获取对于学科知识和内在逻辑、发展前景的把握，可以丰富自己的科研经验和成果。更为重要的是，在一个合作的团队中，教师便可以和同事一起研究学生学习的情况，可以从同事的优秀经验中获得新知，进而使得自己处于一个创造的进程之中，和其他同事一起创造良好的教育实践。团队可以以研讨会、沙龙、讲座、经验交流会、专项课题等各种形式，以课程建设、教材更新以及专业改进等为依托，共同探讨教学问题、科研问题以及教学与科研关系的处理问题。在这种交流的过程中，教师会不断地使用团队的优秀经验和资源，创新自身的实践，达到提升教学与科研关系的目的。

教师在加入团队时，一定要分析团队的特征，考虑其是否适合自己的发展。理想的团队一般要具有这样几个特征：第一，有明确的愿景。愿景对于团队而言是灯塔，是团队成员的行动方向。有了明确的愿景，成员就会互相协作，共同努力，而没有愿景的团队则会陷入混乱。第二，团队的成员数量要有一定的限制。第三，团队要是开放性的，是自愿形成的。只有开放和自愿的团队，成员间才是真正为了共同发展而彼此合作的，其成员间的信任和交流愿望会是比较理想的。当然，除了这些条件之外，还需要合适的领导者以及组织规定等。

根据教育生态学的观点，教育生态系统的平衡与失衡都是在经历了一段相当长的时间后才会显现的，目前，教研生态系统的失衡同样是由于社会因素和教育的实践因素长期叠加、销蚀的结果，因此，恢复教研生态平衡或建立新的教研生态平衡周期表不可能一蹴而就。同时，由于教育的效果滞后，以及有些平衡失调在一段时间呈隐性，一时难于反馈、显示出来，这就要求人们根据平衡原理及科学的检测方法，主动去观察、分析，采取超前对策，能动地加以调节，否则，将付出昂贵代价。

参考文献

[1] 梅萍，林更茂. 论当代青年生命意义的困惑与应对 [J]. 中国青年研究，2006（1）：73-76.

[2] 孙志文. 现代人的焦虑和希望 [M]. 北京：三联书店，1994：82-83.

[3] 马克思、恩格斯. 马克思恩格斯全集：第3卷 [M]. 北京：人民出版社，1960：515.

[4] 邹诗鹏. 实践——生存论 [M]. 南宁：广西人民出版社，2002：137.

[5] 郑晓江. 穿透死亡 [M]. 南昌：江西教育出版社，2000：122.

[6] 余林梁. 开展生命教育，提高大学生的人文素质 [J]. 中山大学学报论丛，2003（3）：109.

[7] （意）孟德格查. 续爱的教育 [M]. 长春：吉林大学出版社，1999：145.

[8] 张云飞. 呼唤生命教育 [J]. 社会，2003（3）.

[9] M. Lieberman. Education as a profession. Prentice-Hall, 1956 (4): 2-6.

[10] 高慎英. 教师成为研究者："教师专业化"问题探讨 [J]. 教育理论与实践，1998（3）：31.

[11] Buce A. Kimball. The Problem of Teacher Authority in Light of the Structure Analysis of Profession Educational Theory. 1988, 38 (1).

[12] （日）筑波大学教育研究会编，现代教育学基础 [M]. 钟启泉，译. 上海：上海教育出版社，1986：441.

[13] 曾荣光. 教师专业与教师专业化：一个社会学的阐释 [J]. 香港中文大学教育学报，1984（1）.

[14] 教育部师范教育司编. 教师专业化的理论与实践 [M]. 北京：人民教育出版社. 2001：19.

[15] 邓金，培格曼最新国际教师百科全书 [M]. 北京：学苑出版社，1989：512.

[16] 王建磐. 教师专业化与教师教育改革政策的选择. 高等师范教育研究，2001（5）：1.

[17] 刘捷. 专业化：挑战21世纪的教师，教育科学出版社，2002（9）：13.

[18] 顾小清. 面向信息化的教师专业发展研究，2004：24. 刘捷参引《培格曼最新国际教师百科全书》，邓金主编，学苑出版社，1989：542.

[19] 杨秀玉. 教师发展阶段论综述 [J]. 外国教育研究，1999（6）：36-41.

[20] 叶澜. 教师角色与教师专业发展 [M]. 北京：教育科学出版社，2001：23.

[21] Holye, E. Professionalization and Deprofessionalization in Education [A]. E. Hoyle& J. Megarry. World Yearbook of Education: Professional Development of Teachers[C]. London: Kogan, 1980：42；43-53.

[22] Fullan, M., &, Hargreaves, A. Teacher Development and Educational Change[A]. F. Micheal, & H. Andy (Eds.). Teacher Development and Educational Change[C]. Washington, D.C.: Falmer Press, 1992：8-9.

[23] Holye, E. Professionalization and Deprofessionalization in Education [A]. E. Hoyle& J. Megarry. World Yearbook of Education: Professional Development of Teachers[C]. London: Kogan Page, 1980.

[24] Glatthom, A. Teacher Development[A]. W. A. Lorin (Ed.). International Encyclopedia of Teaching and Teacher Education (2nd ed.)[C]. Oxford: Elsevier Science Ltd, 1995：41.

[25] Fullan, M. & Hargreaves, A. Understanding Teacher Development [J]. New York: Teachers College Press. 1992：243.

[26] Hargreaves A. Development and Desire: A Postmodern Perspective. [J]. Activism, 1994：51.

[27] Linda Evans. What is Teacher Development?[J]. Oxford Review of Education, 2002, 28（1）：123-137.

[28] 徐彦红. 大学青年教师专业发展影响因素研究 [D]. 首都经济贸易大学，2017.

[29] 吴康宁. 教育社会学 [M]. 北京：人民教育出版社，1998：215-221.

[30] 朱玉东. 反思与教师的专业发展 [J]. 教育科学研究，2003（11）：26-28.

[31] 唐玉光. 基于教师专业发展的教师教育制度 [J]. 教师教育研究，2002,14（5）：35-40.

[32] 邵宝祥，王金保. 中小学教师继续教育基本模式的理论与实践（上）[M]. 北京：北京教育出版社，1999.

[33] 梁文鑫，余胜泉，吴一鸣. 面向信息化的教师专业发展阶段描述与促进策略研究 [J]. 教师教育研究，2008（1）：18-21.

[34] 叶澜等. 世纪之交中国基础教育改革研究丛书：教师角色与教师发展新探 [M]. 教育科学出版社，2001.

[35] 傅树京. 构建与教师专业发展阶段相适应的培训模式 [J]. 教育理论与实践，2003(6)：39-43.

[36] 陈永明. 现代教师论 [M]. 上海：上海教育出版社，2003：186-188.

[37] 卢真金. 教师专业发展的阶段、模式、策略再探 [J]. 课程. 教材. 教法，2007（12）：68-74.

[38] 李壮成．教师专业发展阶段探析［J］．四川文理学院学报，2013（6）：119-122.
[39] 裴跃进．教师专业发展阶段基本内涵的探究［J］．重庆文理学院学报（社会科学版），2008（1）：17-23.
[40] 郭峰．论大学多元文化背景下教师文化的转型［J］．教师教育研究，2010（6）：29-34.
[41] 胡显章．全球化背景下的文化多样性与文化自觉［J］．清华大学学报（哲社版），2007（3）．
[42] 张金辉．耶鲁大学成就一流学府的经验分析［J］．河北大学学报（哲学社会科学版），2007（2）．
[43] 哈瑞．刘易斯．失去灵魂的卓越［M］．侯定凯，译．上海：华东师范大学出版社，2007：5.
[44] Giroux.H.跨越边界：文化工作者与教育政治学［M］．刘惠珍，等译．上海：华东师范大学出版社，2002：115.
[45] 于海．价值观的多元化与道德教育的多层次［J］．复旦教育论坛，2005（1）．
[46] Ralph Fesssler & Judith C. Christensen．教师职业生涯周期—教师专业发展指导［M］．董丽敏，高耀明等，译．北京：中国轻工业出版社，2005年．转引自郝敏宁：影响教师专业发展的因素分析［D］，陕西师范大学，2007.
[47] 杨秀梅．费斯勒与格拉特霍恩的教师专业发展影响因素论述评［J］．外国教育研究，2001（5）：36-37.
[48] 赵昌木．教师成长研究［D］．西北师范大学，2003.
[49] 王坤．教师专业发展的社会生态环境及其构成［J］．贵州社会科学，2014（6）：129-131.
[50] 吴捷．教师专业成长过程及其影响因素研究［J］．教育探索，2004（10）：117-119.
[51] 赵苗苗．教师专业成长影响因素分析［J］．晋中学院学报，2008，25（2）：113-115.
[52] 李宜江．教师专业发展的内在限度与实践突破［J］．教育发展研究，2010（z2）：117-121.
[53] 刘洁．试析影响教师专业发展的基本因素［J］．东北师大学报，2004（6）：15-22.
[54] （美）罗伯特·博伊斯．给大学新教员的建议［M］．许强，李思凡，译．北京：北京大学出版社，2007：18-19.
[55] （美）斯蒂芬·M.卡恩．从学生到学者：通往教授之路的指南［M］．金津，喻惜，译．上海：上海交通大学出版社，2011：57-59.
[56] 吴玉剑．中美高校青年教师发展比较研究［D］．南京师范大学，2014.
[57] 郭丽君，吴庆华．浅析美国高校新教师发展［J］．高等教育研究，2012（7）：69-73.
[58] Gaff.J.G, Simpson.R.D.Faculty development in the United States[J]. Innovative Higher Education, 1994, 18（3）：167-176.

[59] 吴庆华. 地方高校青年教师发展研究 [D]. 华中科技大学, 2013.

[60] 刘睿, 杨春梅. 美国高校新任教师发展研究 [J]. 中国青年政治学院学报, 2014 (2): 137-140.

[61] 郑晓川. 美国新教师在线专业发展的 eMSS 项目研究 [D]. 西南大学, 2011.

[62] 杨艳梅. 美国新任教师专业发展的新尝试——康涅狄格州 "TEAM 计划" 评析 [J]. 当代教育科学, 2010 (19): 28-30.

[63] 朱宛霞. 美国教师专业组织在教师专业发展历程中的策略分析 [J]. 外国中小学教育, 2009 (4): 50-52.

[64] 郭丽君, 吴庆华. 浅析美国高校新教师发展 [J]. 高等教育研究, 2012 (7): 69-73.

[65] 李俐. 英国高校教师发展 [D]. 西南大学, 2013.

[66] 林杰. 大学教师专业发展的内涵与策略 [J]. 大学教育科学, 2006 (1): 56-74.

[67] 王璇等. 高校青年教师发展阶段论 [J]. 高等教育评论, 2013: 110-122.

[68] 张静. 高校青年教师专业发展制约因素研究 [J]. 长江大学学报 (社科版), 2014, 37 (7): 169-171.

[69] 蒋赟. 高校青年教师专业发展的内涵与途径探析 [J]. 文教资料, 2008 (12): 164-166.

[70] 马志玲. 教师专业发展激励机制研究 [D]. 首都师范大学, 2006.

[71] 欧本谷. 论促进教师专业发展的评价机制 [J]. 中国教育学刊, 2004 (7): 50-52.

[72] Moore, M & Hofman, J.E. Professional identity in institutions of higher learning in Israel. Higher education, 1998, 17 (1): 69-79.

[73] Palmer, Parker J. The courage to teach: Exploring the inner landscape of a teacher's life. San Francisco: Jossey-Bass, 1998.

[74] Sachs, Judyth. Teacher professional identity: competing discourses, competing outcomes. Journal of Education Policy, 2001, 16 (2): 149-161.

[75] Sumara, Dennis J., Luce-Kapler, Rebecca. (Un)Becoming a teacher: negotiating identities while learning to teach. Canadian Journal of Education, 1996, 21 (1): 65.

[76] Van Huizen, Peter., van Oers, Bert., Wubbels, Theo. A Vygotskian perspective on teacher education. Journal of Curriculum Studies, 2005, 37 (3): 267-290.

[77] Jones, Phyllis. They are not like us and neither should they be: issues of teacher identity for teachers of pupils with profound and multiple learning difficulties. Disability & Society, 2004, 19 (2): 159-169.

[78] 邱德峰. 教师专业认同的构成及现状特征研究 [D]. 西南大学, 2015.

[79] 王宁. 消费社会学 [M]. 北京: 社会科学文献出版社, 2001: 52-63.

[80] 埃里克: H 埃里克森. 同一性: 青少年与危机 [M]. 杭州: 浙江教育出版社,

1998:37.

[81] Richards Jenkins: Social Identity, Routledge, 1996: 7.

[82] R. G. Donn. Identity Crisis: A Social Critique of Postmodernity, Minneapolis: University of Minnesota Press, 1998: 28.

[83] 王成兵. 对当代认同概念的一种理解. [J] 学习与探索, 2004 (6).

[84] (英) 安东尼·吉登斯. 现代性与自我认同 [M]. 生活·读书·新知三联书店, 1998.

[85] (加) 查尔斯·泰勒. 自我的根源: 现代认同的形成 [M]. 南京: 译林出版社, 2006: 159.

[86] 郝文武. 师生主体间性建构的哲学基础和实践策略 [J], 北京师范大学学报 (社会科学版), 2000 (5).

[87] 滕星, 张俊豪. 试论民族学校的民族认同与国家认同 [J]. 中南民族学院学报 (哲社版), 1997 (4).

[88] 邓涛, 鲍传友. 教师文化的重新理解与建构——哈格里夫斯的教师文化观述评 [J]. 外国教育研究, 2005 (8): 7.

[89] 史晓波. 男幼儿教师专业认同的个案叙事研究 [D]. 重庆: 西南大学, 2008: 8.

[90] 晋燕云. 免费师范生的教师专业认同研究 [D], 西安: 陕西师范大学, 2011: 1.

[91] Douwe Beijaard, Paulien C. Meijer & Nico Verloop. Reconsidering research on teachers' professional identity[J]. Teaching and Teacher Education. 2004 (20): 107-128.

[92] Keichtermans Geert Telling dreams: A commenlary to Newman from a European context [J]. International Journal of Educational Research, 2000.

[93] 鲍传友. 教育变革中的教师专业认同: 危机与出路(1). 中国教育学刊, 2010 (2): 77.

[94] 李彦花. 中学教师专业认同研究 [D]. 重庆: 西南大学, 2009.

[95] Borich G. D. Dimensions of self that influence effective teaching [G]. Liparkarp, Tmbrinlhaupt. The Role of Self in Teacher Development. Albany NY: State University of New York Press. 1999: 92-117.

[96] Barker Chris. Culture studies: Theory and Practice [M], London: Sage Publication, 2000: 166.

[97] Beijaard D. Teachers, prior experiences and actual perceptions of professional identity[J]. Teachers and teaching, 1995, 1 (2): 281-294.

[98] Kelchlermans Geert. Telling dreams: A commentary lo Newman from a European context[J]. International Journal of Educational Research, 2000 (33): 209-211.

[99] Douwe Beijaard, Nico Verloop, Jan D. Vermunt. Teachers' Perceptions of Professional Identity: An Exploratory Study from A Personal Knowledge Perspective[J]. Teacher Eduction 2000 (16): 750.

[100] 李彦花. 中学教师专业认同研究[D]. 重庆：西南大学，2009：39.

[101] 韦志芳. 高校教师专业认同的质化研究[D]. 南昌：江西财经大学，2010：25.

[102] 王艳岭. 农村中小学教师专业认同研究[D]. 石家庄：河北师范大学，2012：6.

[103] 赵慧先. 心理咨询师专业认同的结构及相关研究[D]. 开封：河南大学，2010：37.

[104] 福柯. 知识的考掘[M]. 王德威，译. 台北：麦田出版有限公司，1993：231.

[105] 辛斌. 福柯的权力论与批评性语篇分析[J]. 外语学刊，2006（02）：1-6. 阿兰. 谢里登. 求真意志[M]. 尚志英，许林，译. 上海：上海人民出版社，1997：170.

[106] 米歇尔·福柯. 福柯集[M]. 杜小真，编选. 上海：上海远东出版社，1998：436.

[107] 米歇尔·福柯. 权力的眼睛：福柯访谈录[C]. 严锋，译. 上海：上海人民出版社，1997：32.

[108] 姚文放. 文学理论的话语转向与福柯的话语理论[J]. 社会科学辑刊，2014（3）：147-156.

[109] Oatley, K. Emotion: Theories. In A.E.Kazdin (Ed.), Encyclopedia of psychology, Vol.3. New York/Oxford: American Psychological Association, Oxford University Press. 2000：167-171.

[110] Zembylas, M. Reconsidering research on teachers' professional identity[J]. Teacher and Teaching education. 2004, 21 (8)：937.

[111] Zembylas, M. Discursive practices, genealogies, and emotional rules: A poststructuralist view on emotion and identity in teaching[J]. Teacher and teaching education, 2005, 21 (8)：935-948.

[112] 许雅惠. 国小教师专业知能发展之研究[EB/OL]. http://www.nhu.edu.tw/-society/e-j/40/40-12.htm, 2004-6-15.

[113] 高熏芳，陈美娟. 国小专家教师专业知能形成历程要件之研究[J]. 台北师范学院学报，2002, 15：527-556.

[114] （法）皮埃尔·布迪厄，（美）华康德. 新世纪学术译丛：实践与反思——反思社会学引导[M]. 李猛，等译. 北京：中央编译出版社，1998：133-134；161-162.

[115] 杨克瑞，美国高校教师体制的变迁及其现实意义[J]. 教师教育研究，2005（3）.

[116] 张俊超. 大学场域的游离部落[D]. 华中科技大学，2008：162.

[117] 叶澜等. 教师角色与教师发展新探[M]. 北京：教育科学出版社，2001：31.

[118] 孙二军. 教师专业发展中的自我认同[D]. 陕西师范大学，2009.

[119] 乔治·拉伦. 意识形态与文化身份：现代性与第三世界的在场[M]. 戴从容，译. 上海：上海教育出版社，2005：154.

[120] 陶东风. 文化研究 [M]. 桂林：广西师范大学出版社，2006：179.
[121] Burke, Peter J. & Stets, Jane. Identity Theory[M]. Oxford: Oxford University Press, 2009: 3.
[122] 周宪. 中国文学与文化的认同 [M]. 北京：北京大学出版社，2008：4.
[123] 蒋欣欣. 身份/认同（Identity）[A]. 王晓路，等译. 文化研究关键词研究 [M]. 北京：北京大学出版社，2007：277-292.
[124] 阎嘉. 文学研究中的文化身份与文化认同问题 [J]. 江西社会科学，2006（9）：62-66.
[125] 塞缪尔·亨廷顿. 我们是谁？——美国国家特性面临的挑战 [M]. 程克雄，译. 北京：新华出版社，2005：21-22.
[126] Bennett, Tony et al. New Keywords: A Revised Vocabulary of Culture and Society[M]. USA: Blackwell Publishing Ltd, 2005: 172-173.
[127] （加）查尔斯·泰勒. 自我的根源——现代认同的形成 [M]. 韩震，等译. 南京：译林出版社，2001.37.
[128] 崔新建. 文化认同及其根源 [J]. 北京师范大学学报（社会科学版），2004，（4）：103
[129] 李清雁. 教师是谁——身份认同与教师道德发展 [D]. 西南大学，2009.
[130] 唐君毅. 道德自我之建立 [M]. 桂林：广西师范大学出版社，2005：15.
[131] （法）福柯. 作为自由实践的自我关怀的伦理学 [A]. 万俊人，唐文明.20 世纪西方伦理学经典（IV）——伦理学前沿：道德与社会 [C]. 北京：中国人民大学出版社，2005：728.
[132] 亚里士多德. 尼各马科伦理学 [M]. 苗力田，译. 北京：中国社会科学出版社 1999：207.
[133] 肖雪慧，韩东屏. 主体的沉沦与觉醒 [M]. 贵阳：贵州人民出版社.1988：144-146.
[134] 马雪莉. 教师自爱：对教师道德的另一种反思 [J]. 文教资料，2006，
[135] （5）：86-87.
[136] 曹俊军. 论教师幸福的追寻 [J]. 教师教育研究，2006，18（5）：35-39.
[137] （美） Stephen D.Brookfield. 批判反思型教师ABC[M]. 张伟，译. 北京：中国轻工业出版社，2002：287.
[138] 易连云. 传统道德中的生命意义解读—论生命·实践道德体系的构建 [J]. 教育学报，2005，I（5）：63-67.
[139] （德）马克思，恩格斯. 马克思恩格斯选集：第1卷 [M]. 北京：人民出版社，1995：276.
[140] 陈家定. 全球化与身份危机 [Z]. 开封：河南大学出版社，2003.7.

[141] 冯建军，傅淳华．多元文化时代道德教育的困境与选择［J］．西北师大学报（社会科学版），2008，45（1）：35-40．

[142] 葛鲁嘉，陈若莉．文化困境与内心挣扎——霍尼的文化心理病理学［M］．武汉：湖北教育出版社，1999：46．

[143]（美）麦金太尔．追寻美德［A］．万俊人，唐文明．二十世纪西方伦理学经典（Ⅳ）——伦理学前沿：道德与社会［C］．北京：中国人民大学出版社，2005.72．

[144] 葛鲁嘉，陈若莉．文化困境与内心挣扎——霍尼的文化心理病理学［M］．武汉：湖北教育出版社，1999：49．

[145] 郑也夫．后物欲时代的来临［M］．上海：上海人民出版社，2007：19．

[146] 孙立平．断裂——20世纪90年代以来的中国社会［M］．北京：社会科学文献出版社，2003．

[147] 杨克瑞，美国高校教师体制的变迁及其现实意义［J］．教师教育研究，2005（3）．

[148] 吴淑娟，闫鸿岗．高校青年教师发展窘境与成因探析——基于布迪厄场域资本理论视角［J］．长江大学学报（社科版），2015（6）：85-88．

[149] 姚林群．当前师德培训的问题与策略分析［J］．江西教育科研，2007（5）：57-58．

[150] 赵汀阳．论可能生活——一种关于幸福和公正的理论［M］．修订版．北京：中国人民大学出版社，2004.223-226．

[151] 余秀兰．研究型教学：教学与科研的双赢［J］．江苏高教，2008（5）：60-63．

[152] Neumann, R. Porceptions of the teaching-research nexus: a frame work for analysis, Higher education. 1992, 23（2）：159-171.

[153] Jensen, J-J. Research and teaching in the universities of Denmark: does such an interplay really exist? Higher Educalion, 1988, 17（1）：17-26.

[154] Smeby J.C. Knowledge production and knowledge transmission: the interaction between research and teaching at universities, Teaching in Higher Education. 1998, 3（1）：7-20.

[155] Hattie, J & Marsh, H.W. The reIationship between research and teaching: A meta-analysis, Review of Educational Research. 1996, 66（4）：507-542.

[156] Ramsden, P & Moses, I. Associations between research and teaching in Australian higher education. Higher Education. 1992（23）：273-295.

[157] 周川．论高等学校科学研究的教育性原则［J］．高等教育研究，2007（3）：9-16．

[158] 刘莉莉．大学科研与教学关系的再审视［J］．高教探索，2000（2）：43-45，80

[159] Rowland, S. Relationships between teaching and research, Teaching in Higher Education. 19961（1）：7-20.

[160] 徐岚，卢乃桂．从教学与研究只关系看研究型人学本科教学的特点［J］．高等教育研究，2009（6）：66-73．

[161] Clark, B. R. The academic life: small words, different worlds. Princeton, NJ: Carnegie Foundation for the Advancement of Teaching. 1987: 70.

[162] Colbeck, C L. Merging in a seamless blend, The Journal of Higher Education. 1998, 69 (6): 647-671.

[163] Barnett, R. Linking teaching and research: a critical lnquiry, Journal of Higher Education. 1992, 63 (6): 619-636.

[164] 姚利民, 康雯. 大学研究性教学现状与原因分析 [J]. 中国大学教学, 2009 (1): 19-23.

[165] 李泽彧, 曹如军. 大众化时期大学教学与科研关系审视 [J]. 高等教育研究, 2008(3): 51-56.

[166] 邓郑来. 全球化时代的"大学之道"——陈平原教授在复旦大学的讲演 [N]. 文汇报, 2009-3-14 (08).

[167] 钱超英. 身份概念与身份意识闭. 深圳大学学报（人文社会科学版）, 2000, 17 (2): 89-94.

[168] （英）阿雷恩·鲍尔德温, 布莱恩·朗赫斯特, 斯考特·麦克拉肯, 迈尔斯·奥格博恩, 格瑞葛·斯密斯. 文化研究导论 [M]. 陶东风, 等译. 北京: 高等教育出版社, 2004. 224.

[169] 戚万学, 唐汉卫. 现代道德教育专题研究 [M]. 北京: 教育科学出版社, 2005. 4-7.

[170] 叶澜. 重建课堂教学价值观闭. 教育研究, 2002, (5): 3-7.

[171] （德）鲁道夫·奥伊肯. 生活的意义与价值 [M]. 万以, 译. 上海: 上海译文出版社, 2005: 95

[172] （美）J. 莱夫, E. 温格. 情景学习: 合法的边缘参与 [M]. 王文静, 译. 上海: 华东师范大学出版社, 2004: 45.

[173] （德）斐迪南·腾尼斯. 共同体与社会——纯粹社会学的基本概念 [M]. 林荣远, 译. 北京: 商务印书馆出版, 1999: 71, 191.

[174] 郑毓信, 张晓贵. 学习共同体与课堂中的权力关系 [J]. 全球教育展望, 2006 (3): 75-78.

[175] 方文. 宗教群体资格简论 [J]. 上海大学学报（社会科学版）, 2007 (5): 106-110.

[176] （法）爱弥尔·涂尔干. 职业伦理与公民道德 [M]. 渠东, 付德根, 译. 上海: 上海人民出版社, 2006. 222-243.

[177] （美）乔治·H. 米德. 心灵、自我与社会 [M]. 赵月瑟, 译. 上海: 上海译文出版社, 2005. 128.

[178] 王运武, 杨曼. 从高校学生课堂教学满意度透视课堂教学创新性变革 [J]. 现代远程教育研究, 2016 (6): 65-72.

[179] 邓晖. 不能以体制机制改革代替教学改革 [N]. 光明日报, 2015-11-15 (004).

[180] 葛向阳, 邓晖. 课堂"低头族", 如何抬起头? [N]. 光明日报, 2014-05-22 (005).

[181] 李永乐, 宫建霞. 大学生个体特征与逃课行为分析——基于756位大学生的调查结果 [J]. 黑龙江高教研究, 2016 (4): 94-97.

[182] 毛娇艳. "互联网+"时代高校教师信息化教学能力提升研究 [J]. 科技广场, 2016(3): 90-92.

[183] 赵峰, 张娅萍. 高校青年教师信息化教学能力发展策略研究 [J]. 科技资讯, 2013(1): 61-73.

[184] 马庆, 胡翠梅. 信息化条件下教师应具备的教学能力 [J]. 湖北函授大学学报, 2014 (17): 113-114.

[185] 刘攀, 段渭军. 高校体育信息化教学平台的研究与设计 [J]. 中国教育信息化, 2012 (17): 44-46.

[186] 李天龙, 马力. 高校青年教师信息化教学能力发展现状与对策研究——以西安地区高校为例 [J]. 现代教育技术, 2013 (6): 34-37.

[187] 李娟, 张家铭. 甘肃省农村中小学教师信息化教学能力发展策略研究 [J]. 电化教育研究, 2011 (7): 107-111.

[188] 颉梦宁. "互联网A+"时代高校青年教师信息化教学能力培养策略 [J]. 黑龙江高教研究, 2018 (11): 92-94.

[189] 穆湘兰等. 高校课堂: 教师教学学术发展的重要场域 [J]. 高教研究与实践, 2016(1): 56-61.

[190] 欧内斯特·L. 博耶. 关于美国教育改革的演讲 [M]. 涂艳国, 方彤, 译. 北京: 教育科学出版社, 2002: 78.

[191] 方学礼. 基于教学学术的大学教师职务评聘制度重构 [J]. 教师教育研究, 2010(4): 39-42.

[192] 姚利民, 綦珊珊. 教学学术型教师特征论 [J]. 湖南大学学报（社会科学版）, 2007 (5): 113-117.

[193] 苏霍姆林斯基. 给教师的建议 [M]. 杜殿坤, 译. 北京: 教育科学出版社, 1984: 88.

[194] 刘咸卫. 回归大学育人本真: 教学的研究性与科研的教育性 [J]. 中国高等教育, 2008 (21): 29-31.

[195] 贺玲, 熊华军. 国内大学教学学术研究综述 [J]. 高等理科教育, 2010 (2): 9-13.

[196] 王斌华. 教师评价模式: 教学档案袋 [J]. 教学理论与实践, 2004 (7): 24-28.

[197] 徐丽, 高军. 美国大学教师教学学术评价及启示 [J]. 中国高校师资研究, 2013(2): 35-41.

[198] 周淑卿. 课程发展与教师专业 [M]. 北京: 九州出版社, 2006: 89.

[199] 刘洁. 从"生活史"的角度看教师教育 [J]. 教育理论与实践, 2006（3）.
[200] HoyleEric.TheRoleoftheTeacher[M].London：RoutledgeandKeganPaul,1969：51. 转引自胡方, 文化理性与教师发展——校本教研中的教师文化自觉 [D], 西南大学, 2013：37.
[201] 杨建云, 王卓. 中小学教师自我发展需求的现状、问题和对策——大连地区中小学教师自我发展需求现状的调查报告 [J]. 教育科学, 2002（1）：44-48.
[202] 陈于清. 教师专业发展自主意识迷失的因素分析 [J]. 现代中小学教育, 2007（8）：48-50.
[203] 李方安. 论教师自我发展 [J]. 教育研究, 2015（4）：94-99.
[204] 徐继存. 教学技术化及其批判 [J]. 教育理论与实践, 2004（3）：45-51.
[205] 赵汀阳. 论可能生活 [J]. 北京：生活. 读书. 新知三联书店, 1994：118.
[206] 李成海. 走自我更新之路 [A]. 吴亚萍, 吴玉如."新基础教育"发展性研究专题论文. 案例集（下）——教师发展. 学科教学 [C]. 北京：中国轻工业出版社, 2004：50.
[207] 叶澜等. 教师角色与教师发展新探 [M]. 北京：教育科学出版社, 2001：10, 208.
[208] 叶澜. 教育概论 [M]. 北京：人民教育出版社, 1991：218.
[209] 帕克·帕尔默. 教学勇气 [M]. 上海：华东师范大学出版社, 2005：10.
[210] 叶澜. 让课堂焕发出生命活力——论中小学教学改革的深化 [J]. 教育研究, 1997（9）：3-8.
[211] 叶澜. 校长今天应该怎样学习 [J]. 中小学管理, 2004（4）：5-8.
[212] 冯建军. 教育的人学视野 [M]. 合肥：安徽教育出版社, 2008：311.
[213] （美）亨利·吉鲁. 教师作为知识分子——迈向批判教育学 [M]. 朱红文, 译. 北京：教育科学出版社, 2008：6.
[214] 皮武. 基于场域变迁的教师自我呈现价值取向分析 [J]. 教育导刊, 2018（10）：5-8.
[215] Edgar, Andrew&Sedgwick, Peter.CulturalTheory：TheKeyConcepts[M].2thed. London：Routledge, 2008：166.
[216] 爱德华·萨义德. 文化与帝国主义 [M]. 李琨, 译. 北京：生活·读书·新知三联书店, 2003：4.
[217] 陶东风. 文化研究 [M]. 桂林：广西师范大学出版社, 2006：179.
[218] 阿尔弗雷德·格罗塞. 身份认同的困境 [M]. 王鲲, 译. 北京：社会科学出版社, 2010：7.
[219] 汪民安. 文化研究关键词 [M]. 南京：江苏人民出版社, 2007：283.
[220] 乔治·拉伦. 意识形态与文化身份：现代性与第三世界的在场 [M]. 戴从容, 译. 上海：上海教育出版社, 2005：195.
[221] 金崇芳. 教师文化刍议 [J]. 渭南师范学院学报, 2004（3）.

[222] 孟宪乐. 教师文化与教师专业发展 [J]. 教学与管理，2005（10）.

[223] 罗红艳. 教师文化塑造意义、困境与路径 [J]. 教学与管理，2005（2）.

[224] 赵文平，于建霞. 多维视野中的教师文化研究 [J]. 教育发展研究，2007（6）：56-60.

[225] 张萍. 两条手机短信带来的思考 [DB/OL]. 参见 http://www.jsfx.net/zblog/u/2/default.html

[226]（美）帕克·帕尔默. 教学勇气：漫步教师心灵 [M]. 吴国珍，等译. 上海：华东师范大学出版社，2005. 42.

[227] 刘云杉. 从启蒙者到专业人 [M]. 北京：北京师范大学出版社，2006：85.

[228]（美）埃里希·弗罗姆. 寻找自我 [M]. 陈学明，译. 北京：工人出版社，1988：14.

[229] 赵正新. 从"单位"主义走向合作——新课程对教师文化的诉求 [DB/OL]. 参见 http://www.pep.com.cn/200503/ca684828.htm

[230] 操太圣，卢乃桂. 抗拒与合作：课程改革环境下的教师改变 [J]. 课程·教材·教法 2003（1）.

[231]（美）帕克·帕尔默. 教学勇气：漫步教师心灵 [M]. 吴国珍，等译. 上海：华东师范大学出版社，2005：12-61.

[232] 车丽娜. 教师文化的嬗变与重建 [D]. 山东师范大学，2007.

[233]（加）N. 戈培尔，（英）J. 波特. 教师的角色转换 [M]. 万喜生，译. 长沙：湖南教育出版社，1991. 156.

[234]（德）费希特. 论学者的使命·人的使命 [M]. 梁志学，等译. 北京：商务印书馆，1984. 45.

[235]（美）爱德华·W. 萨义德. 知识分子论 [M]. 单德兴，译. 北京：生活·读书·新知三联书店，2002. 67.

[236] 刘琼，杨雪梅. 三问余秋雨：学者怎样成为文化桥梁 [N]. 人民日报. 2006-08-28.

[237] 王晓明. 追问录 [M]. 北京：生活·读书·新知三联书店，1991. 44.

[238] Andy Hargreaves, Michael G. Fullan. Understanding Teacher Development. New York: Teachers College Press, Columbia University, 1992: 226.

[239]（美）巴里斯，爱丽斯. 培养反思力：通过学习档案和真实性评估学会反思 [M]. 袁坤，译. 北京：中国轻工业出版社，2001：7.

[240] 刘引. 合作：教师文化的发展方向 [J]. 人民教育，2006，（Z1）：17-19.

[241] 戴维·W. 约翰逊，罗杰·T. 约翰逊. 领导合作型学校 [M]. 唐宗清，等译. 上海：上海教育出版社，2005：52.

[242] 李翠华，王坦. 教师合作中的问题与超越团 [J]. 当代教育科学，2006（7）：6-8.

[243] 王新平等. "大学精神"思辨 [J]. 2011 (7): 125-126.
[244] 刘宝存. 何谓大学精神 [J]. 高教探索, 2001 (3).
[245] 周作宇. 大学理念：知识论基础及价值选择 [J]. 北京大学教育评论, 2014 (1).
[246] 王健, 等. 基于教育功能的高等教育评价指标体系构建与应用 [J]. 中国成人教育, 2018 (12): 18-22.
[247] 姚静. 论教师专业自主权的缺失与回归 [J]. 课程·教材·教法. 2006 (5).
[248] C. Boomer, N. Lester, C. Onore, J. Cook. Negotiating the Curriculum: Educating for the 21st Century, The Falmer Press Publishing. 1992: 125.
[249] (加) 迈克·富兰. 变革的力量——透视教育改革 [M]. 北京：教育科学出版社, 2000. 50.
[250] The Teacher's Guide to the U.S Department of Education, 4th Edition, http://www.ed.gov/pubs/TeachersGuide/
[251] 钟启泉. 教材与教材研究 [J]. 外国教育资料. 1993 (5).
[252] 吴洪富. 大学场域变迁中的教学与科研关系 [D]. 山东科技大学, 2011.
[253] [以色列] 约瑟人·本-戴维. 科学家在社会中的角色 [M]. 赵佳荃, 译. 成都：四川人民出版社, 1988: 94.
[254] (英) 约翰·亨利·纽曼. 人学的理想 [M]. 徐辉, 等译. 杭州：浙江教育出版社, 2001.
[255] (美) 弗莱克斯纳. 现代大学论：英美德人学研究 [M]. 徐辉, 陈晓菲, 译. 杭州：浙江教育出版社, 2001.
[256] (美) 哈瑞·刘易斯. 失去灵魂的卓越 [M]. 侯定凯, 译. 上海：华东师范大学出版社, 2007.
[257] 卢晓中. 布鲁贝克的高等教育哲学观评析 [J]. 现代教育论丛, 2000 (2): 1-4.
[258] 阎光才. 识读大学——组织文化的视角 [M]. 北京：教育科学出版社, 2002: 34.
[259] (英) 迈克尔·吉本斯. 从英联邦的角度看高等教育全球化 [A]. 皮特·斯科特. 高等教育全球化理论与政策仁 [C]. 周倩, 高耀丽, 译. 北京：北京大学出版社, 2009: 115.
[260] (美) 约翰·S. 布鲁贝克. 高等教育哲学 [M]. 王承绪, 等译. 杭州：浙江教育出版社, 2001: 2.
[261] (美) 伯顿·克拉克. 高等教育新论：多学科的研究 [M]. 王承绪, 译. 杭州：浙江教育出版社, 2001: 50.
[262] 温红彦. 教授, 何以不教不授——关于教授讲授本科基础课程的调查与分析 [N]. 人民日报, 2002-07-02 (10).
[263] 何稻. 教授称部分大学课堂师生心照不宣一起混 [N]. 中国青年报, 2010-11-06 (2).
[264] 程墨, 罗曼. 教授挂名助教授课本科讲台为何少了教授身影？[N]. 中国教育报,

2008-04-23（2）.

[265] Healey, M. Linking research and teaching: Exploring disciplinary spaces and the role of inquiry-based learning. In Barnett, R (Ed.), Reshaping the University: New Relationship between Research, Scholarship and Teaching, London, McGraw Hill /Open University Press. 2005: 67-78.

[266] 张俊超，吴洪富．变革大学组织制度，改善教学与科研关系[J]．中国地质大学学报（社会科学版），2009（5）：119-124.

[267]（苏）瓦·阿·苏霍姆林斯基．给教师的建议[M]．杜殿坤，编译．北京：教育科学出版社，1984：117.

[268] 皮连生．学与教的心理学[M]．上海：华东师范大学出版社，2000：20.

[269]（日）佐藤学．课程与教师[M]．钟启泉，译．北京：教育科学出版社，2003.298-301.

[270] 范良火．教师教学知识发展[M]．上海：华东师范大学出版社，2003.210-214.

[271]（加）马克斯·范梅南．教育敏感性和教师行动中的实践性知识[J]．北京大学教育评论，2008（1）：2-20.

[272] 马克斯·范梅南．教育敏感性和教师行动中的实践性知识[J]．北京人学教育评论，2008（1）：2-20

[273] 卢真金．反思性教学及其历史发展仁[J]．全球教育展望，2001（2）：57-63.

[274] Kreber, C.&Cranton, P.A.Teaching as scholarship: A model for instructional development.Issues and Inquiry in College learning and teaching, 1997: 4-13.

[275] Brew, A.Research and teaching: beyond the divide.London: Palgrave Macmillan, 2006: 110-113.

[276]（美）帕克·帕尔默．教学勇气——漫步教师心灵[M]．吴国珍，余巍，等译．华东师范大学出版社，2005：142.